# 図解による

# 憲法のしくみ

弁護士
## 神田将 [著]

自由国民社

## はしがき ～憲法は国民の権利を保障するなど身近な法律です

　近年は、憲法改正に関する話題が毎日のようにニュースや新聞紙上をにぎわせ、また、議院定数不均衡訴訟における無効判決や道州制、首相公選制についての議論など、世の中の憲法に対する関心はかつてないほどまでに高まってきているように思います。

　ただ、このように憲法についての話題を連日のように耳にする今日においても、その憲法の内容についてはあまり知らないという方が多いのではないでしょうか。確かに、憲法には理念的な規定や抽象的な規定が多く、われわれの日常生活とはあまり関係がないようにも思えます。

　しかし、憲法は最高法規ともいわれるように、最も基本的な法規範であり、憲法の有する理念や理想を実現するために法律や条例など様々な下位の法規範が制定・施行されているのです。その意味では、憲法は身近な法律であり、かつ、国民（主権）を守っている大切な法律と言えます。たとえば、学校制度は憲法が保障する教育の権利（26条）を実現するために学校教育法その他の法律で規定されているものですし、労働基本権（27条）の保障を実現するための労働基準法や生存権（25条）の保障のために制定された生活保護法などは、われわれの日常生活にも直接に関わってくるものです。

　また、やはり憲法が規定する国会や内閣、裁判所といった事柄についても、それらがわれわれの生活の上でしばしば話題になるということはもちろん、そこにおいて現実に制定・執行される法律がわれわれの社会を規制するという点においてもわれわれの日常生活に深く関わりを持っています。

　このように、われわれの日常生活に深く根ざしている日本国憲法につき、それがどのような内容をもち、現実のトラブルや疑問点においてどのような役割を果たすのかを主に解説するのが本書の趣旨です。

　本書は、憲法を学問的に解説するものではなく、憲法の国民にとっての役割を図解を多用しつつ、平易に分かりやすく解説することを目的としています。イデオロギーや思想的な背景とは距離を置き、あくまで条文に従い、判例や通説の立場からの一般的な憲法解釈にのっとった解説を試みています。

　本書が、憲法に興味はあるが勉強の機会のない方、自らが直面している事柄の憲法上の問題について考えてみたい方などの一助となることがあれば望外の喜びです。

著　者

## |巻　頭| 30分で理解する日本国憲法の基礎知識　7

- ①憲法とはなにか？　7
- ②日本国憲法の基本理念　8
- ③日本国憲法の３つの基本理念の関係　8
- ④基本的人権の保障　9
- ⑤統治機構のしくみ　11
- 　権力分立制度①国会　12
- 　権力分立制度②内閣　12
- 　権力分立制度③裁判所　12
- ⑥地方自治のしくみ　13
- ⑦憲法改正・最高法規　13
- 　おわりに　13

## 公布・前文　日本国憲法の誕生（前　文）　14

〔総論〕国民主権の日本国憲法の誕生　14　　▷日本国憲法の制定と理念のしくみ　15
1　日本国憲法と成立経緯　16　　〔図解〕日本国憲法と大日本帝国憲法のしくみ　17
2　日本国憲法の前文　18　　〔図解〕日本国憲法の前文の内容しくみ　19

## 第１章　天　皇（1条～8条）　20

〔総論〕天皇制についての憲法の規定の概要　20　　▷第１章「天皇」についての条文の構成　21
1　天皇の地位と皇室の継承　22　　〔図解〕天皇の役割と皇室の継承等のしくみ　23
2　天皇の権能と国事行為　24　　〔図解〕天皇の国事行為のしくみ　25
3　天皇の任命権と国事行為の内容　26　　〔図解〕天皇の任命権のしくみ　27
4　皇室の財産授受は国会の議決が必要　28　　〔図解〕皇室の財産授受のしくみ　29

## 第２章　戦争の放棄（9条）　30

〔総論〕戦争の放棄についての憲法の規定の概要　30　　▷第２章「戦争放棄」の条文の構成　31
1　戦争の永久放棄　32　　〔図解〕戦争の放棄についてのしくみ　33
2　戦力の不保持・交戦権の否認　34　　〔図解〕第９条に関する判例＆政府見解のしくみ　35

## 第３章　国民の権利及び義務（10条～40条）　36

〔総論〕国民の権利（基本的人権）及び義務の概要　36　　▷第３章「国民の権利及び義務」の条文の構成　37
1　国民の要件と法律　38　　〔図解〕日本国民と国籍のしくみ　39
2　国民の基本的人権の享有　40　　〔図解〕基本的人権のしくみ　41
3　自由・権利は国民が不断の努力で保持　42　　〔図解〕人権の制限と公共の福祉のしくみ　43
4　個人の尊重と幸福追求権　44　　〔図解〕個人の尊重と幸福追求権のしくみ　45
5　すべての国民は法の下に平等である　46　　〔図解〕法の下の平等のしくみ　47

6 国民は公務員の選定・罷免権を持つ 48 〔図解〕 人権と公務員の選定（参政権）のしくみ 49

7 国民には請願権がある 50 〔図解〕 請願権のしくみ 51

8 国や公共団体の賠償責任 52 〔図解〕 公務員の不法行為と損害賠償のしくみ 53

9 奴隷的拘束・苦役からの自由 54 〔図解〕 奴隷的拘束・苦役からの自由のしくみ 55

10 思想および良心の自由の保障 56 〔図解〕 思想・良心の自由のしくみ 57

11 宗教活動の自由の保障 58 〔図解〕 信教の自由のしくみ 59

12 集会・結社・表現の自由等の保障 60 〔図解〕 集会・結社・表現の自由のしくみ 61

13 居住・移転・職業選択・移住・国籍離脱の自由 62 〔図解〕 居住・移転・職業選択等の自由のしくみ 63

14 学問の自由の保障 64 〔図解〕 学問の自由のしくみ 65

15 家族生活での個人の尊厳と両性の平等 66 〔図解〕 個人の尊厳と両性の平等のしくみ 67

16 生存権の保障と国の使命 68 〔図解〕 社会権・生存権のしくみ 69

17 教育を受ける権利 70 〔図解〕 教育を受ける権利のしくみ 71

18 勤労の権利および義務 72 〔図解〕 勤労の権利・義務のしくみ 73

19 勤労者の団結・団体交渉等の保障 74 〔図解〕 労働基本権と保障のしくみ 75

20 私有財産制による財産上の権利の保障 76 〔図解〕 財産権と保障のしくみ 77

21 国民の納税の義務 78 〔図解〕 納税の義務のしくみ 79

22 刑罰を科すには法律の手続が必要 80 〔図解〕 法定手続の保障のしくみ 81

23 裁判を受ける権利 82 〔図解〕 裁判を受ける権利のしくみ 83

24 逮捕するには現行犯か令状が必要 84 〔図解〕 逮捕と令状主義のしくみ 85

25 不法な抑留および拘禁からの自由 86 〔図解〕 抑留・拘禁と人身の自由のしくみ 87

26 捜索または押収には令状が必要 88 〔図解〕 住居の不可侵の保障のしくみ 89

27 拷問及び残虐刑の禁止 90 〔図解〕 拷問・残虐刑の禁止しくみ 91

28 刑事被告人の権利 92 〔図解〕 刑事被告人の権利のしくみ 93

29 供述の強要禁止と自白の証拠能力 94 〔図解〕 自白の証拠能力のしくみ 95

30 遡及処罰の禁止 96 〔図解〕 遡及処罰の禁止・一事不再理等のしくみ 97

31 無罪のときの補償 98 〔図解〕 無罪と刑事補償のしくみ 99

# 第4章 国　会（41条〜64条） 102

〔総論〕国会（立法府）についての憲法の規定の概要 100 ▷国会についての条文の構成 101

1 国会は国権の最高機関で唯一の立法機関 102 〔図解〕 日本の政治機構と国会のしくみ 103

2 国会は衆議院と参議院の二院制 104 〔図解〕 国会の組織と権能のしくみ 105

3 衆議院・参議院議員の選挙・定数 106 〔図解〕 両院の組織・権限のしくみ 107

4 国会議員（被選挙人）・選挙人の資格 108 〔図解〕 被選挙人と選挙人の資格のしくみ 109

5 衆議院議員・参議院議員の任期 110 〔図解〕 国会議員の任期と身分得喪のしくみ 111

6 国会議員の選挙と法律（公職選挙法） 112 〔図解〕 選挙制度と公職選挙法のしくみ 113

7 両院議員の兼職の禁止 114 〔図解〕 国会議員の両院兼職の禁止のしくみ 115

8 国会議員の歳費（1年間の手当） 116 〔図解〕 国会議員の歳費等のしくみ 117

9 国会議員の不逮捕特権 118 〔図解〕 国会議員の不逮捕特権のしくみ 119

10 議員の発言・表決の免責特権 120 〔図解〕 国会議員の免責特権のしくみ 121

11 国会の会期の種類と召集 122 〔図解〕 国会召集の会期のしくみ 123

12 衆議院の解散・総選挙・召集 124 [図解] 衆議院の解散のしくみ 125
13 議員資格に関する争訟の裁判 126 [図解] 議員の資格争訟の裁判のしくみ 127
14 議事・議決の定足数・議決数 128 [図解] 国会議しくみ 129
15 両議院会議の公開・役員の選任等 130 [図解] 会議の公開等のしくみ 131
16 法律案の可決・成立 132 [図解] 法律案の可決・成立のしくみ 133
17 予算の議決および条約の承認 134 [図解] 予算・条約の衆議院優越のしくみ 135
18 両議院の国政調査権 136 [図解] 国政調査権のしくみ 137
19 閣僚の議院出席の権利・義務 138 [図解] 内閣総理大臣・国務大臣の議院出席のしくみ 139
20 弾劾裁判所の設置 140 [図解] 国会の弾劾裁判のしくみ 141

## 第5章 内 閣 (65条〜75条) 142

〔総論〕内閣（行政府）についての憲法の規定の概要 142 ▷第5章「内閣」についての条文の構成 143
1 行政権と内閣 144 [図解] 内閣と行政のしくみ 145
2 内閣の組織と責任 146 [図解] 議院内閣制のしくみ 147
3 内閣総理大臣の指名 148 [図解] 内閣総理大臣の指名のしくみ 149
4 国務大臣の任命・罷免 150 [図解] 国務大臣の数と任免のしくみ 151
5 内閣不信任案が決議 152 [図解] 内閣不信任の決議のしくみ 153
6 内閣の総辞職 154 [図解] 内閣の総辞職のしくみ 155
7 総辞職後の内閣の役割 156 [図解] 総辞職後の内閣のしくみ 157
8 内閣総理大臣はの職務 158 [図解] 内閣総理大臣の権限のしくみ 159
9 内閣の権能と職務 160 [図解] 内閣の権限（行政権）のしくみ 161
10 法律・政令の署名（主任国務大臣・内閣総理大臣） 162 [図解] 法律・政令の署名のしくみ 163
11 国務大臣の不訴追特権 164 [図解] 国務大臣の不訴追特権のしくみ 165

## 第6章 司 法 (76条〜82条) 166

〔総論〕司法についての憲法の規定の概要 166 ▷第6章「司法」についての条文の構成 167
1 司法権と裁判所 168 [図解] 司法とその限界のしくみ 169
2 最高裁判所の規則制定権 170 [図解] 最高裁判所の規則制定権のしくみ 171
3 裁判官の身分の保障 172 [図解] 司法権・裁判官の独立のしくみ 173
4 最高裁判所の裁判官 174 [図解] 裁判官の任命等のしくみ 175
5 下級裁判所の裁判官 176 [図解] 民事・刑事裁判のしくみ 177
6 最高裁判所の法令審査権 176 [図解] 法令審査権のしくみ 179
7 裁判の法廷の公開 180 [図解] 裁判の公開のしくみ 181

## 第7章 財 政 (83条〜91条) 182

〔総論〕国家財政についての憲法の規定の概要 182 ▷第7章「財政」についての条文の構成 183
1 国の財政（税金や予算など） 184 [図解] 租税法律主義のしくみ 185
2 課税と国民の同意 186 [図解] 国の財政処理のしくみ 187

**3** 国費の支出・債務を負担 188　　〔図解〕国庫支出の決議のしくみ 189

**4** 内閣の予算作成と国会議決 190　　〔図解〕予算と予算成立のしくみ 191

**5** 予見し難い予算不足に充てる予備費 192　　〔図解〕予備費のしくみ 193

**6** 皇室財産と皇室費用 194　　〔図解〕皇室経済のしくみ 195

**7** 公の財産の支出・利用の制限 196　　〔図解〕公金の支出・利用の制限のしくみ 197

**8** 会計検査院による決算の検査 198　　〔図解〕会計検査院の検査のしくみ 199

**9** 国の財政状況の報告 200　　〔図解〕会計検査院の報告のしくみ 201

## 第8章　地方自治（92条～95条）　202

〔総論〕地方自治に関する憲法の規定の概要 202　　▷第8章「地方自治」についての条文の構成 203

**1** 地方自治の基本原則 204　　〔図解〕地方自治と法律のしくみ 205

**2** 地方議会および直接選挙 206　　〔図解〕地方公共団体の行政機構のしくみ 207

**3** 地方公共団体の権能 208　　〔図解〕地方公共団体の権能のしくみ 209

**4** 特別法の制定と住民投票 210　　〔図解〕特別法と住民投票のしくみ 211

## 第9章　改　正（96条）　212

〔総論〕憲法改正についての憲法の規定の概要 212　　▷第9章「改正」についての条文の構成 213

**1** 憲法改正の手続・公布 214　　〔図解〕憲法改正の手続のしくみ 215

## 第10章　最高法規（97条～99条）　216

〔総論〕憲法の最高法規についての規定の概要 216　　▷第10章「最高法規」についての条文の構成 217

**1** 基本的人権は永久の権利 218　　〔図解〕基本的人権の保障と最高法規のしくみ 219

**2** 憲法に反する法律等の無効 220　　〔図解〕憲法の最高法規のしくみ 221

**3** 公務員等の憲法の尊重・擁護義務 222

## 第11章　補　則（100条～103条）　223

〔条文〕憲法制定に関する補則 223

▶資料 ① 日本国憲法の年譜 224

　　　 ② 近年の憲法判例10 228

　　　 ③ 皇室典範（抄）229

　　　 ④ 日本国憲法の改正手続きに関する法律（抄）230

## 巻頭

# 30分で理解する
# 日本国憲法の基礎知識

♣まず、憲法がどのような理念（原理）に基づき制定されたかを理解しましょう。次に、憲法が国民に対してどんなこと（人権）を保障しているかを理解しましょう。また、国の統治形態がどのようになっているか（三権分立など）も理解しましょう。

## 1 憲法とはなにか？

### 日本国憲法の構造

前 文
第1章⇒天皇
第2章⇒戦争の放棄
第3章⇒国民の権利
　　　　及び義務
第4章⇒国会
第5章⇒内閣
第6章⇒司法
第7章⇒財政
第8章⇒地方自治
第9章⇒改正
第10章⇒最高法規
第11章⇒補則
＊全103条からなる
　国の最高法規

●形式的意味の憲法・固有の意味の憲法・立憲的意味の憲法

　**憲法とは何か？**　という問いに対しては、いくつかの答えが考えられますが、重要なものとしては、以下の3つがあります。

　1つは、憲法とは、「**憲法という名前で呼ばれる成文の法典（憲法典）をいう**」というものであり、規定の中身・内容は問わず、その形式面に着目したものです（形式的意味の憲法）。

　次の答えは、その規定内容に着目したものであり（実質的意味の憲法）、憲法とは、「**国家の統治の基本を定めた法である**」というものです（固有の意味における憲法）。この意味の憲法は、それが国家統治の基本についてさえ定めていれば、国家体制や権力構造がどのようなものであるかは問題としないため、成文化されているか否かはともかく、いかなる時代のいかなる国家にも存在します。

　最後の答えは、憲法とは、「**自由主義に基づいて定められた国家の基礎法**」であり（立憲的意味の憲法、近代的意味の憲法）、固有の意味の憲法と同様、規定内容に着目するものの、単に国家統治の基本を定めていれば足りるのではなく、ある特別の価値観、具体的には、自由主義思想に立脚した内容であることを重視します。この意味の憲法概念は、歴史の所産であり、単なる政治権力の組織化ではなく、国家権力を制限して国民の権利・自由を守ることにあります。日本国憲法も、近代の自由主義思想にその源流を見出すことのできる立憲的意味の憲法、近代的意味の憲法の1つです。

7

## 2 日本国憲法の基本理念

●国民主権・基本的人権尊重主義・平和主義

日本国憲法は、国民主権、基本的人権尊重主義、平和主義という**3つを基本原理**とします。この3つの原理は、それぞれが、日本国憲法が究極の価値を置く「個人の尊厳」の原理に由来します。

**基本的人権の尊重**が、「個人の尊厳」の原理に由来するものであることは、ここで述べるまでもないでしょう。基本的人権の尊重は、個人の尊厳を重視することなしには到底確保できないものでありますし、個人の尊厳の重視は、当然に各人の基本的人権を尊重する方向へと向かうからです。

また、**平和主義**も、「個人の尊厳」の原理に由来することが明らかです。戦争は、個人の尊厳とは対局に位置するものであり、平和主義の理念の実現のためには、個人の尊厳の原理が必要不可欠で、個人の尊厳の重視が、当然に、平和主義への希求につながります。

さらに、**国民主権の原理**もまた、「個人の尊厳」の原理に由来するものということができます。国民主権、すなわち国民が国の政治体制を決定する最終かつ最高の権威を有するという原理は、国民がすべて平等に人間として尊重されることによってはじめて成立しうる原理ですし、個人の尊厳の重視は、国民を主権者とする政治体制を指向することにもなるでしょう。

## 3 日本国憲法の3つの基本理念の関係

●3つの基本理念は密接不可分の関係

前記の日本国憲法の3つの基本理念は、それぞれが「個人の尊厳」の原理に由来するものであるだけではなく、各理念が密接不可分に関連しているということができます。

まず、**国民主権原理と基本的人権尊重主義との関係**ですが、権力者の恣意的な支配が許される専制政治の下では、基本的人権の尊重が完全なものとはなりえません。基本的人権の保障は、民主主義の下ではじめて確立しうるものであり、国民主権は、当然に、主権者たる国民各人の基本的人権の尊重を要請するのです。日本国憲法前文1段目の「国政は、…その権威は国民に由来し、…その福利は国民がこれを享受する」とある部分は、この理を示したものといえます。

また、**基本的人権尊重主義と平和主義の関係**についても、人間の自由と生存は、平和なくして確保されず、平和主義の理念は、個人の権利・自由への配慮を要請するという意味で、この2つの原理が密接に結びついているということができます。

最後に、**国民主権と平和主義の関係**ですが、国内の民主主義と国際的平和の不可分性は、近代憲法の進化を推進してきた原則ということができ、やはり密接不可分の関係にあると考えられています。

## ④ 基本的人権の保障

●基本的人権の性質

　基本的人権とは、人が人であること自体から当然に認められる権利であり、日本国憲法が究極の価値を見出す「**個人の尊厳**」の原理を各人の有する権利という視点から表現したものといえます。

　この基本的人権は、憲法や天皇から与えられることによって初めて成立するものではなく、人が人であることから当然に有する権利であり（**人権の固有性**）、人種・性別・社会的身分などに左右されず（**人権の普遍性**）、公権力などからの侵害を原則として受けない（**人権の不可侵性**）といった性質を有しています。

●基本的人権の分類

　個別の基本的人権は、①自由権、②社会権、③参政権、④その他というように分類することができます。

　このうち、①**自由権**は、国家が個人の領域に対して権力的に介入することを排除して、個人の自由な意思決定と活動とを保障することを内容とするもので（「国家からの自由」）、人権保障の確立期当初から現代に至るまで、人権体系の中心的地位を占めるものです。

　これは更に、(イ)人身の自由の権利（奴隷的拘束からの自由など）、(ロ)精神的自由権（信教の自由、表現の自由など）、(ハ)経済的自由権（職業選択の自由、営業の自由など）に分けることができ、(ロ)精神的自由権は、(i)内心の自由と(ii)表現の自由に分けることが可能です。

　②の**社会権**は、資本主義の高度化に伴って生じた失業、貧困などの弊害から社会・経済的弱者を守るために保障された人権です。社会権は、こうした社会・経済的弱者が国家に対して積極的な配慮を要求する権利となります（「国家による自由」）。

　③**参政権**は、国民主権原理の下、国民が国政に参加する権利であり、①自由権が「国家からの自由」、②社会権が「国家による自由」と称されるのに対し、「国家への自由」としてとらえられます。

　④**その他**には、包括的基本権とされる憲法13条の権利、14条の法の下の平等の他、受益権（国務請求権）を含むことが通常です。

●基本的人権と公共の福祉による制約

　このように、日本国憲法は、基本的人権を厚く保障する態度をとっているのですが、その一方で、こうした基本的人権に対し、13条において「公共の福祉に反しない限り」国政の上で最大の尊重を必要とすると規定するなど、公共の福祉との関係で一定の制限に服することを予定しているかのような規定を設けています。

　憲法制定当初より、**基本的人権と公共の福祉との関係**が議論されてきました。「公共の福祉」は、人権に対しての一般的制約原理で

---

**基本的人権**
人間の存在にとって不可欠であると考えられている権利

自由権⇒
　精神的自由⇒思想良心の自由、信教の自由、表現の自由、学問の自由
　人身の自由⇒奴隷的拘束・苦役からの自由、逮捕に対する保障など
　経済的自由⇒居住、移転・職業選択の自由、外国移住等の自由など
社会権⇒生存権、教育を受ける権利、勤労の権利等、労働基本法
参政権
その他⇒プライバシー権、環境権、裁判を受ける権利、知る権利、アクセス権など（受益権ともいう）⇒請願権、

あり、基本的人権は、公共の福祉に反しない範囲においてのみ保障されるとする考え方も主張されましたが（**外在的制約説**）、その考えでは人権保障が無意味になってしまうとして、基本的人権については、「公共の福祉」による制約が認められないのが原則であり、他者の基本的人権と衝突する場合のみ、その他者との関係で一定の制限が付されるとする考え方（**内在的制約説**）もあります。

●個別の人権侵害と違憲審査基準

基本的人権が他の利益との関係で一定の制約を受けうることを認めた場合、どこまでが憲法の許容する制限であり、どこからが憲法の許容範囲を超えた人権侵害として違憲になるかは極めて難しい問題です。後述のように、司法権を担う裁判所には、違憲審査権が与えられており、**個別の具体的争訟を通じて人権侵害についての違憲審査基準が形成**されてきています。

こうした違憲審査基準として、判例・学説を通じ広く支持されてきているのが、上述の内在的制約説の趣旨を具体的な違憲審査の基準として準則化させようと主張される「**二重の基準**」の理論です。

この理論は、元々はアメリカの判例理論に基づいて体系化されたものであり、日本国憲法の規定する人権のカタログの中で、表現の自由を初めとする精神的自由権は、立憲民主政の政治過程にとって不可欠の権利である点において、経済的自由権に比べて優越的地位を占めます。したがって、人権を規制する法律の違憲審査にあたっては、経済的自由権の規制立法では、立法目的及び目的達成手段の双方につき合理性があるか否かを審査する「**合理性**」の基準によれば足りるとするのに対し、精神的自由権の規制立法では、より厳格な基準によって審査されなければならないという理論です。

この理論は、更なる発展を見せ、経済的自由権の合憲性審査基準である「合理性」の基準でも、規制の目的が消極規制か積極規制かによって異なる審査基準を用いるべきとする理論も生んでいます。

すなわち、経済的自由権規制立法の目的が国民の生命・健康への危険を防止するという消極的・警察的なものである場合は（消極目的規制）、裁判所が規制の必要性・合理性および同じ目的を達成できるより緩やかな規制手段の有無を吟味する「**厳格な合理性**」の基準によって審査すべきであるとするのに対し、規制の目的が社会経済の発展を企図してなされる積極的・政策的なものである場合は（積極目的規制）、当該規制措置が著しく不合理であることが明白である場合に限って違憲とするという「**明白の原則**」によって審査するというのがそれです（規制目的二分論）。

# 5 統治機構のしくみ

もっとも、こうした理論が人権相互の間に優劣を付ける点、規制目的を積極・消極と単純に二分する点には、批判的見解もあります。

● **権力分立制と法の支配**

日本国憲法は、「個人の尊厳」の原理に基づき、国民の権利・自由が国家権力の濫用によって脅かされるような事態を回避するため、**国家権力を立法権・行政権・司法権に3分**し、立法権が国会、行政権が内閣、司法権が裁判所というようにそれぞれ異なる機関に担当させることとしています（権力分立制）。

また、国民の権利・自由を確保するためには、単に国家権力を3分し、権力の集中を避けるだけでは足りず、**権力を法で拘束し専断的な支配を排斥**することも必要です（法の支配の原理）。ここで「法の支配」というときの「法」は、国民主権の下、その内容は国民自身が決定する合理的な内容のものでなければならないという実質的要件を含む観念を意味します。内容とは関係なく形式的に法律によりさえすれば足りるとする形式的法治国家の思想とは一線を画するものであることには留意されなければなりません。

● **議院内閣制と法原理機関**

国民主権下の統治体制にあっては、国会、内閣、裁判所といった機関も国民の意思に基づいて運営され、国民の観点からの民主的コントロールが及ぶべきことが要請されます。しかし、これらの機関に国民の意思が反映されるべきであるとしても、各機関の性格の相違により、そのあるべき反映のされ方は異なるものとなります。そして、そうした国民の意思の反映のされ方の相違により、これらの機関は、性格の異なる2つの部門に分けることができるのです。

1つは、国民の政治的意思を統合し、その意思の実現に向けて積極的・能動的に活動することが期待されるため、法の定立・執行を通し、国民の意思が比較的ストレートに反映されることが望ましいと考えられる**政治部門であり、国会と内閣**がこれにあたります。

もう1つは、持ち込まれた紛争を契機に法の客観的意味を探り、それを適用することで紛争を解決し、もって法秩序を維持し、法の支配の理念を実現するという受動的な役割が期待されているため、国民の意思がストレートに反映されることはむしろ望ましくないとされる**非政治部門であり、裁判所**がこれに当たります。

こうした政治部門である国会と内閣は、日本国憲法の下では、国会の立法を内閣が執行し、執行機関たる内閣が立法機関たる国会に対し責任を負うという**議院内閣制**を採用しつつ、国民の政治的意思を実現する枠組みがとられています。

三権分立

国会（立法）
けん制 ↔ けん制
裁判所（司法） ↔ 内閣（行政）
けん制

国民主権

議員内閣制

国民（主権者）
↓ 選挙で国会議員を選出
国会（立法）
← 議員内閣制では分割
↓
内閣（行政）

●内閣総理大臣は国会議員から選出される
●内閣の構成員たる大臣の多くは国会議員
●国会は、内閣不信任案を決議できる　など

巻頭　30分で理解する日本国憲法の基礎知識

一方、非政治部門である**裁判所**においては、司法権の独立が保障され、裁判所が政治権力や国民の世論などから一定の距離が保たれるような枠組みがとられているのです。裁判所のこうした性格を「法原理機関」という言葉で表すことがあります。

## ●国会の立法権（三権分立①）

日本国憲法上、**国会は、「立法権」の担当**とされ、憲法は、国会を「唯一の立法機関」とし、立法権を国会が独占することを定めています。この国会は、国民主権の下、全国民を代表する選挙された議員で構成されます。すなわち、国会は、憲法上、①唯一の立法機関、②国民の代表機関という地位を与えられているのです。

なお、これらの他に憲法は国会に対し、③国権の最高機関としての地位も与えています。しかし、権力分立制度の下、この地位は国会の構成者を国民が直接選任するという点で、国会が主権者たる国民と最も近い位置にあることを強調する政治的美称にすぎないと解する見解が有力です。

## ●内閣の行政権（三権分立②）

日本国憲法上、**「行政権」は内閣に属する**ものとされます。ただ、この「行政権」は立法権や司法権に比べ、内容にややあいまいな点があるため、行政権の定義、さらには日本国憲法の採用する議院内閣制の本質をどう理解するかなどにつき、種々の議論があります。

行政権の定義については、行政権が国会の制定した法律を誠実に執行することを重要な任務の一つとするという国会への依拠の側面を重視する「法律執行説」の立場と、国会と対等の立場でお互いに協働して政治意思を実現するという側面を重視する「執政権説」の立場に大きく分かれます。もっとも、積極的な定義づけは断念し、統治権の中から立法権と司法権を除いたものと定義する「控除説」の立場も有力です。

**議院内閣制の本質**の理解については、やはり内閣の国会への依拠の側面を重視する「責任本質説」と、内閣の国会との対等関係、均衡関係を重視し、内閣が国会の解散権を有することをも議院内閣制の本質とみる「均衡本質説」の立場とに分かれます。

## ●裁判所の司法権（三権分立③）

権力分立制度の下、**裁判所に与えられているのは「司法権」**です。この司法権とは、具体的な争訟に対し法を適用する国家作用であり、本来的に事後的な作用です。したがって、国民主権の下、裁判所に対する一定の民主的コントロールは必要ではあるものの、国民の世論がストレートに反映されるようなシステムは妥当ではな

---

権力分立制度①
**国　会**

★国会は，国権の最高機関であって、国の唯一の立法機関。

---

権力分立制度②
**内　閣**

★行政権は、内閣に属する。

---

権力分立制度③
**裁判所**

★すべての司法権は、最高裁判所及び下級裁判所に属する。

く、国民あるいは国会や内閣からの干渉を排除されるという「**司法権の独立**」が保障されます。

そして、裁判所は、国会や内閣が制定、執行する法律の憲法適合性を司法権行使の中で判断しながら、憲法保障の機能、ひいては「法の支配」の理念を実現する機能を課されているのです。

● 地方自治についての規定

さらに、日本国憲法は「地方自治制度」をも定めています。こうした地方の自治権の本質をどう把握するかには議論があり、国家の統治権に伝来するとする「**伝来説**」、基本的人権と同じく前国家的なものとみる「**固有権説**」、国家の統治権に伝来するとしつつも、そこには法律によって侵しえない本質的内容があるとする「**制度的保障説**」などがあります。

なお、「制度的保障説」のいう本質的内容とは、「地方自治の本旨」、すなわち地方団体が自律権を有するとする「**団体自治**」と地方団体の意思形成に住民が参画するという「**住民自治**」と説明されることが一般です。

● 憲法の最高法規と改正の限界

日本国憲法は、憲法の改正規定を設けています。「憲法改正」という場合、改正前の憲法と改正後の憲法との間には、法的な連続性が必要であり、国民主権、基本的人権の保障、平和主義といった憲法の本質的部分については改正は不可能であるとする見解が有力です。

日本国憲法は、憲法改正手続を通常の法律の改正以上に厳格なものとする「**硬性憲法**」の建前をとっています。日本国憲法が「硬性憲法」であるということは、それは同時に日本国憲法が**それと矛盾する他の法律の効力を否定する**という「最高法規」であることを意味しています。そして、日本国憲法にこうした最高の形式的効力が与えられている根拠は、日本国憲法が「個人の尊重」の原理、及びそれに基づく基本的人権の尊重の原理を採用していることにあると理解することができるのです。

**おわりに** 私たち国民はこの日本国憲法を最高法規として、生活を営んでいます。そこにはさまざまな法令等によるルールがあります。しかし、こうしたルールは、憲法に違反することはできません。最近の最高裁判所の判例をみると、民法の非嫡出子法定相続分規定について憲法の法の下の平等に反し違憲とし、女子再婚禁止期間（民法733条）についても法の下の平等および両性の平等に反するとして違憲判決を下しています。その後、同規定は削除あるいは改正がなされています。事件に際して、法令の規定を調べるだけでなく、憲法の規定はどうなっているかも検討するとよいでしょう。なお、憲法の規定がおかしいと主張して訴訟はできません。それは、憲法改正（憲法96条）の問題だからです。

## 公布・前文

# 日本国憲法の誕生

### 日本国憲法の公布・前文

♣日本国憲法は、国民主権、基本的人権の尊重、永久平和、国際協調の四主義をとっています。つまり、国民主権による政治を確立し、国民の基本的人権を保障し、最大の悲劇である戦争を排除して世界の国々の人々と仲良くしていくことを、原則としたのです。

## ●国民主権の日本国憲法の誕生

### ■ 大日本帝国憲法（明治憲法）

わが国には、明治時代以前は、立憲主義的な成文憲法は存在しておらず、近代的憲法の歴史は、1889年（明治22年）の大日本帝国憲法の制定に始まります。

明治憲法は、立憲主義憲法とは言うものの、神権主義的な君主制の色彩がきわめて強い憲法でありました。

明治憲法においては、そもそも主権が天皇に存することが基本原理とされており、その天皇の地位は、天皇の祖先である神の意志に基づくものとされます。また、天皇は、神の子孫として神格を有するものとされ、「神聖ニシテ侵スヘカラス」（3条）とされていました。

### ■ 日本国憲法の誕生

一方、日本国憲法は、形式的には明治憲法を改正して成立したものとされつつも、前文において、「主権が国民に存することを宣言し、この憲法を確定する」と規定し、国民主権原理に基づいて制定した欽定憲法である旨を宣言していることで、実質的には、新憲法の制定と解されています。

①昔、戦争がありました

②戦争が終わって―

③日本国憲法が誕生しました

# 日本国憲法の制定と理念のしくみ

## 日本国憲法の制定

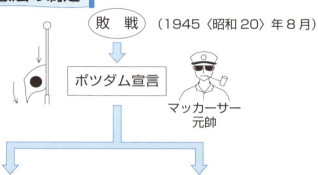

敗戦（1945〈昭和20〉年8月）
↓
ポツダム宣言

マッカーサー元帥

| 日本国憲法の制定 | 大日本帝国憲法の停止（改正） |
|---|---|
| ①国民主権<br>②基本的人権の保障<br>③三権分立 | ①天皇主権<br>②臣民の権利<br>③統治権の総覧 |

## 日本国憲法の理念

⇒個人の尊重を基本に国民主権、基本的人権の尊重、平和主義を原則とする

（前提）
平和主義
↓
個人の尊重 →具体化→ 基本的人権保障 ⇔（手段）国民主権
（目的）

ポイント
①天皇は日本国民の総意に基づく
②天皇は内閣の助言と承認により国事行為のみを行う

公布・前文

日本国憲法の誕生

**公布文**
**前文**
**1**

日本国憲法の制定と原理について理解しよう

# 日本国憲法と成立経緯

▶マッカーサー案を基に日本国憲法が制定される

## 日本国憲法の公布・施行

昭和21年11月　3日公布
昭和22年　5月　3日施行

## 公布文の頭書

朕は、日本国民の総意に基いて、新日本建設の礎が、定まるに至つたことを、深くよろこび、枢密顧問の諮詢及び帝国憲法第七十三条による帝国議会の議決を経た帝国憲法の改正を裁可し、ここにこれを公布せしめる。

御　名　御　璽

昭和21年11月3日

---

### 1 日本国憲法成立の経緯

日本国憲法は、昭和20年夏のポツダム宣言の受諾後、翌昭和21年、第90回帝国議会における審議を経て、同年11月3日に公布され、翌昭和22年5月3日に施行されています。

日本国憲法の制定経過については大きく2つの段階に分けることができます。第1段階は、ポツダム宣言の受諾からマッカーサー草案を手渡されるまでの段階であり、第2段階は、マッカーサー草案を基準に現行憲法案を起草してゆく段階です。

第1段階においては、日本政府独自の草案作成が進められており、「国体」（従来の天皇中心の国家体制）の維持が可能と考えていた政府は、幣原喜重郎内閣の下、国体護持を前提に憲法改正作業を進めます。

しかし、昭和21年2月1日、その政府案を毎日新聞がスクープし、総司令部はその保守的な内容に驚き、同年2月13日、総司令部案（マッカーサー案）を代案として政府に手渡します。

その後は、このマッカーサー案を基礎に起草作業がなされ、4月17日、「憲法改正草案」（内閣草案）が正式な大日本帝国憲法改正案として成立した後、この改正案が明治憲法73条の定める手続に従い、第90回帝国議会に提出され、若干の修正が施された後、吉田茂内閣の下、同年11月3日、「日本国憲法」として公布、翌昭和22年5月3日、施行されることとなったのです。

### 2 日本国憲法の存在基盤

このように、現行憲法は、明治憲法の改正手続に沿って公布されました。しか

# 日本国憲法と大日本帝国憲法 のしくみ

☆関連法令等⇒ポツダム宣言・マッカーサー案

## 日本国憲法と大日本帝国憲法の違い

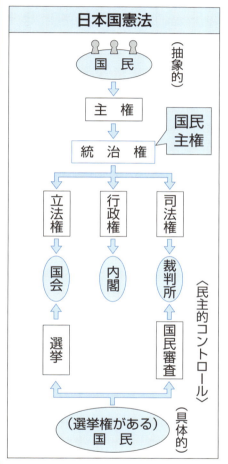
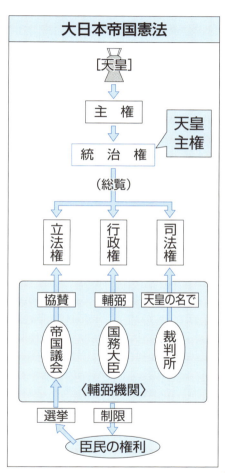

公布・前文

日本国憲法の誕生

し、現行憲法と明治憲法との関係については、国民主権を内容とする現行憲法は、天皇主権を内容とする明治憲法の改正としてはその限界を超えたものであり、法的な連続性はなく、したがって、日本国憲法は、実質的には、明治憲法の改正ではなく、新たに成立した国民主権原理に基づいて、国民が制定した民定憲法であると解する立場（8月革命説）が有力となっています。

**公布文**

**前文**

**2**

日本国憲法の制定と原理について理解しよう

# 日本国憲法の前文

▶前文では国民主権・基本的人権の尊重・平和主義を謳う

　日本国民は、正当に選挙された国会における代表者を通じて行動し、われらとわれらの子孫のために、諸国民との協和による成果と、わが国全土にわたつて自由のもたらす恵沢を確保し、政府の行為によつて再び戦争の惨禍が起ることのないやうにすることを決意し、ここに主権が国民に存することを宣言し、この憲法を確定する。そもそも国政は、国民の厳粛な信託によるものであつて、その権威は国民に由来し、その権力は国民の代表者がこれを行使し、その福利は国民がこれを享受する。これは人類普遍の原理であり、この憲法は、かかる原理に基くものである。われらは、これに反する一切の憲法、法令及び詔勅を排除する。

　日本国民は、恒久の平和を念願し、人間相互の関係を支配する崇高な理想を深く自覚するのであつて、平和を愛する諸国民の公正と信義に信頼して、われらの安全と生存を保持しようと決意した。われらは、平和を維持し、専制と隷従、圧迫と偏狭を地上から永遠に除去しようと努めてゐる国際社会において、名誉ある地位を占めたいと思ふ。われらは、全世界の国民が、ひとしく恐怖と欠乏から免かれ、平和のうちに生存する権利を有することを確認する。

　われらは、いづれの国家も、自国のことのみに専念して他国を無視してはならないのであつて、政治道徳の法則は、普遍的なものであり、この法則に従ふことは、自国の主権を維持し、他国と対等関係に立たうとする各国の責務であると信ずる。

　日本国民は、国家の名誉にかけ、全力をあげてこの崇高な理想と目的を達成することを誓ふ。

## 1 日本国憲法の前文

　前文とは、一般的には、法律の最初に付され、その法律の目的や精神を述べる文章をいい、憲法の場合ですと、憲法制定の由来、目的ないし憲法制定者の決意などが表明されることが通例です。日本国憲法はその前文において、国民が憲法制定権力の保持者であること、及び国民主権、基本的人権の尊重、平和主義という日本国憲法の3つの基本原理を宣言しています。

## 2 前文の内容

　日本国憲法の前文は、4つの部分から成り立っています。

　1項において、まず、「主権が国民に存すること」、及び日本国民が「この憲法を確定する」ものであること、すなわち国民

## 日本国憲法の前文の内容　のしくみ

☆関連法令等⇒マッカーサー案

**前文**

**Ⅰ 第1段目**
主権在民の宣言と憲法の確定
（選挙→国会→福利は国民が享受、主権在民に反する一切の憲法・法令の禁止）

**前段**
① 民定憲法性（日本国民は～この憲法を確定する）
② 国会中心主義（正当に選挙された国会における代表者を通じて行動し）
③ 人権保障（自由のもたらす恵沢を確保し）
④ 平和主義（再び戦争の惨禍が起こることのないやう）
⑤ 国民主権（主権が国民に存することを宣言し）

**後段**
① 代表民主制と国民主権（そもそも国政は～国民が享受する）
② 憲法改正の限界（これに反する一切の憲法～を排除する）

**Ⅱ 第2段目**
恒久の平和
（平和的生存権、国際協調主義）
① 平和主義（日本国民は、恒久の平和を念願し、～決意した）
② 平和的生存権（平和のうちに生存する権利を有する）

**Ⅲ 第3段目**
他国の尊重
国際協調主義（いずれの国家も、自国のことのみに専念して他国を無視してはならない）

**Ⅳ 第4段目**
誓い
目的達成の誓約＝民主・自由・平和への誓い
（全力をあげてこの崇高な理想と目的を達成することを誓う）

---

主権の原理及び国民の憲法制定の意思の表明を示し、続いて「自由のもたらす恵沢」の確保と「戦争の惨禍」からの解放という人権と平和の2つの原理をうたい、そこに日本国憲法制定の目的があることを示します。そして、同項後段にて、代表民主制の原理を宣言した後、2項で、あらためて平和主義への希求等を述べ、3項で国家の独善性の否定を確認した後、4項において、日本国憲法の崇高な理想と目的を達成することを誓約しています。

### 3 前文の法的性質

こうした日本国憲法の前文は、憲法の一部をなし、本文と同じ法的性質をもつとされます。たとえば、1項の「人類普遍の原理…に反する一切の憲法、…を排除する」の部分は、憲法改正の限界を示すものと解されています。

もっとも、前文が単なる法規範性を超え、当該規定を直接の根拠に裁判所に救済を求めることができるという狭義の裁判規範とまで認められるかには議論があります。これに関し、前文にある「平和のうちに生存する権利」を「平和的生存権」という新しい人権の1つとして認めるべきとする見解も有力ですが、一般には、これに具体的な権利性を認めることは難しいと考えられています。

# 第1章

# 天皇

## 第1条～第8条

♣大日本帝国憲法においては天皇主権でしたが、日本国憲法においては主権は国民で天皇は日本国民統合の象徴とされています。また、日本国民の総意に基づくとされており、各メディアが行った世論調査においては約8割の人が象徴天皇制に賛成しています。

## ●天皇制についての憲法の規定の概要

### ■ 天皇主権から国民主権へ

　日本国憲法は、明治憲法と同様、第1章に「天皇」に関する規定を置きます。これは、明治憲法の改正という形で日本国憲法が成立したため、できるだけ形式を同じくしようとの意図だと考えられますが、その地位や権能は大きく異なります。

### ■ 象徴天皇

　日本国憲法は、「第1章　天皇」の章で1条から8条までの8つの条文を設けています。まず、第1条において、国民主権の日本国憲法下においての天皇の象徴としての地位が明確に示されます。そして、第3条、第4条において、天皇の国事行為については内閣が責任を負い、天皇は責任を負うものでないことが明確にされます。こうした天皇の国事行為は第7条に列挙されています。

　その他、第1章では、皇位の継承（第2条）、摂政（第5条）、天皇の任命権（第6条）、皇室の財産授受の制限（第8条）についての規定も置かれています。

　なお、最近の問題点としては、上記、象徴天皇を元首とする改正をする、女性が皇位を継承できるように皇室典範を改正する、などがあります。

天皇主権から国民主権へ

# 第1章「天皇」についての条文の構成

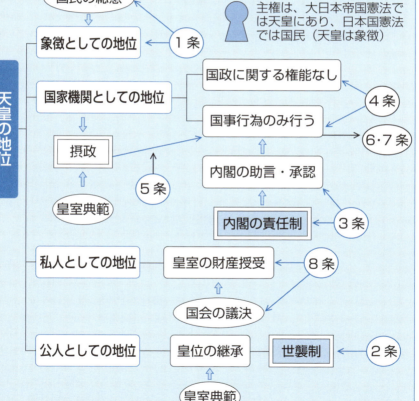

①天皇は日本国民の総意に基づく
②天皇は内閣の助言と承認により国事行為のみを行う

第1章
**天　皇**

**1**

天皇制について理解しよう

# 天皇の地位と皇室の継承

▶天皇は象徴で日本国民の総意に基づく。皇位は世襲される。

第1条　天皇は、日本国の象徴であり日本国民統合の象徴であつて、この地位は、主権の存する日本国民の総意に基く。

第2条　皇位は、世襲のものであつて、国会の議決した皇室典範の定めるところにより、これを継承する。

**1 日本国憲法下の天皇**

　日本国憲法が国民主権の原理をとり入れていることに伴い、天皇制のあり方も、明治憲法下におけるそれとは大きく異なっています。

**2 天皇の地位の根拠**

　日本国憲法下における天皇の地位は、国会や内閣などと同様に、国民の総意に基礎をおくものです。

　日本国憲法第1条後段は、「この地位は、主権の存する日本国民の総意に基く」として、このことを明示しています。

　明治憲法下における天皇の地位は神勅（神が与えた命令）に基礎をおくものとされていたため、この点は日本国憲法の下で大きく変わったことになります。

　天皇の地位は、国民の総意に基づくものなので、国民の総意によって改廃することも可能なわけです。

**3 天皇の役割（象徴天皇制）**

　国民の総意に基礎をもつ天皇の地位は、「日本国の象徴」であり、「日本国民統合の象徴」であるとされます（第1条前段）。

　天皇が日本国の象徴であるということは、天皇が象徴以外の役割を果たしてはな

らないということまで意味しています。つまり、権力の行使とは離れた非政治的な存在でなければならないのです。

　なお、ここに「日本国の象徴」、「日本国民統合の象徴」という2つの表現が出てきますが、両者はほぼ同義であり、区別の必要はないと解されています。

**4 皇位の継承**

　天皇の占める地位は「皇位」と呼ばれますが、日本国憲法は、その引継ぎにつき、「皇位は、世襲のものであって、国会の議決した皇室典範の定めるところにより、これを継承する」（第2条）と定めています。

　世襲制は、日本国憲法が立脚する平等の理念とは相反しますが、天皇制という古くからの制度を残したことに伴い、日本国憲法自身が例外を認めたのです。

　なお、日本国憲法下の「皇室典範」は、民法などのように○○法とはなっていませんが、「国会の議決」する通常の法律の一つです。

ポイント☞　象徴とは、抽象的・無形的・非感覚的なものを具体的・有形的・感覚的なものによって具現化する作用ないしはその媒介物を意味します。

22

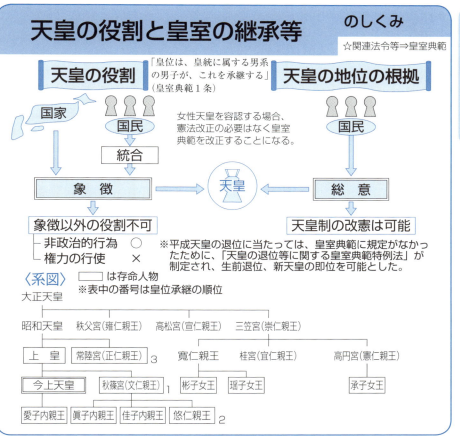

■女性天皇・女系天皇容認後の皇位継承順序　※現年齢は、2019年6月末日現在

| No. | 名 | 性別 | 現年齢※ | 現在 | (A) | (B) | (C) | 今上天皇から見た続柄 |
|---|---|---|---|---|---|---|---|---|
| 1 | 秋篠宮(文仁親王) | 男性 | 53歳 | 1位 | 2位 | 2位 | 1位 | 弟／父(平成天皇)の第2子(次男) |
| 2 | 悠仁親王 | 男性 | 12歳 | 2位 | 5位 | 3位 | 2位 | 甥／弟の第3子(長男) |
| 3 | 常陸宮(正仁親王) | 男性 | 83歳 | 3位 | 6位 | 6位 | 3位 | 叔父／父の弟の第2子(次男) |
| 4 | 愛子内親王 | 女性 | 17歳 | ― | 1位 | 1位 | 4位 | 第1子(長女) |
| 5 | 眞子内親王 | 女性 | 27歳 | ― | 3位 | 4位 | 5位 | 姪／弟の第1子(長女) |
| 6 | 佳子内親王 | 女性 | 24歳 | ― | 4位 | 5位 | 6位 | 姪／弟の第2子(次女) |
| 7 | 彬子女王 | 女性 | 37歳 | ― | 7位 | 7位 | 7位 | 祖父(昭和天皇)の弟の第1子長女 |
| 8 | 瑶子女王 | 女性 | 35歳 | ― | 8位 | 8位 | 8位 | 祖父(昭和天皇)の弟の第1子次女 |
| 9 | 承子女王 | 女性 | 33歳 | ― | 9位 | 9位 | 9位 | 祖父(昭和天皇)の弟の第3子長女 |

(A) 女性・女系天皇を容認し、直系優先・兄弟姉妹間長子優先した場合の皇位継承順位
(B) 女性・女系天皇を容認し、直系優先・兄弟姉妹間男子優先した場合の皇位継承順位
(C) 女性・女系天皇を容認し、男系男子優先または男子優先した場合の皇位継承順位

**第1章 天皇**

**天皇制について理解しよう**

# 2 天皇の権能と国事行為

▶国事行為には内閣の助言と承認が必要である

> **第3条** 天皇の国事に関するすべての行為には、内閣の助言と承認を必要とし、内閣が、その責任を負ふ。
>
> **第4条** ① 天皇は、この憲法の定める国事に関する行為のみを行ひ、国政に関する権能を有しない。
> ② 天皇は、法律の定めるところにより、その国事に関する行為を委任することができる。
>
> **第5条** 皇室典範の定めるところにより摂政を置くときは、摂政は、天皇の名でその国事に関する行為を行ふ。この場合には、前条第1項の規定を準用する。

## ■ 天皇の権能

日本国憲法の下、日本国の象徴とされた天皇は、政治に関与し、それに影響を及ぼすことを完全に否定されています。

これにつき、日本国憲法第4条1項は、「天皇は、この憲法の定める国事に関する行為のみを行ひ、国政に関する権能を有しない」として、そのことを明らかにしています。

## ■ 国事に関する行為

日本国憲法第4条前段は、「天皇は、この憲法の定める国事に関する行為のみを行」うものとし、この「国事に関する行為」(国事行為)については、第6条・第7条によって、その種類・内容が明らかにされています。

したがって、法律によって新たな国事行為を創り出すことはできません。

## ■ 国事行為の行い方

日本国憲法第3条は、「天皇の国事に関するすべての行為には、内閣の助言と承認を必要と」すると定めています。

すなわち、天皇の国事行為については、すべて内閣の助言と承認が必要とされ、内閣以外のものによる助言と承認は排斥されるのです。

なお、ここにある「助言」と「承認」とは統一的に理解することが可能であり、それぞれにつき別個の閣議は必要ではありません。

## ■ 国事行為の性質

天皇が国政に関する権能を有しない以上、第6条・第7条に列挙されている天皇の国事行為は本来的に形式的・儀礼的行為に止まります(本来的形式説)。

もっともこれについては、内閣の助言と承認を必要とすることにより、結果的に形式的・儀礼的行為になるという考え方(結果的形式説)もあります。

# 天皇の国事行為 のしくみ

☆関連法令等⇒内閣法

**国事行為**

☆内閣の助言と承認が必要

[天皇]

↓

日本国の象徴

○ ――――――――――――― ×

形式的・儀礼的行為 ⇒ 国事行為 ⇐ 内閣の助言と承認 ⇒ 内閣責任制 ⇔ 天皇の無答責 ⇔ 国政の権能

**形式的・儀礼的行為**
- 6条列挙
  - 任命行為
    - 最高裁長官
    - 内閣総理大臣
- 7条列挙
  - ①公布行為
    - 憲法改正
    - 法令（法律・政令）
    - 条約
  - ②国会の召集
  - ③衆議院の解散
  - ④公示行為――国会議員の総選挙の施行
  - ⑤認証行為
    - 国務大臣の任免
    - 全権委任状
    - 外国の大使・公使の信任状
    - 恩赦
    - 批准書等の外交文書
  - ⑥大使・公使の接受
  - ⑦儀式の挙行

第1章

天　皇

---

**5 内閣の責任と天皇の無答責**

　天皇の国事行為については、実質的な意思決定をする内閣が責任を負い（第3条後段）天皇が責任を負うことはありません。

　これを天皇の無答責と呼び、前述した天皇が国政に関する権能を有しないことと表裏の関係になっています。

（ポイント）☞　天皇は、憲法の定める国事行為のほか、私人としての行為も行いますが、それ以外に公的行為を認めるか（三行為説）認めないか（二行為説）には争いがあります。

25

> 第1章
> **天　皇**
> **3**

## 天皇制について理解しよう

# 天皇の任命権と国事行為の内容

▶天皇は内閣総理大臣・最高裁判所長官を任命する

**第6条**　①　天皇は、国会の指名に基いて、内閣総理大臣を任命する。
②　天皇は、内閣の指名に基いて、最高裁判所の長たる裁判官を
　任命する。

**第7条**　天皇は、内閣の助言と承認により、国民のために、左
　（※下記）の国事に関する行為を行ふ。

1　憲法改正、法律、政令及び条約を公布すること。
2　国会を召集すること。
3　衆議院を解散すること。
4　国会議員の総選挙の施行を公示すること。
5　国務大臣及び法律の定めるその他の官吏の任免並びに全権委
　任状及び大使及び公使の信任状を認証すること。
6　大赦、特赦、減刑、刑の執行の免除及び復権を認証すること。
7　栄典を授与すること。
8　批准書及び法律の定めるその他の外交文書を認証すること。
9　外国の大使及び公使を接受すること。
10　儀式を行ふこと。

**■ 天皇の国事に関する行為**

　天皇が行うとされる「国事に関する行為」（国事行為）については、第6条・第7条がその種類・内容を明らかにしています。

**■ 天皇の任命権**

　憲法は、「天皇は、国会の指名に基いて、内閣総理大臣を任命する」（第6条1項）と定めます。

　また、「天皇は、内閣の指名に基いて、最高裁判所の長たる裁判官を任命する」（第6条2項）と定めます。

　これらの任命についても、内閣の助言と承認が必要であることは当然です（第3条）。よって、最高裁判所長官の場合、指名と助言・承認が内閣によってなされることとなります。

**■ 天皇の国事行為**

　憲法第7条は、第6条と並んで、天皇の国事行為につき定めています。そこでは、憲法改正・法律・政令および条約の公布、国会の召集、衆議院の解散、総選挙の施行の公示、国務大臣任免などの認証、恩赦の認証、栄典の授与、批准書などの認

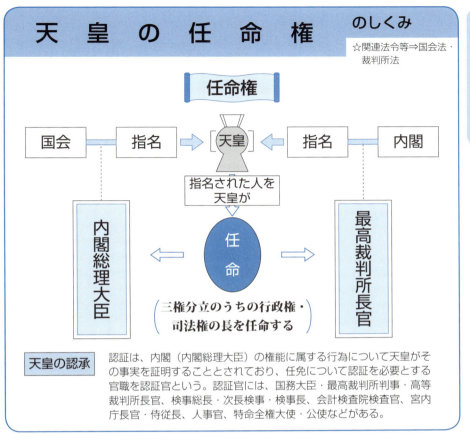

証、外国の大使・公使の接受、儀式の挙行、といった10種類が限定的に列挙されています。

1号にある「公布」とは、既に成立している法律などを国民に知らしめる表示行為、5号、6号、8号にある「認証」とは、ある行為が権限ある機関によってなされたことを公に証明する行為をいいます。

なお、衆議院の解散につき、実質的意思決定をなすのはあくまで内閣であり、天皇の役割は証書への署名など形式的・儀礼的な行為にとどまることになります。

**4 天皇の行為**

天皇は、国会の開会式で「おことば」を述べるなど、憲法の列挙する「国事行為」以外の行為も行います。

これらについては、国事行為に含めたり、あるいは純然たる私的行為と考える見解もありますが、国事行為、私的行為とは異なる第3の行為として憲法が許容するものとする見解（第3行為説）も有力です。

(ポイント)☞ 国事行為が形式的・儀礼的行為であることの根拠としては、内閣の助言と承認が要求されることの結果とする見解と国事行為の本来的性質と解する見解とがあります。

第1章
天皇
**4**

天皇制について理解しよう

# 皇室の財産授受は国会の議決が必要

▶皇室財産の譲渡・授受・贈与には国会議決が必要

第8条　皇室に財産を譲り渡し、又は皇室が、財産を譲り受け、若しくは賜与することは、国会の議決に基かなければならない。

## 1 皇室財産に対する民主的統制

日本国憲法における「国民主権原理」は、明治憲法下と異なり、皇室財政についても民主的コントロールが及ぶしくみをとっています。

なお、皇室財政についての詳細は、別途『皇室経済法』によって定められています。

## 2 皇室財産

憲法は、「すべて皇室財産は、国に属する」(第8条前段)と規定します。

明治憲法下の皇室は、莫大な土地や貨幣を有する一大資産家でした。日本国憲法は、こうした皇室財産を国有とすることにより、地主・資産家としての皇室を解体したのです。

もっとも、皇室の財産でも、純粋に私的生活のための財産はここにいう「皇室財産」には含まれず、私有も可能です。

## 3 皇室経費

また、憲法は第7章「財政」で、「すべて皇室の費用は、予算に計上して国会の議決を経なければなならい」(第88条後段)と定めています。

明治憲法下においては、皇室費用の支出については、明確な公私の区別なく、皇室財産収入および国庫からの支出によってまかなわれており、帝国議会の協賛は極めて限定的なものでした。

しかし、上述のように、皇室財産の国有化にともない、その活動費も国庫からの支給に依存することとなり、予算への計上という形で民主的コントロールが及ぶものとされたのです。

## 4 皇室の財産授受

憲法は、「皇室の財産を譲り渡し、又は皇室が、財産を譲り受け、若しくは賜与することは、国会の議決に基かなければならい」(第8条)としています。

これは、皇室の財産授受を国会の議決を通した民主的コントロール下におくことで皇室に巨大な財産が集中することや皇室と特定の者とが結びつくことを防止するためのものです。

もっとも、皇室の私的活動にかかわる通常の財産授受にはここでの議決は要求されないものと考えられています。

# 皇室の財産授受 のしくみ

☆関連法令等⇒皇室経済法・国有財産法

第1章 天皇

## 皇室財産

天皇の財産 ＋ 皇族の財産 → 皇室財産

譲渡 譲受 → 授受 → 国会の議決（民主的コントロール）

皇室財産 → 国有化 → 皇室経費 → 予算に計上 → 国会の議決 ← 民主的コントロール

宮廷費 → 宮内庁が管理する公金

内廷費 → 天皇・皇族の日常の費用

皇族費 → 皇族としての品位保持のための費用

これにより

これらを防止する趣旨 ←
・皇室に巨大な財産が集中し、
・皇室と特定の者が結びつくことにより、
・皇室に対して特定の者が不当な影響力・支配力を持つこと

ポイント ☞ 　皇室経済法は、相当の対価による売買など通常の私的経済行為、外国交際のための儀礼上の贈答等については、その度ごとの国会の議決は要しないものとしています。

29

# 第2章

# 戦争の放棄

## 第9条

♣日本国憲法の平和主義の具体的現れが憲法9条の「戦争の放棄」です。「侵略戦争」についての戦争の放棄は争いがないようですが、「自衛戦争」については、その手段（軍備）は放棄していないという解釈等があります。現在、憲法改正議論の中心問題です。

## ●戦争の放棄についての憲法の規定の概要

### ■ 平和主義と戦争の放棄

日本国憲法は、第二次世界大戦の悲惨な体験を踏まえ、戦争についての深い反省に基づいて、平和主義を基本原理として採用し、戦争と戦力の放棄を宣言しました。

日本国憲法は、前文において「平和を愛する諸国民の公正と信義に信頼して、われらの安全と生存を保持しようと決意した」と述べますが、こうした前文の平和主義は、「第2章 戦争の放棄」の章に位置する第9条に具体化されています。

### ■ 戦争の放棄の内容

同条1項は、「日本国民は、正義と秩序を基調とする国際平和を誠実に希求し」と述べて、戦争放棄の動機を一般的に表明した後、「国権の発動としての戦争」、「武力による威嚇」、及び「武力の行使」の3つを放棄しています。

そして、9条2項は、第1項の目的の達成のため、「陸海空軍その他の戦力は、これを保持しない」及び「国の交戦権は、これを認めない」旨を宣言しています。

陸

海

空

# 第2章「戦争の放棄」の条文の構成

## 日本国憲法の条文

前文 → 第1章 天皇 → **第2章 戦争の放棄** → 第3章 国民の権利及び義務 → 第4章 国会 → 第5章 内閣 → 第6章 司法 → 第7章 財政 → 第8章 地方自治 → 第9章 改正 → 第10章 最高法規 → 第11章 補則

前文（平和主義）　→　**第9条**

**第1項**

国際紛争解決の手段として

正義　＋　秩序
↓
基調
↓
国際平和
↑
誠実に希求
↑
永久的に放棄
↑
戦争　武力行使　武力による威嚇

ポイント①戦争、武力行使・武力による威嚇は永久的に放棄

**第2項**

第1項の目的達成のため
↓
戦力 の不保持 ― 陸軍・海軍・空軍　交戦権の否認

ポイント②戦力は不保持、交戦権の否認

▶**憲法改正の目的**　憲法を改正したい側の目的は、合憲が違憲かの議論のある①自衛隊（装備も含む）を憲法上明確に認められた軍隊とする、②集団的自衛権の行使を認める条項とする、などです。一方、現憲法を守りたいという人は、憲法9条は平和主義の下、戦争・武力の増強の抑止力になっているなどの理由で、改正の必要なしなどとしています。改正案の条文だけを見がちですが、改正目的を知ることが重要です。

31

## 第2章 戦争の放棄 1

平和主義について理解しよう

# 戦争の永久放棄

▶戦争、武力による威嚇・行使は放棄する

**第9条** ① 日本国民は、正義と秩序を基調とする国際平和を誠実に希求し、国権の発動たる戦争と、武力による威嚇又は武力の行使は、国際紛争を解決する手段としては、永久にこれを放棄する。※「2項」については次項（34ﾟー）参照

### 1 平和主義

日本国憲法は、第2次世界大戦の悲惨な体験を踏まえ、戦争についての深い反省に基づいて、平和主義を基本原理として採用しています。日本国憲法は、その前文において、「平和を愛する諸国民の公正と信義に信頼して、われらの安全と生存を保持しようと決意した」と述べ、平和主義の採用を明らかにしています。

### 2 戦争の放棄

こうした前文の平和主義は、憲法9条に具体化されています。9条1項は、「日本国民は、正義と秩序を基調とする国際平和を誠実に希求し」と述べて、戦争放棄の動機を明らかにした上で、「国権の発動たる戦争と、武力による威嚇又は武力の行使は、国際紛争を解決する手段としては、永久にこれを放棄する」と定めています。

ここにいう「国権の発動たる戦争」とは、単に戦争というのと同じであり、「戦争」とは、宣戦布告または最後通牒によって戦意が表明され、戦時国際法規の適用を受けるもの、「武力の行使」は、宣戦布告なしで行われる事実上の戦争、実質的意味の戦争をいうとするのが一般です。これに

対し、「戦争」を広く国家間における武力闘争ととらえる説もありますが、戦争も武力の行使もいずれも放棄されているため、両説に相違はありません。なお、「武力による威嚇」とは、相手国に対する要求を通すために戦力を背景にして脅すことを意味します。

### 3 9条1項の解釈

本項の「国際紛争を解決する手段としては」という文言の解釈には、放棄の対象を限定する趣旨か否かについて争いがあります。

国際法上の一般的用語例から、「国際紛争…手段として」の戦争とは侵略戦争をいい、この文言は放棄の対象を限定するため、自衛戦争は放棄されていないとする説、及びおよそ戦争は「国際紛争…手段として」行われるのだから、この文言は放棄の対象を限定せず、自衛戦争も含めてすべての戦争が放棄されていると解する説もがあります。

**ポイント**☞ 平成24年4月27日決定の自民党憲法改正草案においては、本条における放棄の対象を「国権の発動としての戦争」とする旨の改正案が示されています。

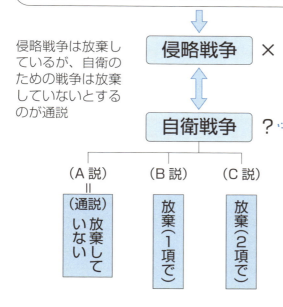

**戦争の放棄について** のしくみ

☆関連法令等⇒防衛庁設置法・自衛隊法

**戦争放棄の解釈**

国際紛争を解決する手段としての戦争とは

侵略戦争 ×

侵略戦争は放棄しているが、自衛のための戦争は放棄していないとするのが通説

自衛戦争 ？

（A説）=（通説）放棄していない
（B説）放棄（1項で）
（C説）放棄（2項で）

◎**集団的自衛権**
同盟国などが攻撃されたとき、自国への攻撃とみなして反撃できる権利で、国際法上認められている。日本の歴代内閣は、憲法9条との関係で「反撃できない」としてきたが、現内閣は①日本と密接な関係にある他国が武力攻撃され、日本の存立が脅かされ明白な危険がある事態にあり、②わが国の存立を全うし、国民を守るための他の適当な手段がない、③必要最小限の実力行使、の3要件を満たせば集団的自衛権の行使は憲法上可能としている。

---

**判例** ▶駐留軍は憲法9条2項の戦力に該当し、安保条約は憲法に反しないか【砂川事件】

（最大判昭34・12・16刑集13巻13号3225頁）

【事件】昭和32年、アメリカ軍の使用する東京都下砂川町（現・立川市）の立川飛行場の拡張工事を始めた際に、基地反対派のデモ隊が乱入し、旧安保条約3条に基づく刑事特別法違反として起訴された事件。
【判決】第1審の東京地方裁判所は、安保条約によってわが国が自国と直接関係のない武力紛争の渦中に巻き込まれる虞があるとして、駐留軍が憲法9条2項の戦力に該当して違憲である、と判示した（東京地判昭34・3・30下刑集1巻3号776頁）のに対し、最高裁は、戦力とはわが国がその主体となってこれに指揮権・管理権を行使し得る戦力をいうものであり、結局わが国自体の戦力を指し、外国の軍隊は、たとえそれが我が国に駐留するとしても、ここにいう戦力には該当しないとし、安保条約は高度の政治性を有するものであって、一見極めて明白に違憲無効であると認められない限り、司法裁判所の審査には原則としてなじまない性質のものである、と判示し、原判決を破棄・差し戻した。

第2章
戦争の放棄
2

平和主義について理解しよう

# 戦力の不保持・交戦権の否認

▶戦力は不保持で、交戦権は認めない

**第9条** ②　前項の目的を達するため、陸海空軍その他の戦力は、これを保持しない。国の交戦権は、これを認めない。

※「1項」については前項（32ﾍﾟ）参照

## 1 「前項の目的」

憲法9条2項前段は、「前項の目的を達するため、陸海空軍その他の戦力は、これを保持しない」と定めます。

9条1項の解釈として、侵略戦争のみを放棄していると解する立場の中でも、2項の「前項の目的」をどのように解するかには争いがあります。

「前項の目的」とは、侵略戦争放棄の目的であると解する立場は、2項は、侵略戦争のための戦力を保持しない趣旨であり、自衛のための戦力の保持は禁じられてはいないと解しますが、「前項の目的」を国際平和の希求という動機を一般的に指すにとどまると解する立場からは、戦力の不保持に限定は付されず、およそ一切の戦力の保持が禁止されることになります。この説が通説であり、従来の政府がとってきた見解です。

もっとも、近年の政府解釈は、自衛権は国家固有の権利として、憲法9条の下でも否定されておらず、自衛のための必要最小限度の実力は9条所定の「戦力」に該当せず、現在の自衛隊も憲法の禁ずるところではないとしています。

なお、長沼事件において、最高裁は、第1審、第2審とは異なり、この論点には触れずに訴え却下の判決を下しています。

## 2 戦力の不保持

さらに、2項で保持しないこととされる「戦力」が、例示されている陸海空軍のほかどのようなものを含むのかについても争いがあります。

最も厳格に解する説は、戦争に役立つ潜在的能力を持つ一切と解し、軍需生産も禁じられると解しますが、通説は、軍隊及び有事の際にそれに転化し得る程度の実力部隊と解します。

## 3 交戦権の否認

9条2項後段は、「国の交戦権は、これを認めない」とされます。

「国の交戦権」とは、交戦国に国際法上認められる権利（相手国の軍事施設の破壊、船舶の臨検、拿捕等の権利）を指すと解する説と広く戦争をする権利と解する説とがあります。

**ポイント**☞　「前項の目的を達するため」との文言は、帝国議会における審議過程において付け加えられたものであり、「芦田修正」と呼ばれます。

34

# 「第９条」に関する判例＆政府見解 のしくみ

第２章 戦争の放棄

☆関連法令等⇒防衛省
設置法・自衛隊法

**第９条**

## 判 例

◎恵庭事件（札幌地判・昭42.3.29）
北海道恵庭の自衛隊の松島演習場の近くに住む被告人が、部隊の通信線を切断したため、「防衛の用に供するものを損壊した（自衛隊法21条違反）」として起訴された。札幌地裁は、無罪の判決を言い渡したが、自衛隊の合憲か違憲かの判断を回避した。

◎長沼事件（札幌地判・昭48.9.7、札幌高判・昭45.8.5）
北海道長沼町の保安林に設置されたナイキ基地に反対する住民が、保安林解除処分の取消を求めた訴訟。一審は、自衛隊の規模装備からみて陸海軍に該当し無効としたが、二審は一審を破棄、最高裁は訴えの利益が消滅したとして、原判決を取り消し、訴えを却下した。

◎百里基地訴訟（水戸地裁・昭52.2.17、最高裁・平元年6.20など）
茨城県百里基地設置の際の土地所有権の帰属に関し、自衛隊の合憲性が問われた。一審は統治行為論を適用して、自衛隊は裁判所の審査対象とした。二審は自衛隊の憲法判断は本事件では不要とし、最高裁も第二審を指示。

## 政府見解

◎1954年（昭和29）・鳩山内閣
国家には本来自衛権が認められており、自衛の目的のために自衛力を持つことは第9条のもとでも許され、自衛隊は第9条2項の保持を禁じた戦力にあたらない。

◎1957年（昭和32）・岸内閣
自衛権の範囲なら、核兵器の所有もできる。

◎1963年（昭和38）・池田内閣
自衛力は観念的に、また数字的に決めうるべきものではない。国内あるいは世界の情勢、科学技術の進歩によって決めるべきである。

◎1972年（昭和47）・田中内閣
戦力は、自衛のための必要最低限度を超えるものであり、それ以下の戦力の保持は、同条項に禁じられていない。

◎1978年（昭和53）・福田首相
自衛のための必要最小限の兵備は、これを持ち得る。それが細菌兵器であろうがあるいは核兵器であるかに関係ない。

※1957年（昭和32）には内閣法制局が、「戦力」に関する統一見解をまとめている。

---

## 【自由民主党・憲法改正草案 （平成24年4月27日（決定））】

（平和主義）
**第9条** 日本国民は、正義と秩序を基調とする国際平和を誠実に希求し、国権の発動としての戦争を放棄し、武力による威嚇及び武力の行使は、国際紛争を解決する手段としては用いない。
**2** 前項の規定は、自衛権の発動を妨げるものではない。
（国防軍）
**第9条の2** 我が国の平和と独立並びに国及び国民の安全を確保するため、内閣総理大臣を最高指揮官とする国防軍を保持する。
**2** 国防軍は、前項の規定による任務を遂行する際は、法律の定めるところにより、国会の承認その他の統制に服する。
**3** 国防軍は、第一項に規定する任務を遂行するための活動のほか、法律の定めるところにより、国際社会の平和と安全を確保するために国際的に協調して行われる活動及び公の秩序を維持し、又は国民の生命若しくは自由を守るための活動を行うことができる。
**4** 前二項に定めるもののほか、国防軍の組織、統制及び機密の保持に関する事項は、法律で定める。
**5** 国防軍に属する軍人その他の公務員がその職務の実施に伴う罪又は国防軍の機密に関する罪を犯した場合の裁判を行うため、法律の定めるところにより、国防軍に審判所を置く。この場合においては、被告人が裁判所へ上訴する権利は、保障されなければならない。
（領土等の保全等）
**第9条の3** 国は、主権と独立を守るため、国民と協力して、領土、領海及び領空を保全し、その資源を確保しなければならない。

# 第3章
# 国民の権利及び義務
## 第10条～第40条

♣日本国憲法は、個人の尊重、法の下の平等、信教の自由、表現の自由、学問の自由などを保障しています。こうした保障は憲法の規定を受けて、各法令で具体的に規定されていますが、憲法の規定に反すると無効となります。一方、国民は納税などの義務を負います。

## ●国民の権利（基本的人権）及び義務の概要

### ■ 人権カタログ

日本国憲法は、基本的人権尊重主義の理念に基づき、「第3章　国民の権利及び義務」の章において、詳細な人権カタログを設けています。

第10条で、国民の要件についての規定を置いた後、第11条で、国民が基本的人権を享有することが宣言され、第12条にて、その人権を保持すべき責任に言及されています。

### ■ 個々の人権カタログ

個々の人権についての規定は、第13条以下に詳細な人権カタログが用意されています。

まず、第13条において、新しい人権の根拠規定となる包括的基本権の規定を置いた後、第4条に法の下の平等（第14条）についての規定を置き、その後、各種自由権（第18条～第23条、第29条など）、社会権（第25条～第28条など）、参政権（第15条など）、その他の人権（第16条など）といった規定が第40条まで列挙されています。

# 第3章「国民の権利及び義務」の条文の構成

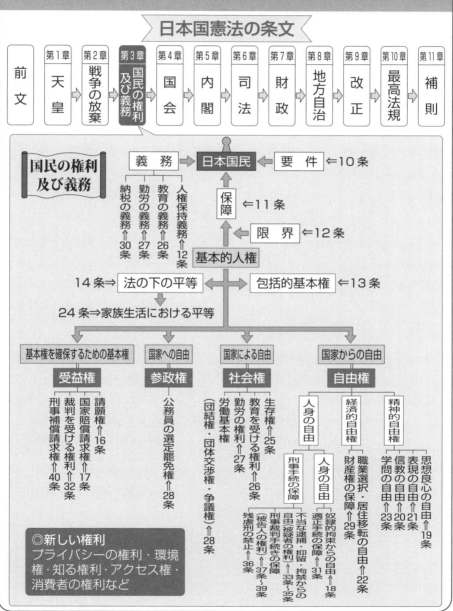

第3章
**国民の権利及び義務**

**1**

国民の権利・義務について理解しよう

# 国民の要件と法律

▶ 「国民」に関する法律には国籍法などがある

第10条 日本国民たる要件は、法律でこれを定める。

## 1 人権の意義と日本国憲法

人権とは、基本的人権とも呼ばれ、人が人であること自体から当然に認められる権利を意味します。

日本国憲法は、「国民は、すべて基本的人権の享有を妨げられない」（11条）、「この憲法が保障する基本的人権は、…」（97条）などの規定に見られるように、こうした基本的人権を保障する態度を明確に打ち出しています。

## 2 人権の享有主体としての国民

人権は、人であること自体から当然に認められる権利である以上、人種・性別・社会的身分などの区別と関係なしに享有される権利です。

この点に関し、日本国憲法は、第3章を「国民の権利及び義務」と題し、権利の主体を国民に限定するかのような外観をとっています。

そこで、国民の範囲をどのように考えるか、および国民以外の人権享有主体性をどのように解するかが問題となってきます。後者の問題は後に譲り、本項では、前者の「国民の範囲をどのように考えるか」を検討することにします。

## 3 国民の要件

憲法は、「日本国民たる要件は、法律でこれを定める」（10条）と定めています。

日本国民たる要件とは、日本国籍を有する要件であり、本条は、その要件を定めるには、必ず法律によらなければならないと定めています（国籍法律主義）。わが国では、この規定を受けて国籍法が制定されているわけです。

## 4 国籍の取得と喪失

出生を理由とする生来的な国籍取得には、親の血統に従って親と同じ国籍を子に取得させようとする血統主義と出生に際してその出生地国の国籍を子に取得させようとする出生地主義とがあります。

日本の国籍法は、比較的純粋な血統主義をとっており、昭和59年の改正により、父系優先主義から父母両系主義にあらためられました。

なお、日本国憲法は、国籍を離脱する自由を保障しております（22条2項）。

ポイント☞ 最高裁判所は、準正の要件を定める国籍法3条1項の規定につき、両性の平等の観点から合理的な理由のない差別であるとして、憲法14条1項に反するとしました。

# 日 本 国 民 と 国 籍　のしくみ

☆関連法令等⇒国籍法

**第3章　国民の権利及び義務**

## 日本国民の基本的人権の享受

日本国憲法
↓
基本的人権
↓
保　障
↓
日本国民
↓
日本国民たる要件　　日本国籍を有する要件
↓
法律で定める ➡ 国籍法律主義
↓
国籍法

国籍の取得　　　　　　国籍の喪失

出　生　　帰　化　　死　亡　　国籍離脱 ⇐22条

原則　　　　　例外　　　　　　　　　　　　　　他国籍の取得
血統主義　出生地主義

---

**判　例** ▶法人にも政治的行為の自由があるか

（最大判昭45・6・2民集24巻6号625頁）【八幡製鉄事件】

【事件】八幡製鉄（現・新日本製鉄）の代表取締役が自由民主党に政治献金をした行為の責任を追及して同社の株主が提訴した事件。

【判決】政党の健全な発展に協力することも社会的実在としての会社に当然期待されていることだから、会社は自然人たる国民同様国や政党の政策を支持・推進または反対するなど政治的行為をなす自由を有するとし、政治資金の寄附もまさにその自由の一環であり、政治の動向に影響を与えることがあったとしても、これを自然人たる国民による寄附と別異に扱うべき憲法上の要請があるものではない、と判示し、特別の制約を認めなかった。

**第3章**
**国民の権利及び義務**

**2**

国民の権利・義務について理解しよう

# 国民の基本的人権の享有

▶誰にでも基本的人権が認められる

**第11条** 国民は、すべての基本的人権の享有を妨げられない。この憲法が国民に保障する基本的人権は、侵すことのできない永久の権利として、現在及び将来の国民に与へられる。

## 1 人権思想の歴史

人であることから当然に認められるという基本的人権の思想は、1215年の「マグナ・カルタ」を起点とし、グロチウスを父とする近代自然法思想の下で成長・発展しつつ、1776年のアメリカ独立戦争における「独立宣言」や1789年のフランス革命期における「人権宣言」において結実します。

わが国においても、徳川末期に西洋文明を輸入する際、こうした天賦人権思想が流入することとなり、明治初期の自由民権運動などを経て、個人の尊厳に最高の価値を見出す日本国憲法の施行へと至っていくのです。

## 2 人権の性質（固有性・不可侵性・普遍性）

日本国憲法における人権の観念は、「国民は、すべての基本的人権の享有を妨げられない。この憲法が国民に保障する基本的人権は、侵すことのできない永久の権利として、現在及び将来の国民に与へられる」（11条）と述べられている点に具体化されています。

人権は、憲法や天皇から与えられることにより成立するものではなく、人であることより当然に有する権利です（人権の固有性）。

また、人権は、公権力などによって原則として侵害されることのない、「侵すことのできない永久の権利」という性質も有しています（人権の不可侵性）。

さらに、人権は、人であることから当然に享有されるものであり、人種・性別・社会的身分などに左右されないという性質も有しています（人権の普遍性）。

## 3 「国民」以外の人権享有主体

こうした人権につき、前項で述べた「国民」以外について考えてみましょう。

まず、外国人ですが、人権の前国家的性格や憲法の立脚する国際協調主義に根拠を認める立場が支配的です。

もっとも、その享有する範囲や程度につき、日本国民とは差異があると考えられています。

また、法人についても、現代社会における法人の意義を重視して認められるとする立場が有力です。

ポイント☞ 基本的人権は、「生来の権利」すなわち「自然権」であり、その「自然権」を根拠づける規範として「自然法」の存在が想定されています。

40

# 基本的人権　のしくみ

☆関連法令等⇒刑事訴訟法

**第3章　国民の権利及び義務**

### 国民・国家と基本的人権

▷世界の動きとしては1948年に国連総会で世界人権宣言が採択され、その後、国際人権規約（A規約；社会権規約、B規約；自由権規約）などが発効。日本もこの条約に批准（一部留保）。

```
                    日本国憲法
        ┌──────────┬──────────┬──────────┬──────────┐
    包括的基本権  国家の不作為を  国家に対して作為を  国家意志の形成に
              請求できる権利  要求できる権利    参加できる権利
              （消極的権利）  （積極的権利）    （能動的権利）
        │          │          │          │
   ┌──┬──┐  ┌──┬──┬──┐  ┌──┐    ┌──┬──┐
  幸生 法平       経人 精    社 受     請 参
  福命 の和       済身 神    会 益     願 政
  追・ 下的       的の 的    権 権     権 権
  求自 の生       自自 自
  権由 平存       由由 由
  ・  等権         の権
             私         不        
             生         可
             活         侵
             の
```

## ■人権の性質

| 人権の性質 | 内　容 |
|---|---|
| 固有性 | 人間が人間であることにより当然に有するとされる権利であること |
| 不可侵性 | 人権が原則として公権力によって侵されないということ |
| 普遍性 | 人権は人種、性別、身分などの区別に関係なく、広く保障されること |

## ■人権享有主体

| 人権享有主体 | | 享有する基本的人権 | 制約される基本的人権の例 |
|---|---|---|---|
| 日本人 | 一般国民 | すべての基本的人権 | なし |
| | 天皇・皇族 | 行為の世襲と職務の特殊性にかかわりのない人権 | 参政権、婚姻の自由、財産権、言論の自由 |
| 外国人 | 定住外国人 | 国の統治作用にかかわりのない人権 | 国政選挙権、国政被選挙権 |
| | 一般外国人 | 権利の性質上、日本国民のみに認められる人権以外の人権 | 参政権、社会権、入国の自由 |
| 法　人 | | 自然人とだけ結合して考えられる人権以外の人権 | 参政権、生存権、人身の自由 |

---

**判 例** ▶**外国人にも政治活動の自由が認められるか**

（最大判昭53・10・4民集32巻7号1223頁）【マクリーン事件】

【事件】アメリカ人マクリーンが在留期間1年としてわが国に入国し、1年後にその延長を求めて在留期間更新の申請をしたところ、法務大臣がマクリーンが在留中に政治活動（ベトナム反戦等のデモや集会に参加した行為）を行ったことを理由に更新を拒否した事件。
【判決】人権の保障は権利の性質上許される限り外国人にも及び、政治活動についても外国人の地位に鑑み認めることが相当でないと解される在留中の政治活動を除いて保障されるが、人権の保障は外国人の在留制度の枠内で与えられるに過ぎず、法務大臣は更新拒否のための消極的理由として斟酌することはでき、著しい逸脱・濫用は存在しない、と判示した。

41

第3章
国民の権利及び義務

**3**

国民の権利・義務について理解しよう

# 自由・権利は国民が不断の努力で保持

▶ただし、その権利の濫用は禁止している

第12条　この憲法が国民に保障する自由及び権利は、国民の不断の努力によつて、これを保持しなければならない。又、国民は、これを濫用してはならないのであつて、常に公共の福祉のためにこれを利用する責任を負ふ。

## 1 人権の限界

日本国憲法は、人権を不可侵の権利と位置づけますが、すべての人が人権を享有する以上、現実の社会においては、人権と人権が衝突し、人権の制約が問題とならざるを得ない場面が生じます。

## 2 人権と公共の福祉

日本国憲法は、12条において、「国民は、これを濫用してはならないのであって、常に公共の福祉のためにこれを利用する責任を負ふ。」と規定しています。

また、憲法は、13条においても、基本的人権につき、「公共の福祉に反しない限り」国政の上で最大の尊重を必要とするし、22条と29条においては、公共の福祉による制約が明示されています。

これらの規定との関係で、公共の福祉と人権との関係が憲法制定当初より議論されていました。

## 3 人権と公共の福祉との関係

「公共の福祉」は、人権の一般的制約原理であり、基本的人権は、公共の福祉に反しない範囲においてのみ保障されるとする考え方があります。

その一方、それでは、人権保障が骨抜きになるとして、憲法22条、29条のように、条文上、「公共の福祉」による制約が認められている場合以外では、「公共の福祉」による制約は認められず、他者の基本的人権を侵害できないという「内在的制約」のみ存在するとする考え方も存在します。

## 4 基本的人権の保障の妥当範囲

国民の中には、特別の法律上の原因に基づいて、一般の統治機構とは異なる特殊な関係に入る場合があります。かつては、そうした場面では、人権の保障が及ばないとする考え方もありましたが（特別権力関係論）、今日では、かかる考え方は否定され、憲法の保障が及ぶとされています。

また、私人同士の間においても、基本的人権の保障は、私法法規の一般条項等を通して間接的に及ぶと理解するのが支配的です。

ポイント☞　日本国憲法が立脚する「法の支配」の原理の下においては、伝統的な「特別権力関係理論」がそのままの形で妥当する余地はないと解されます。

42

# 人権の制限と公共の福祉 のしくみ

☆関連法令等⇒民法・刑事訴訟法など

## 人権と公共の福祉

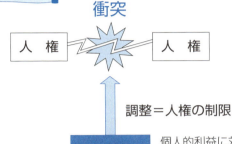

個人的利益に対する用語で、多くの個人の利益が調和したところに成立する全体の利益のこと

■公共の福祉の法定意味

| 学　説 | 12・13条の「公共の福祉」 | 22・29条の「公共の福祉」 |
|---|---|---|
| 外在制約説 | 人権制約の一般原理 | 特別の意味なし |
| 内在・外在制約 | 訓示的・倫理的規定 | 人権制約の根拠規定 |
| 内在制約説 | 人権相互の矛盾・衝突を調整するための実質的公平の原理で、すべての人権に内在 ||
| 内在・政策制約説 | 内在的制約 | 政策的制約 |

**判例** ▶在監者にも新聞を購読する自由が認められるか
（最大判昭58・6・22民集37巻5号793頁）【「よど号」ハイ・ジャック新聞記事抹消事件】
【事件】昭和44年の国際反戦デー闘争等において公務執行妨害等の罪名で起訴された勾留中の被疑者が新聞を定期購読していたところ、たまたま発生した日航機「よど号」乗っ取り事件の記事を拘置所長が全面的に抹消したので、「知る権利」を侵害したとして争った事件。
【判決】監獄長の抹消処分が許される限界について、閲読を許すことにより監獄内の規律及び秩序の維持にとって障害が生ずる「相当の蓋然性」があると認められる場合には、それを防止するために必要かつ合理的な範囲で閲読の自由を制限してもよいと判示して、抹消処分は適法であるとした。

第3章
国民の権利及び義務
**4**

国民の権利・義務について理解しよう

# 個人の尊重と幸福追求権

▶幸福追求権は公共の福祉に反しない限り最大限尊重される

第13条 すべて国民は、個人として尊重される。生命、自由及び幸福追求に対する国民の権利については、公共の福祉に反しない限り、立法その他の国政の上で、最大の尊重を必要とする。

## 1 包括的基本権

日本国憲法は、個人の尊厳の原理を至上命題とし、その保障のため、さまざまな人権規定を列挙しています。

その中でも、憲法13条は、憲法明文では規定されていない新しい人権を導き出す根拠となる総則的規定の役割を担うものです。

## 2 幸福追求権の意義

日本国憲法の人権規定は、歴史的に国家権力によって侵害されることの多かった重要な権利を列挙したものに過ぎず、全ての人権を網羅するものではありません。現代社会の発展に伴い、憲法制定当時には考えられなかったような人権侵害が生じるおそれもある以上、憲法が列挙している人権のほかにも、「新しい人権」を憲法上の権利として承認し、憲法上の保護を及ぼすことが必要となってきます。

そのような新しい人権を導き出す根拠となるのが、憲法13条の「生命・自由及び幸福追求に対する国民の権利」となるわけです。

以前は、この幸福追求権は憲法列挙の基本的人権の総称に過ぎないとされたり、個人尊重の理念を示したものに過ぎないと

の考え方もありましたが、最近では、個人の人格的生存にとって必要不可欠な権利、自由を包摂する一般的包括的権利であり、この幸福追求権によって基礎づけられる個々の権利は、裁判上の救済を受けることができる具体的権利であるとされています。

本条を根拠に、これまで判例や学説の上で認められてきているのは、名誉権、プライバシー権、肖像権、環境権、日照権などがあります。

## 3 プライバシー権

プライバシー権は、アメリカ判例理論で展開・確立した考え方であり、日本では、「宴のあと」事件判決において、「私生活をみだりに公開されない法的保障ないし権利」と定義されましたが、近年の情報化社会の進展につれて、個人の情報を保護するという側面に重点が移りつつあります。

ポイント☞ 最高裁は、顧客吸引力を排他的に利用できる「パブリシティ権」の権利性を認めましたが、これに憲法13条の保障が及ぶか否かまでについては触れられていません。

44

# 個人の尊重と幸福追求権 のしくみ

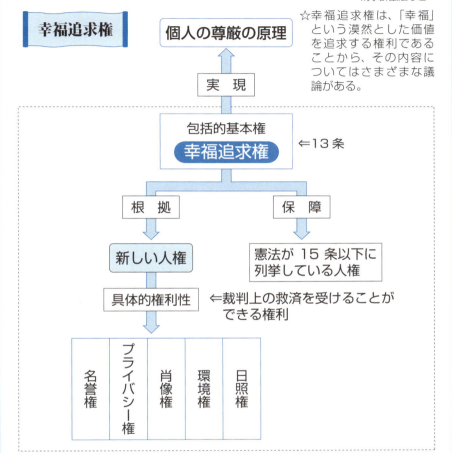

## 判例 ▶プライバシーの侵害とはどのようなものか

（東京地判昭39・9・28判時385号12頁【「宴のあと」事件】）

【事件】東京都知事選挙に立候補して惜敗した原告をモデルとする小説「宴のあと」（三島由紀夫著）が原告のプライバシーの権利を侵害するかどうか争われた事件。

【判決】プライバシー侵害の要件として、公開された内容が、①私生活の事実と受け取られる内容であること、②一般人が当該私人の立場に立った場合に公開を望まないと感じる内容であること、③一般の人々に知られていない内容であることを必要とする、という3要件を提示し、結論としてプライバシーの権利の侵害があった、と判示した。（なお、事件は、2審に継続中に和解が成立して決着がついた。）

**第3章**
**国民の権利及び義務**

**5**

国民の権利・義務について理解しよう

# すべての国民は法の下に平等である

▶貴族制度は認められず、栄典の授与は特権を伴わない

第14条 ① すべて国民は、法の下に平等であつて、人種、信条、性別、社会的身分又は門地により、政治的、経済的又は社会的関係において、差別されない。
② 華族その他の貴族の制度は、これを認めない。
③ 栄誉、勲章その他の栄典の授与は、いかなる特権も伴はない。栄典の授与は、現にこれを有し、又は将来これを受ける者の一代に限り、その効力を有する。

### ■ 法の下の平等の原理

「法の下の平等」の原理は、自由とともに近代法における大原則であり、アメリカ独立宣言、フランス人権宣言においても明確に宣言されています。

個人の尊厳の原理に立脚する日本国憲法も14条1項において、「すべて国民は、法の下に平等であって、…政治的、経済的又は社会的関係において、差別されない」と規定しています。

### ② 法の下の平等の意義

まず、ここに言う「法の下の」平等とは、法適用の平等（立法者非拘束説）のみならず、法内容の平等（立法者拘束説）をも意味します。

また、ここにおける「平等」とは、各人の差異を考慮しない「絶対的平等」ではなく、各人の事実上、実際上の差異を前提に、それぞれの差異に応じて異なった取扱いをすることを認める「相対的平等」です。

### ③ 平等原則の具体的内容

14条1項後段は、この平等原則に対

し、差別の原因となる「人種」、「信条」、「性別」、「社会的身分」、「門地」という5つの事由を列挙しています。これは例示列挙ですから、これ以外に差別の原因が考えられる場合、当然にそれも排除されることになります。

また、14条2項、3項は、平等原則の具体化にあたり、最も重要と考えられた「貴族制度の廃止」と「栄典に伴う特権の廃止」を定めています。

### ④ 平等原則が問題となった判例

平成7年改正前の刑法は、自らの親等の尊属に対する殺人を普通殺に比べて厳しく罰していました。最高裁は、昭和48年、立法目的は合理的であるとしつつも、その目的達成手段としての刑の差異の程度が不合理であるとして、違憲判決を下しています。

また、国会議員選挙における議員定数不均衡の問題につき、最高裁は、昭和51年、投票価値の平等を憲法上の要請であるとして、一票の重みが1対4.99と開いて

46

# 法の下の平等のしくみ

☆関連法令等⇒労働基準法・生活保護法など

## ■「法の下」の意味と1項後段列挙事由の意味

| 「法の下」の意味 | 法適用の平等<br>立法者非拘束説<br>但し、後段は立法者拘束 | 法内容の平等<br>立法者拘束説 |
|---|---|---|
| 1項後段列挙事由の意味 | 制限列挙説<br>絶対的平等 | 例示説（判例）<br>相対的平等 |

## ■「平等」の意味

| 相対的平等 | 個人の現実の差異に着目した合理的な区別を許容し、同一事情と同一条件に対しては均等に取り扱うこと |
|---|---|
| 絶対的平等 | 個人の性別・能力・年齢・財産・職業、または人と人との特別な関係などの種々の事実的・実質的差異を無視して、一律に取り扱うこと |
| 形式的平等 | 個人を法的に均等に取り扱い、その自由な活動を保障すること（格差の是正までは要求しない） |
| 実質的平等 | 社会的、経済的弱者に対して、より厚く保護を与え、それによって他の国民と同等の自由と生存を保障すること（格差の是正まで要求する） |

## ■合理的差別かどうかの基準

| 審査基準 | 立法目的 | 達成手段 |
|---|---|---|
| 厳格な審査基準 | 必要不可欠 | 必要最小限度 |
| 厳格な合理性の基準 | 重要 | 立法目的との実質的関連性 |
| 合理性の基準 | 正当 | 立法目的との合理的関連性 |

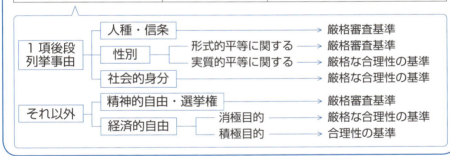

実施された衆議院議員選挙につき、違憲であると判示しました。平成24年の衆議院議員選挙については112ページ参照。

ポイント☞ 刑法の尊属殺規定（200条）は、最高裁の違憲判決を受け、現在は削除されています。

### 判例 ▶普通殺人に比べて尊属殺人を重く罰するのは法の下の平等に反しないか
（最大判昭48・4・4刑集27巻3号265頁【尊属殺重罰規定事件】）

【事件】実父に夫婦同様の関係を強いられ、虐待にたまりかねて実父を殺害し、自首した事件。
【判決】尊属に対する尊重報恩という道義を保護するという立法目的は合理的であるが、刑の加重の程度が極端であって、立法目的達成手段として不合理であるとして、刑法200条を違憲無効と判示し、刑法199条の普通殺人罪の規定を適用して、執行猶予判決を下した。

第3章
国民の権利及び義務
6

国民の権利・義務について理解しよう

# 国民は公務員の選定・罷免権を持つ

▶公務員は全体の奉仕者で、普通選挙による

第15条 ① 公務員を選定し、及びこれを罷免（ひめん）することは、国民固有の権利である。

② すべて公務員は、全体の奉仕者であつて、一部の奉仕者ではない。

③ 公務員の選挙については、成年者による普通選挙を保障する。

④ すべて選挙における投票の秘密は、これを侵してはならない。選挙人は、その選択に関し公的にも私的にも責任を問はれない。

## 1 人権の分類（その1）

日本国憲法の人権規定には、さまざまな人権が列挙されています。そうした人権をその性質に応じて分類、その特徴を明らかにすることは人権についての理解を深め、その法的性質を明らかにする上で有益です。人権は、①自由権、②社会権、③参政権、④その他というように分類されるのが一般的です。①自由権、②社会権については、後に触れるとし、ここでは、③参政権について述べたいと思います。

## 2 人権としての参政権

参政権は、国民が国政に参加する権利であり、①自由権が「国家からの自由」、②社会権が「国家による自由」と称されるのに対し、「国家への自由」としてとらえることが可能です。国民主権原理の下では、国民は、主権者として、国の政治に参加する権利を有します。参政権は、広義には、憲法改正国民投票（96条）、最高裁判所裁判官の国民審査（79条2項）も含みますが、最も重要であるのは、憲法

15条の定める選挙権です。

憲法15条1項は、「公務員を選定し、及びこれを罷免することは、国民固有の権利である」と定め、国民が公務員の任免権を有することを宣言しています。ただし、罷免できるのは国民が選出できる公務員に限られます。

## 3 選挙権、被選挙権の法的性格

選挙権の法的性格については、争いがあります。選挙権は専ら国政に参加する権利と考える権利説もありますが、選挙権には選挙人として公務に参加するという公務としての側面も併有すると考える二元説が通説です。

被選挙権については、かつては公務員となりうる資格と考えられていましたが、最近は、国民が選挙に立候補する権利としてとらえる見解が有力です。

このことに関連した判例としては、三井美唄炭鉱労働事件があります。これは、市議会議員の統一候補になれなかった組合員が立候補しようとしたために、組合役員が

48

# 人権と公務員の選定（参政権）のしくみ

☆関連法令等⇒公職選挙法など

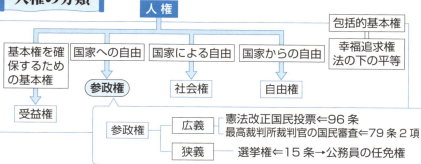

## ■選挙権の法的性格

| (A) 公務説 | 選挙人としての地位に基づいて、公務員の選挙に関与する公の職務を執行する義務。すなわち「公務」とみる説→放棄できないとの考えと結びつきやすい |
|---|---|
| (B) 権利説 | 国政への参加を国民に保障する「権利」とみる説→放棄できるという考えと結びつきやすい |
| (C) 二元説 | 権利の側面と公務の側面を併せ持つとする説（通説） |

## ■近代憲法における選挙の原則

| ①普通選挙 | 一般に財力・教育・性別などを選挙権の要件としない制度⇔制限選挙（明治憲法下では一定額以上納税している男子に限られていた） |
|---|---|
| ②平等選挙 | 1人1票を原則とする選挙。選挙権の数的平等だけでなく、投票の価値的平等の要請も含む⇔複数選挙（特定の選挙人に2票以上の投票を認める）・等級選挙（選挙人を特定の等級に分け、等級ごとに代表者を選出する） |
| ③直接選挙 | 選挙人が公務員を直接選挙する制度⇔間接選挙（選挙人がまず選挙委員などを選び、その委員が公務員を選挙する）・複選制（すでに選挙された公職にある者が、公務員を選挙する制度） |
| ④秘密選挙 | 誰に投票したかを秘密にする制度⇔公開選挙（投票内容を公開しなければならないとする制度） |
| ⑤自由選挙 | 棄権しても罰金・公民権の停止・氏名公表などの制裁を受けない制度⇔強制選挙（正当な理由なしに棄権をした選挙人に制裁を加える制度） |

立候補をすれば統制違反者として処分すると圧力をかけたものです。これに対して、裁判所は、統制権の限界を超えて違法であるとしました（最大判・昭43・12・4）。

**4 選挙に関する憲法上の原則**

一般に、近代憲法における選挙の原則としては、①普通選挙（15条3項）、②平等選挙、③直接選挙、④秘密選挙（15条4項）、⑤自由選挙の5つが挙げられています。

ポイント☞ 平成25年3月14日、東京地方裁判所は、成年後見人が付くと選挙権を失うという公職選挙法の規定を違憲・無効とする判決を下しました。

第3章
国民の権利及び義務

**7**

国民の権利・義務について理解しよう

# 国民には請願権がある

▶請願をしたために差別待遇を受けることはない

第16条 何人も、損害の救済、公務員の罷免、法律、命令又は
規則の制定、廃止又は改正その他の事項に関し、平穏に請願す
る権利を有し、何人も、かかる請願をしたためにいかなる差別
待遇も受けない。

## 1 人権の分類（その2）

人権は、①自由権、②社会権、③参政
権、④その他というように分類されます
が、①、②、③に含まれない④その他に
は、前述した包括的基本権たる憲法13条
の権利、14条の法の下の平等と並んで、
受益権（国務請求権）が含まれます。

## 2 人権の一類型としての受益権

受益権（国務請求権）とは、古くから
自由権とともに保障されてきた権利で、国
民が国家に対して、国民の利益となる一定
の行為を要求することができる権利をいい
ます。後述する裁判を受ける権利（32
条）や刑事補償請求権（40条）とともに
本項で説明する請願権がこれに含まれま
す。

## 3 請願権の意義

請願権とは、国や地方公共団体の機関
に対し、それぞれの職務にかかわる事項に
ついて、苦情や希望を申し立てることので
きる権利を言います。

憲法16条は、「何人も、…平穏に請願す
る権利を有し、何人も、かかる請願をした
ためにいかなる差別待遇も受けない」と規
定し、この請願権の保障を定めています。

請願権は、政治上の言論の自由が確立
していなかった時代に、君主に救済を請う
ことに由来する権利です。したがって、普
通選挙の確立や言論・集会の自由の拡大な
どにつれ、その重要性を減じてきた面はあ
ります。しかし、この権利には、特定の民
情を国政に具体的に反映させるという参政
権的性質を有する点で、なお他に代替しえ
ない特徴をもっていると考えられていま
す。

## 4 請願権の保障内容

請願権は、単に希望を述べ、その希望
の受理を要求できるにとどまります。した
がって、当該機関に請願内容に応じた措置
をとるべき義務まで負担させるわけではあ
りませんが、憲法と同時に施行された請願
法の5条は、「…請願は、官公署におい
て、これを受理し誠実に処理しなければな
らない」と規定し、誠実な処理を公務員に
義務づけています。

ポイント☞ 大日本帝国憲法において
も、請願権につき、「日本臣民ハ相当ノ敬
礼ヲ守リ別ニ定ムル所ノ規程ニ従ヒ請願ヲ
為スコトヲ得」（30条）と規定されてい
ました。

# 請願権 のしくみ

☆関連法令等⇒請願法

## 受益権
国民が国家に対して国民の利益となる一定の行為を要求することができる権利

- 刑事補償請求権 ⇐ 40条
- 国家賠償請求権 ⇐ 17条
- 裁判を受ける権利 ⇐ 32条
- 請願権 ⇐ 16条

## 請願権
自分の望むこと（権利確保）を役所などに願い出ること

歴史的に重要な権利
↓
国民の意思表明の有力な手段

すなわち ↓

専制君主
絶対的支配 ↓ ↑ 意思表明　自己の権利確保を求める手段
国民　　　　　　　　　＝請願権

しかし現代では ↓

言論の自由の保障 の拡大
TV　インターネット
政治的意思の表現手段 の増加
↓
請願権の意義
↓
相対的に弱まる

それでも依然として ↓

請願権
政治に参加する手段として意義がある

## 〈受益権と社会権の関係〉

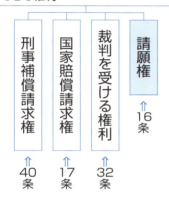

受益権

社会権
国民が国家に対して何らかの作為を求める権利

---

**解説** ▶請願・陳情・嘆願

　請願は、本文でも述べているように法律用語であり、国や地方公共団体に意見や要望、苦情の要請を行うことです。具体的には、公務員の罷免や法律の制定改廃、あるいは損害賠償の請求をすることです。これに対して、陳情は請願のうちの一つで、決定権のある者に一切の事情を打ち明けることとを言い、国会などへの陳情は、実情を述べ善処してもらうという意味で使います。なお、嘆願は実情を一切打ち明け、一身に相手方に嘆き願うことをいう。

第3章　国民の権利及び義務

第3章
国民の権利及び義務
8

国民の権利・義務について理解しよう

# 国や公共団体の賠償責任

▶公務員の不法行為には賠償請求ができる

第17条 何人も、公務員の不法行為により、損害を受けたときは、法律の定めるところにより、国又は公共団体に、その賠償を求めることができる。

## 1 国家賠償請求権の意義

国家賠償請求権とは、公務員の不法行為により損害を受けた場合に、国または公共団体にその賠償を求めることができる権利をいい、公務員の非権力的作用のみならず、権力的作用（租税の賦課徴収、警察権の行使など）にも適用されます。

憲法17条は、「何人も、公務員の不法行為により、損害を受けたときは、法律の定めるところにより、国又は公共団体に、その賠償を求めることができる」と規定し、広く公務員の不法行為に基づく損害に対して、国家賠償請求権を認めています。

この国家賠償請求権も、国民が国家に対して、国民の利益となる一定の行為を要求することができる権利である受益権（国務請求権）に位置づけられます。

## 2 国家賠償請求権の沿革、法的性格

近代憲法において、国家賠償は一般には否定されており、これが認められるようになったのは20世紀以降のことです。わが国でも、明治憲法下においては、「国家無答責の原則」により、国家賠償については何らの規定も設けられていませんでした。

なお、この国家賠償請求権の法的性質については、単なるプログラム規定ではなく、権利性を有するものではあるが、それが具体的権利となるためには当該規定を実施するための法律が必要であるとする抽象的権利説が通説です。もっとも、これについては、既に「国家賠償法」が制定されていますので、議論の実益はあまりありません。国家賠償法に基づく国家賠償請求訴訟は、行政訴訟ではなく、通常の民事訴訟の一つとされています。

## 3 本条に関する判例

最高裁は、民事訴訟法上の特別送達において、その亡失・毀損の際の損害賠償責任の制限・免除を規定していた郵便法の規定につき、責任の制限自体には郵便料金の値上げを防ぐ等の正当な目的があるとしつつも、その目的達成の手段としては立法裁量の範囲を逸脱しているとして、郵便法の規定が一部、憲法17条に反すると判示しました。

ポイント☞ 国会の立法ないし立法不作為を理由とする国家賠償請求という形式もあり、過去には在宅投票制度廃止違憲国賠訴訟、議員定数不均衡国賠訴訟などの例があります。

52

# 公務員の不法行為と損害賠償 のしくみ

☆関連法令等⇒国家賠償法・民法など

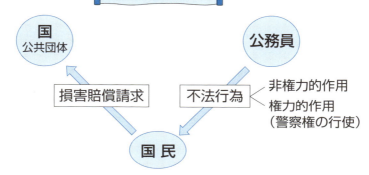

▶公務員の不法行為では，国民は国から損害賠償をしてもらえる

**事例** 憲法17条を受けて、国家賠償の1条は「国または公共団体の公権力の行使に当たる公務員が、その職務を行うについて、故意または過失によって違法に他人に損害を加えたときは、国または公共団体に賠償義務がある」と規定しています。

### 【賠償が認められるケース】
①国道など道路の欠陥による損害賠償請求
②国立病院等の医療機関においての医療過誤
③消防の不完全による再火災の損害賠償
④冤罪における損害賠償
⑤警察の不当逮捕に対する損害賠償
　なお、公務員の私生活における不法行為は民法の損害賠償請求となります。

**判例** ▶特別送達郵便物の亡失・毀損の責任を制限・免除する郵便法の規定は憲法17条違反か　（最大判平14・9・11民集56巻7号1439頁）【郵便法事件】

【事件】債権者が債務者の銀行口座の差押えを申立て、裁判所がこれを認めて差押命令の正本を特別送達したところ、口座のある銀行の支店に直接届けられるはずが、局内の当該銀行の支店の私書箱に投函されたため、送達郵便物は遅れ、その間に債務者は口座から預金を引き出し、差押えの意味はなくなってしまったことから、債権者が国家賠償法1条1項に基づき、国家公務員（当時）である郵便局員の過失により被った損害の賠償を求めて出訴した事件。
【判決】公務員の不法行為による国等の損害賠償責任を免除・制限する法律が憲法17条に適合するか否かは、当該規定の目的の正当性、目的達成手段としての合理性・必要性を総合的に判断すべきとしたうえで、郵便法68条・73条の目的は正当だが、書留郵便物につき故意・重過失の場合まで国の損害賠償責任を免除・制限している部分及び特別送達郵便につき軽過失の場合の国の損害賠償責任を免除・制限している部分には手段としての合理性が認められないとして、当該部分は憲法17条に違反し無効である、と判示した。

## 第3章 国民の権利及び義務

### 9

国民の権利・義務について理解しよう

# 奴隷的拘束・苦役からの自由

▶奴隷的拘束や意に反す苦役に服する必要はない

**第18条** 何人も、いかなる奴隷的拘束も受けない。又、犯罪に因る処罰の場合を除いては、その意に反する苦役に服させられない。

---

**1 自由権**

　人権を、①自由権、②社会権、③参政権、④その他というように分類できることは前述しました。

　このうち、①自由権は、国家が個人の領域に対して権力的に介入することを排除して、個人の自由な意思決定と活動とを保障することを内容とするものです（「国家からの自由」）。

　その意味でも、人権保障の確立期当初から現代に至るまで、人権体系の中心的地位を占めるものです。

**2 人身の自由**

　自由権は、さらに(ⅰ)人身の自由、(ⅱ)精神的自由権、(ⅲ)経済的自由権に分類できます。

　近代憲法は人身に対する不当な迫害という過去の苦い経験を踏まえ、人身の自由を保障する規定を設けるのが通例です。日本国憲法も、明治憲法下における捜査官憲による人身の自由の不当な制限への反省から、18条において奴隷的拘束からの自由を定めるとともに、31条以下においても他に例を見ない詳細な規定を設けています。

**3 奴隷的拘束及び苦役からの自由**

　憲法は、18条において「何人も、いかなる奴隷的拘束も受けない。又、犯罪に因る処罰の場合を除いては、その意に反する苦役にも服させられない」と規定します。

　個人の尊重を基本原理とする日本国憲法の下、およそ非人道的な自由拘束状態の廃絶をうたった規定です。

　「奴隷的拘束」とは、自由な人格者であることと両立しない程度の身体の拘束をいい、私人間の場合でも本条の禁止の対象となります。

　「その意に反する苦役」とは、広く本人の意思に反して強制される労役をいいます。

　もっとも、消防など災害の発生を防御し、その拡大を防止するため緊急の必要があると認められる応急措置の業務への従事（「災害対策基本法」等参照）は、本条に反しないと解されています。

**ポイント**☞　自民党の憲法改正草案においては、「奴隷的拘束」という言葉は削除され、「身体の拘束及び苦役からの自由」という表現が用いられています。

# 奴隷的拘束・苦役からの自由

## のしくみ

☆関連法令等⇒労働基準法など

### 奴隷的拘束等
（人身の自由）

| 条数 | | 規定内容 | |
|---|---|---|---|
| 18条 | | 奴隷的拘束・苦役からの自由 | 人身の自由 |
| 31条 | | 適正手続きの保障 | |
| 33－39条 | 33－35条 | 不法な逮捕・抑留・拘禁からの自由 | 刑事裁判手続きに関する規定 |
| | 36条 | 残虐刑の禁止 | |
| | 37－39条 | 刑事裁判手続きに関する規定 | |

▶ **奴隷的拘束・苦役からの自由**

**奴隷的拘束**

自由な人格者であること両立しない程度の身体の拘束⇒人間の尊厳に反する身体の拘束

事例

女性や子どもの売買、鉱山採掘人を監獄部屋に押し込めて無理矢理働かせる

**その意に反する苦役**

本人の意思に反して強制される苦役

事例

強制的な土木作業への従事

---

## 判 例 ▶裁判員制度は苦役を強いるものだから憲法18条に違反しないか

（最大判平23・11・16判時2136号3頁）【裁判員制度事件】

【事件】被告人が裁判員裁判によって有罪判決を受け、控訴も棄却された被告人が、裁判員制度は憲法でいう「裁判所」にあたらず、裁判員となる国民を意に反する苦役に服させるものだから、憲法18条後段にも違反するとして、上告した事件。

【判決】裁判員制度の下でも裁判官を裁判の基本的な担い手として法に基づく公正中立な裁判の実現が図られており、評決も単なる多数決ではなく多数意見の中に最低1人の裁判官が加わることが必要とされていることなどから、76条3項違反とはいえないし、裁判員裁判に対しては控訴・上告が認められており、「特別裁判所」にも該当せず、裁判員制度の趣旨や裁判員の辞退について柔軟であることなどから、裁判員の職務等は18条後段が禁止する「苦役」にはあたらない、と判示した。

第3章
国民の権利及び義務

**10**

国民の権利・義務について理解しよう

# 思想および良心の自由の保障

▶思想および良心の自由は精神的自由の一つである

第19条 思想及び良心の自由は、これを侵してはならない。

## 1 精神的自由

自由権が、ⅰ人身の自由、ⅱ精神的自由、ⅲ経済的自由に分かれることは前述しましたが、ⅱ精神的自由は、さらに㋑内心の自由と㋺表現の自由に分けることができます。

## 2 内心の自由

個人の内面的精神活動は、表現行為など外面的な精神活動の自由の基礎をなすものです。日本国憲法は、思想・良心の自由（19条）の他、信教の自由（20条）における信仰の自由、学問の自由（23条）における学問研究の自由がこれにあたります。

## 3 思想及び良心の自由の意義

日本国憲法は、19条で、「思想及び良心の自由は、これを侵してはならない」と定めます。

思想及び良心の自由は、内面的精神活動の中でも、同規定は最も根本的なものであり、戦前の思想弾圧の経験を踏まえて規定されたものです。

思想及び良心の自由の保障は、人の精神活動が内心にとどまるかぎり保障は絶対的であり、国家による干渉は一切受けないことを意味します。したがって、特定の思想を強制したり、特定の思想を抱いていることを理由に不利益を課すことも許されません。

また、思想及び良心の自由の保障は、沈黙の自由の保障も含みます。したがって、国家権力が個人の内心の思想を表明するように強制したり、江戸時代における踏絵のように何らかの行為を強制することによって内心を推知したりすることは許されません。

## 4 思想及び良心の自由の限界

思想及び良心の自由も、それが思想の表明という外部行為としてあらわれるときにはその限界が問題となります。

思想及び良心の自由の侵害が争われた事件としては、名誉毀損行為に関し謝罪広告を命じることがこれを侵害するかが争われた事件があります。これにつき、最高裁は、「単に事態の真相を告白し陳謝の意を表明するに止まる程度のものにあっては」、良心の自由を侵害することにはならないと判示しました。

ポイント ☞ 最高裁は、公立中学校の入学式において、学校長が音楽教諭に「君が代」のピアノ伴奏を命じた行為に対し、本条に反するものではないと判示しています。

56

# 思想・良心の自由 のしくみ

☆関連法令等⇒破防法など

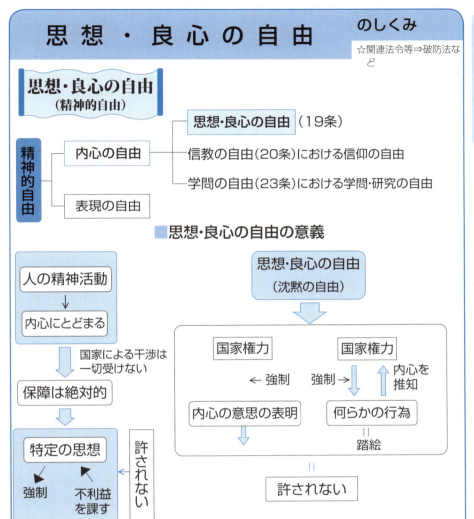

| 判 例 | ▶名誉毀損で謝罪広告を新聞に掲載させることは憲法19条違反か |
|---|---|

（最大判昭31・7・？民集10巻7号785頁）【謝罪広告強制事件】

【事件】衆議院選挙に際して他の候補者の名誉を毀損した候補者が、裁判所から「右放送及び記事は真相に相違しており、貴下の名誉を傷つけご迷惑をおかけいたしました。ここに陳謝の意を表します」という内容の謝罪広告を公表することを命ずる判決を受けたので、謝罪を強制することは思想・良心の自由の保障に反するとして争った事件。
【判決】謝罪広告の中には、意思決定の自由ないし良心の自由を不当に制限することとなるものもあるが、本件の場合のように単に事態の真相を告白し陳謝の意を表するに止まる程度であれば、これを代替執行によって強制しても合憲である、と判示した。

**第3章**
**国民の権利及び義務**

# 11

国民の権利・義務について理解しよう

# 宗教活動の自由の保障

▶信教の自由は保障されている

第20条 ① 信教の自由は、何人に対してもこれを保障する。いかなる宗教団体も、国から特権を受け、又は政治上の権力を行使してはならない。
② 何人も、宗教上の行為、祝典、儀式又は行事に参加することを強制されない。
③ 国及びその機関は、宗教教育その他いかなる宗教的活動もしてはならない。

## 1 信教の自由の意義

日本国憲法は、20条1項前段において、「信教の自由は、何人に対してもこれを保障する」と規定します。

近代の自由主義は、中世の宗教的な圧迫や対立の歴史を経て成立したものであるため、信教の自由は、精神的自由権の中核として各国の憲法で広く保障されるに至っています。

## 2 信教の自由の保障の限界

信教の自由の内容については、㋑信仰の自由、㋺宗教的行為の自由、㋩宗教的結社の自由の3つが挙げられますが、㋑信仰の自由は内心にとどまる限りその保障は絶対的です。

しかし、㋺宗教的行為の自由、㋩宗教的結社の自由のように、信仰が外部的行為となってあらわれるときには、他者の人権の保護、公共の安全や秩序の維持などの観点から一定の制約を受けることがあり得ます。ただし、その場合でも、その制約は、必要最小限度のものでなければならないと

解されています。

最高裁は、近親者から依頼を受けて、平癒祈願のため線香護摩による加持祈祷を行った結果、その者を死亡させた事件において、「他人の生命、身体等に危害を及ぼす違法な有形力の行使にあたるものであり、これにより被害者を死に致したるものである以上、…憲法20条1項の信教の自由の保障の限界を逸脱したもの」と判示しました。(次ページ下欄)

## 3 政教分離の原則

憲法20条1項後段、同条3項及び89条前段は、政教分離の原則を定めています。これは、信教の自由の保障を制度として確保、補強するものであり、①国教の定めが許されないこと、②いかなる宗教団体も国から特権を受けられないことなどを内容とします。

最高裁は、憲法20条3項が禁ずる宗教的活動につき、「目的が宗教的意義をもち、その効果が宗教に対する援助、助長、促進又は圧迫、干渉になるような行為」と

58

# 信教の自由 のしくみ

☆関連法令等⇒宗教法人法・教育基本法など

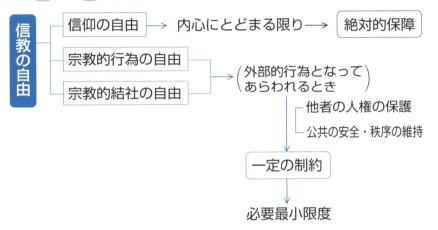

判示し、いわゆる目的効果基準を採用しました（津地鎮祭事件判決）。

ポイント☞　内閣総理大臣の靖国神社参拝をめぐり、国家賠償と参拝の違憲確認を求めた訴訟につき、最高裁は、いずれの請求についても原告の請求を斥けています。

## 判例 ▶加持祈祷で人を殺した場合、刑事罰を科すことは信教の自由の侵害か

（最大判昭38・5・15刑集17巻4号302頁【加持祈祷事件】

【事件】祈祷師（僧侶）は精神障害を持つ被害者の母親から治療を依頼され、加持祈祷として被害者の身体を縛ったり、線香で煙らせ殴るなどの暴行を加えた結果、被害者を死亡させたことから、傷害致死罪で起訴された。1・2審とも有罪となったので、祈祷師が信教の自由の侵害を理由として上告した事件。

【判決】精神異常平癒を祈願するため、宗教行為の一環としてなされた加持祈祷行為であっても、他人の生命・身体等に危害を及ぼす有形力の行使により被害者を死に致したものである以上、信教の自由の保障の限界を逸脱する、と判示し、祈祷師の処罰は違憲ではないとした。

第3章
国民の権利及び義務
**12**

国民の権利・義務について理解しよう

# 集会・結社・表現の自由等の保障

▶検閲の禁止、通信の秘密も保障されている

**第21条** ① 集会、結社及び言論、出版その他一切の表現の自由は、これを保障する。
② 検閲は、これをしてはならない。通信の秘密は、これを侵してはならない。

**1 集会・結社及び表現の自由と通信の秘密**

憲法21条1項は、「集会・結社及び言論、出版その他の一切の表現の自由は、これを保障する」と定めます。

集会では、その会場やデモ行進（動く集会）の許可等をめぐって争いとなることもありますが、必要最小限度の規制を受けることは止むを得ないとされています。

また、憲法21条2項は、「検閲は、これをしてはならない。通信の秘密は、これを侵してはならない」と定めます。

**2 表現の自由の内容**

表現の自由で保障される表現内容には、必ずしも思想に限らず、今日では、事実の報道や性表現や名誉毀損的表現にもその保障が及ぶと解されています。

また、表現の媒体についても、新聞などの印刷物はもちろん、絵画、音楽、写真、映画などすべてに及びます。

なお、こうした個人の表現行為ではなく、その前提としての情報の受領、収集の自由、すなわち「知る権利」がここに含まれるものかが議論されています。

**3 表現の自由の制限**

表現の自由の制限については、学説において、二重の基準という考え方が採用されています。表現の自由とする精神的自由は、経済的自由などその他の自由に対して優越的地位を占めるため、それを制限する立法の合憲性は厳格に審査されなければならないという理論です。

**4 表現の自由**

表現の自由とは、思想や信仰など内心における精神作用を外部に公表する自由です。精神的自由権は、内心の思想等を外部に表現し伝達することで初めてその真価を発揮することができるので、表現の自由は、精神的自由権の中でも重要な権利とされています。

表現の自由を保障する根拠としては、一般に、①言論活動を通じて自己の人格を発展させるという個人的な意義（自己実現の価値）、②言論活動によって国民が政治的意思形成に参加するという社会的な意義（自己統治の価値）が挙げられます。

**ポイント** ☞ 表現の自由規制立法の違憲審査基準については、「事前抑制原則禁止の法理」、「漠然性故の無効の法理」、「明白かつ現在の危険の法理」など種々の基準が提唱されています。

# 集会・結社・表現の自由 のしくみ

☆関連法令等⇒掲示訴訟法・破防法など

## 集会の自由（精神的自由）

集会
↓
多数の人が共同の目的をもって一定の場所に集うこと（デモ行進含む）
↓
自由に集会を行える
制限↓
届出制にすることは合憲だが、一般許可性とすることは原則として違憲

## 結社の自由（精神的自由）

結社
↓
共同の目的を持つ多人数による継続的な結合体
↓
自由に集会を行える
制限↓
公務員の政治結社への加入など制限されている

## 表現の自由（精神的自由）

表現の自由 ⇐ 思想、信仰など、人の内心における精神作用を外部に公表する精神活動の自由

- 人権のなかでの優越的地位
  - 自己実現の価値 ← 人格的成長に不可欠
  - 自己統治の価値 ← 民主政の過程に不可欠

### 表現の自由

- 表現媒体
  - 演説・印刷物（新聞・雑誌）
  - 放送（ラジオ・テレビ）・通信（インターネット・メール）
  - 音楽・演劇・映画・写真
  - 絵画・彫刻・紋章
- 表現活動
  - 名誉毀損的表現
  - 性表現（わいせつ文書）
  - 事実の報道（報道・取材の自由）
  - 営利的言論（広告）
  - 集団行動（集団行進・デモ行進）

---

**判例** ▶マス・メディアに対し反論記事掲載を要求（アクセス権）は認められるか
（最判昭 62・4・24 民集 41 巻 3 号 490 頁）【サンケイ新聞事件】

【事件】自民党がサンケイ新聞に掲載した意見広告が共産党の名誉を毀損したとして、共産党が同じスペースの反論文を無料かつ無修正で掲載することを要求した事件。
【判決】名誉が毀損され不法行為が成立する場合は別論として、具体的な成文法の根拠がない限り認めることはできない旨を説き、本件は政党間の批判・論評として公共の利害に関する事実に係り、その目的がもっぱら公益を図るものであるから不法行為は成立しない、と判示した。

第3章
**国民の権利及び義務**

# 13

国民の権利・義務について理解しよう

## 居住・移転・職業選択・移住・国籍離脱の自由

▶日本のどこに住んでどういう仕事をするのも自由

第22条 ① 何人も、公共の福祉に反しない限り、居住、移転
及び職業選択の自由を有する。
② 何人も、外国に移住し、又は国籍を離脱する自由を侵（おか）されない。

### 1 経済的自由

自由権の一類型としての経済的自由権には、①職業選択の自由、②居住・移転の自由、③財産権が含まれます。

これらの経済的自由権は、市民革命当初は不可侵の人権として厚く保護されましたが、現代においては、法律による規制を広汎に受けるべき人権として理解されています。

### 2 居住・移転の自由

憲法22条1項は、「何人も、公共の福祉に反しない限り、居住、移転…の自由を有する」と定めます。

居住・移転の自由は、自己の居所を自由に決定し、移動することの保障であり、旅行の自由も含みます。

居住・移転の自由の保障は、近代の資本主義経済社会の発展に不可欠であったという歴史的背景に基づき、経済的自由権の一つに数えられていますが、人身の自由・精神的自由の側面も併有するものと考えられています。

### 3 海外渡航の自由、国籍離脱の自由

憲法22条2項は、「何人も、外国に移住し、又は国籍を離脱する自由を侵されない」と定め、海外渡航の自由と国籍離脱の自由も保障しています。

### 4 職業選択の自由

憲法22条1項は、「何人も、公共の福祉に反しない限り、…職業選択の自由を有する」と規定し、職業選択の自由を保障します。職業選択の自由には、選択した職業を遂行する自由、すなわち、営業の自由も含みます。

### 5 職業選択の自由の保障の限界

職業活動は、社会との関連性が強いため、種々の法規制が必要とされます。

学説においては、こうした規制の違憲審査基準につき、その規制目的によって区別し、積極目的の規制については、規制が著しく不合理であることが明白である場合に違憲とする「明白性の原則」、消極目的規制については、規制の必要性や代替手段の有無をも考慮して厳格に審査するという「厳格な合理性の基準」を採用すべきとの見解も有力です。

ポイント☞ 最高裁の薬事法距離制限違憲判決は、同法の距離制限規制を消極目的規制ととらえ、厳格な合理性の基準を適用して違憲と判示したものです。

# 居住・移転・職業選択等の自由 のしくみ

☆関連法令等⇒国籍法・住民基本台帳法など

## 居住・職業選択の自由（経済的自由）

- 経済的自由
  - 職業選択の自由
    - 職業決定の自由
    - 職業遂行の自由 ─ 営業の自由
  - 居住移転の自由 ─ 国内旅行の自由
  - 外国移住の自由 ─ 海外渡航の自由
  - 国籍離脱の自由
  - 財産権の保障

## 違憲かどうかの審査

### 違憲審査基準

経済的自由権に対する規制
↓
穏やかな審査基準で判断

**精神的自由権に対する規制**
→ 厳格な審査基準で判断
① 事前抑制禁止の理論
② 明確性の理論
③ 「明確かつ現在の危険」の基準
④ 「より制限的ではない他の選びうる手段」（LRA基準）
↓
裁判所が判断

**消極目的規制**
→ 厳格な合理性の基準
国民の安全を守るための必要最小限度の規制だから、専門的知識は必要ない
↓
裁判所が判断
↓
薬局距離制限事件※1
（最大判昭50.4.30）

**積極目的規制**
→ 明白性の原則
社会・経済政策関係の専門知識が必要なため、専門知識のない裁判所は判断しない
↓
立法府の判断に任せる
↓
但し、立法府が明白に不合理な判断をしたら
↓
裁判所が判断
↓
小売市場距離制限事件※2
（最大判昭47.11.22）

（注）他の自由権について違憲審査基準は同じ

※1.薬局距離制限事件⇒薬局開設の許可制や適正配置のための距離制限は、その必要性と合理性が認められないとし違憲とした。
※2.小売市場距離制限事件⇒許可制や適正配置のための距離制限は、小売商を相互間の過当競争による共倒れからの保護が目的であると認定し合憲とした。

## 第3章
### 国民の権利及び義務
### 14

国民の権利・義務について理解しよう

# 学問の自由の保障

▶学問研究・研究発表・教授の自由の３つ

第23条　学問の自由は、これを保障する。

### 1 学問の自由の意義

憲法23条は、「学問の自由は、これを保障する」と定めます。

明治憲法下において滝川事件や天皇機関説事件など学問研究の自由が公権力によって干渉された歴史への反省から本条は制定されたものです。

### 2 学問の自由の内容

学問の自由には、一般に、①学問研究の自由、②研究発表の自由、③教授の自由の三つが含まれるとされます。

学問研究の自由と研究発表の自由が広く国民一般に保障されることについて異論はありませんが、教授の自由については、大学その他の高等学術研究教育機関の研究者の他、小、中、高校という初等中等教育機関の教師にも認められるかにつき、議論があります。

最高裁は、全国一斉学力テスト（学テ）は違法であるとして争われた旭川学力テスト事件で、普通教育においても、一定の範囲における教授の自由が保障されるとしつつも、教育の機会均等と全国的な教育水準の確保の要請などから「普通教育における教師に完全な教授の自由を認めることは到底許されない」と判示しました。

### 3 学問の自由の保障の限界

学問の自由、とりわけ学問研究の自由については、従来より公権力が介入できないことが原則でしたが、近年は、先端技術分野における研究成果の濫用への懸念から、これらにも一定の規制を設けるべきとする見解も主張されています。

### 4 大学の自治

従来より、こうした学問研究等を専門に行い、発展させるための機関としては大学が想定されており、そのため大学には「大学の自治」が保障されてきました。

これに関し、最高裁は、東大ポポロ事件判決において「学生の集会が…実社会の政治的社会的活動に当る行為をする場合には、大学の有する特別の学問の自由と自治は享有しない」とし、学生集会への私服警察官の立入りにつき、「大学の学問の自由と自治を犯すものではない」と判示しました。

ポイント☞　「大学の自治」は、学問の自由に対しての「制度的保障」という点で、政教分離原則、私有財産制度、地方自治制度などと共通します。

# 学問の自由 のしくみ

☆関連法令等⇒教育基本法など

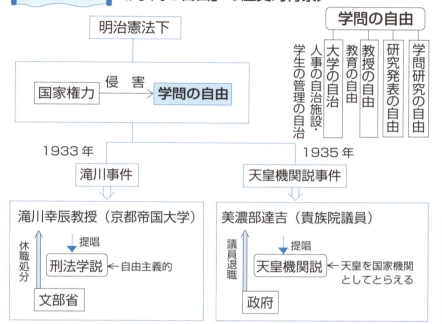

〔学問の自由の保障の意味〕

①学問の自由が国家権力に弾圧・禁止されないこと

②学問の自由の実質的裏づけとして、教育研究機関の従事者に職務上の独立を認めて、その身分を保障すること

## 判例 ▶学内での学生集会は大学の自治を享有するか

（最大判昭38・5・22刑集17巻4号370頁【東大ポポロ事件】）

【事件】東大の学生団体「ポポロ劇団」主催の演劇発表会が東大内の教室で行われている途中で、顧客の中に私服の警察官が入ることを学生が発見し、警察官に対して警察手帳の呈示を求めた際に暴行があったとして、暴力行為等処罰に関する法律違反で起訴された事件。

【判決】1審の東京地裁は、被告人の行為は大学の自治を守るための正当行為であるとして無罪判決を下したが、最高裁は、ポポロ劇団の演劇発表会が学問研究のためではなく、内容が当時問題とされた松川事件に取材したものだったことなどから、実社会の政治的社会的活動であり、公開の集会またはこれに準ずるものであり、大学の自治を享有しない、と判示した。

第3章
**国民の権利及び義務**

**15**

国民の権利・義務について理解しよう

# 家族生活での個人の尊厳と両性の平等

▶婚姻は両性の合意で成立し、夫婦に関する権利は平等

**第24条** ① 婚姻は、両性の合意のみに基いて成立し、夫婦が同等の権利を有することを基本として、相互の協力により、維持されなければならない。

② 配偶者の選択、財産権、相続、住居の選定、離婚並びに婚姻及び家族に関するその他の事項に関しては、法律は、個人の尊厳と両性の本質的平等に立脚して、制定されなければならない。

### 1 個人の尊厳と両性の平等の背景

歴史的に、女性は男性に比して、法的にも事実的にも不合理な差別を甘受させられてきました。しかし、近年は、世界各国において男女同権の思想が急速に発展し、日本国憲法も、こうした流れを受け、家族生活における両性の平等を規定し、明治憲法時代の男尊女卑思想に貫かれた「家」制度を解体して、近代的な家族制度の創設を目的とした規定を置いています。

### 2 個人の尊厳と両性の平等の意義

憲法24条1項は、「婚姻は、両性の平等の合意のみに基づいて成立し、夫婦が同等の権利を有することを基本として、相互の協力により、維持されなければならない」と規定します。

憲法14条の平等原則を家族生活における夫婦という場面においてあらためて宣言したものです。

### 3 性別や家族生活における差別に関する判例

民法上、婚姻できる最低年齢につき、男は満18歳、女は満16歳というように2歳の差異が設けられていますが、これは男女の性的成熟の差異に鑑み、合理的とするのが多数です。

また、民法は、再婚にあたり、男には期間制限を設けていないのに対し、女には6カ月という再婚禁止期間が設けられています。最高裁は、これにつき、父性の混同の防止などの目的達成のために必要やむを得ないものでなければならないとした上で、「現行の再婚禁止期間が長きに失して一見不合理であるとは直ちに断じ難い」と判示しています。

また、嫡出子と非嫡出子との相続分の差異につき、最高裁は、法律婚の尊重と非嫡出子の保護との調整という立法理由との関連において、「著しく不合理であり、立法府に与えられた合理的な裁量判断の限界を超えたものということはできない」として、憲法14条1項に反しないものとしています。

**ポイント**☞ 24条1項の婚姻・家族生活における自由・平等に対する同条2項の婚姻制度・相続制度との関係も「制度的保障」と解されています。

## 個人の尊厳と両性の平等　のしくみ

☆関連法令等⇒民法など

**婚姻・家族生活等（平等権）**

〔24条1項（婚姻・夫婦平等など）〕

 婚姻など ⇒ 婚姻は両性の合意で成立 ⇒ 夫婦は同等の権利を有する

〔24条2項（個人の尊厳と両性の平等による法律の制定）〕

 家族の問題に関する法律の制定 ⇒ 法律は個人の尊厳と両性の本質的平等に立脚して制定 ⇐ 民法「親族・相続編」などの法律がある

〔家族における平等が問題となる制度〕

| No. | 制度 | 根拠 | 条文 |
|---|---|---|---|
| ① | 婚姻適齢の区別 | 男女の性的成熟の差異 | 民法731条 |
| ② | 女子のみの再婚禁止期間 | 父性の混同の防止 | 民法733条 |
| ③ | 夫婦別産制 | 男女平等の原則 | 民法762条1項 |
| ④ | 夫婦同氏の原則 | 夫婦の一体性 | 民法750条 |
| ⑤ | 非嫡出子の相続分 | 法律婚の尊重と非嫡出子の保護 | 民法900条4号ただし書 |

### 判例

▶女性のみ6か月間の再婚禁止期間を設けるのは憲法24条に違反しないか

（最判平7・12・5判時1563号81頁【再婚禁止期間事件】）

【判決】女性の再婚禁止期間を定める民法733条の元来の立法趣旨が、父性の推定の重複を回避し父子関係を巡る紛争の発生を未然に防ぐことにある以上、同法条が憲法の一義的な文言に違反しているとはいえず、これを改廃しないことが直ちに国家賠償法1条1項の適用上違法の評価を受けるとはいえない、と判示した。

▶嫡出子か否かで法定相続分が違うのは憲法24条に違反しないか

（最大決平7・7・5民集49巻7号1789頁【非嫡出子相続分規定事件】）

【判決】現行民法は法律婚主義を採用しているのだから、この立法理由にも合理的な根拠があり、非嫡出子の法定相続分を2分の1としたことが立法理由との関連において著しく不合理であり立法府の合理的な裁量判断の限界を超えたものとはいえない、と判示した。

第3章
国民の権利及び義務

# 16

国民の権利・義務について理解しよう

## 生存権の保障と国の使命

▶健康で文化的な最低限度の生活を営む権利がある

第25条 ① すべて国民は、健康で文化的な最低限度の生活を営む権利を有する。
② 国は、すべての生活部面について、社会福祉、社会保障及び公衆衛生の向上及び増進に努めなければならない。

### 1 社会権

人権を、①自由権、②社会権、③参政権、④その他と分類できます。

このうち、②の社会権は、資本主義の高度化に伴って生じた失業、貧困などの弊害から社会・経済的弱者を守るために保障された人権です。社会権は、こうした社会・経済的弱者が国家に対して積極的な配慮を要求する権利となります（「国家による自由」）。

### 2 生存権

憲法25条1項は、「すべて国民は、健康で文化的な最低限度の生活を営む権利を有する」と定めます。

この規定は、社会権の総則的権利である生存権を保障したものであり、国民が誰でも人間的な生活を送ることができることを権利として宣言したものです。

### 3 生存権の権利の性質

もっとも、この生存権の法的性質については、学説は大きく①プログラム規定説、②抽象的権利説、③具体的権利説の3つに分かれます。

①は、25条は、国に対する政治的・道義的義務を課したものに過ぎないと理解す

るのに対し、③は、25条は、国民の具体的権利を規定したものと理解します。②は、25条がそのまま具体的権利となるものではないが、それを具体化する法律により、25条も具体的権利性を獲得すると理解するものです。

### 4 生存権に関する判例

1956年当時の生活扶助費月額600円が健康で文化的な最低限度の生活水準を維持するに足りるかが争われた朝日訴訟において、最高裁は、25条1項は、国民が健康で文化的な最低限度の生活を営み得るように国政を運営すべきことを国の責務としたものであり、直接個々の国民に具体的権利を賦与したものではない、何が「健康で文化的な最低限度の生活」であるかの判断は、厚生大臣の裁量に委されている旨述べました。

なお、障害福祉年金と児童扶養手当の併給制限についての堀木訴訟においても同様の判示がなされています。

ポイント☞ 朝日訴訟は、原告が上告中に死亡したため、最高裁は、訴訟の終了を宣告しつつも、「なお、念のため」として25条についての判断を示しています。

# 社会権・生存権 のしくみ

☆関連法令等⇒生活保護法など

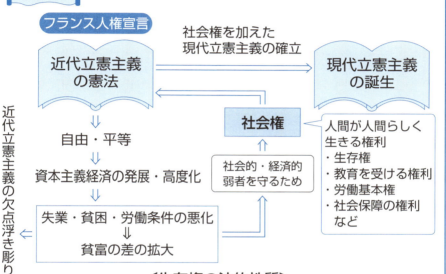

〔社会権の歴史的背景〕

## 〔生存権の法的性質〕

| No. | 学説 | 内容 | 保護の度合 |
|---|---|---|---|
| ① | プログラム規定説 | 憲法25条は国民の生存を国が確保すべき政治的・道義的目標を定めただけで、具体的な権利は定めたものではないとの考え方 | 弱 ↑ |
| ② | 抽象的権利説 | 生存権は直接25条に基づき訴えを起こせず、生存権を具体化する法律があって初めて訴えを起こせるとの考え方 | ｜ |
| ③ | 具体的権利説 | 憲法25条は生存権の内容をを具体化する法律がなくても直接25条に基づき訴えを起こせるとの考え方 | ↓ 強 |

**判例** ▶生活保護受給権は相続の対象となるか

（最大判昭42・5・24民集21巻5号1043頁）【朝日訴訟】

【判決】生活保護受給権は一身専属的な権利であるから死亡により訴訟は終了した、と判示し、なお念のためとして、①25条1項はすべての国民が健康で文化的な最低限度の生活を営み得るように国政を運営すべきことを国の責務として宣言したに止まり、直接個々の国民に具体的権利を賦与したものではない（プログラム規定）、②何が健康で文化的な最低限度の生活であるかの判断は厚生大臣の裁量に委されている旨の意見を付加した。

# 第3章 国民の権利及び義務

**17**

国民の権利・義務について理解しよう

# 教育を受ける権利

▶すべての国民は教育を受ける権利があり、親は教育の義務を負う

> **第26条** ① すべて国民は、法律の定めるところにより、その能力に応じて、ひとしく教育を受ける権利を有する。
> ② すべて国民は、法律の定めるところにより、その保護する子女に普通教育を受けさせる義務を負ふ。義務教育は、これを無償とする。

### 1 教育を受ける権利

憲法26条1項は、「すべて国民は、法律の定めるところにより、その能力に応じて、ひとしく教育を受ける権利を有する」と規定しています。

教育を受ける権利は、その性質上、子どもに対して保障され、教育を受ける権利は、子どもの学習権を保障したものと解されており、これに対応して、親ないし親権者は、「その保護する子女に普通教育を受けさせる義務を負ふ」（26条2項）とされています。

他方、国は、子どもの学習権を尊重し、普通教育の場において、学校の物的設備（校舎、教室、運動場、図書館など）、人的設備（教員など）を整える責務を有します。その意味で本条は、社会権としての側面も有しているということができます。

### 2 教育権の所在

教育を受ける権利に関して争われている重要な問題として、教育内容について国が関与・決定する権能を有するとする説（「国家の教育権」説）と子どもの教育について責任を負うのは、親や教師といった国

民であり、国家が教育内容に介入することは原則的に許されないとする説（「国民の教育権」説）との対立があります。

これにつき、最高裁は、旭川学テ事件判決において、国家教育権説も国民の教育権説も「極端かつ一方的」であるとして否定した上で、教師に一定の範囲の教育の自由の保障があることを肯定しつつも、その自由は完全には認められず、国が教育内容について、「必要かつ相当と認められる範囲において」決定できるとする広汎な国の介入権を肯定し、学力テストを適法としています。

### 3 2項の無償の意義

26条2項は、「義務教育は、これを無償とする」と規定します。

「無償」とは、一般に「授業料不徴収」の意味とされ、その他の教科書や学用品などの無償までは求められていないと理解されています。

**ポイント☞** 最高裁は、教科書検定につき、旭川学力テスト事件判決を引用しつつ、検定制度は憲法26条1項に違反するものではないと判示しています。

# 教育を受ける権利のしくみ

☆関連法令等⇒教育基本法など

**教育権（社会権）**

〔教育権の所在〕
子がその能力に応じて等しく教育を受ける権利（学習権）。
親…子に対して普通教育を受けさせる義務
国…学校の施設や教員などを整える義務

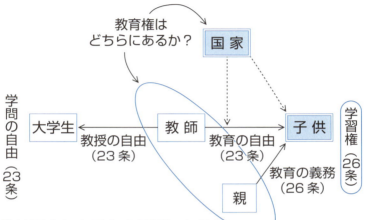

## ■教育権は国家にあるか？国民にあるか

| 学説 | 内容 | 教育内容の決定方法 | 多数決との関係 |
|---|---|---|---|
| 国家の教育権説 | 教育権の主体は国家であり、教育内容について国が関与決定する権利を有し、公教育を実施する教師の教育の自由に制約を加えることが原則として許される | 全国一律に法律で定めるべき | 国民主権との関係で多数決の過程を経るべき |
| 国民の教育権説 | 教育権の主体は子どもの教育について責任を負う親およびその付託を受けた教師を中心とする国民全体であり、国の任務は教育の条件整備に限られ、公教育の内容・方法に介入できない | 現場にまかせて個別に定めるべき | あくまで私事性を有するので多数決によるべきでない |

**判例** ▶子どもの学習権・教師の教育の自由は憲法上保障されているか
（最大判昭 51・5・21 刑集 30 巻 5 号 615 頁）【旭川学力テスト事件】

【事件】昭和 36 年、文部省の実施した全国の中学 2、3 年生を対象とする全国一斉学力テスト（学テ）に反対する教師が、学テの実施を阻止しようとして公務執行妨害罪で起訴され、裁判の過程で、学テの実施が教育基本法 10 条等に反し違法ではないかが問題となった事件。
【判決】教師に一定の範囲の教育の自由の保障があることを肯定しながら、結論としては、教育内容について、必要かつ相当と認められる範囲において決定するという広汎な国の介入権を肯定し、学テを適法とした。

第3章
**国民の権利及び義務**

## 18

国民の権利・義務について理解しよう

# 勤労の権利および義務

▶すべての国民には勤労の権利があり義務を負う

第27条 ① すべて国民は、勤労（きんろう）の権利を有し、義務を負ふ。
② 賃金、就業時間、休息その他の勤労条件に関する基準は、法律でこれを定める。
③ 児童は、これを酷使（こくし）してはならない。

**1 勤労の権利**

憲法27条1項は、「すべて国民は、勤労の権利を有」すると規定しています。

自由主義社会においては、国民の生活は各人の勤労によって維持されるのが原則です。本条は、勤労によって生活しようとする国民に対し、勤労の権利を保障したものです。

**2 勤労の権利の法的性格**

この勤労の権利については、自由権と考える立場もありますが、一般的には、社会権と考えられています。

国民が勤労によって生活を維持してゆくには、勤労が妨げられないといった勤労の自由が保障されるだけでは足りず、適切な労働条件のもとで労働する機会が必要となってきます。

よって、本条は、各人が自己の選択に従って働く場を見出していくことを前提とした上で、私企業などへの就職の機会が得られるよう国に対して配慮を求め、就職できない場合には、雇用保険などを通じて適切な措置を講ずることを要求することができると考えられるのです。

もっとも、本条を根拠に、職を持たない国民が、国に対し、特定の勤労の場の提供を請求できるという具体的権利を有しているわけではありません。

なお、本条に関しては、職業安定法や雇用保険法などの多くの法律が制定されています。

**3 勤労条件の法定、児童酷使の禁止**

この勤労の権利の具体的保障として、憲法27条2項は、法律で労働条件に関する基準を定めることを国家に義務づけています。「契約自由の原則」の名の下に、労働者が劣悪な労働条件を強いられた歴史に鑑み、「契約自由の原則」を修正しようとするものです。

また、同条3項は、やはり児童酷使の歴史への反省から、児童の取扱いについて、「酷使してはならない」としています。

なお、これらの憲法上の要請を具体化するため、労働基準法、労働安全衛生法、最低賃金法などが制定されています。

ポイント ☞ 個別的労使紛争に関しては、労働者の事実上の泣き寝入りを防ぐ手段として、平成16年に「労働審判法」が制定され、労働審判制度が導入されました。

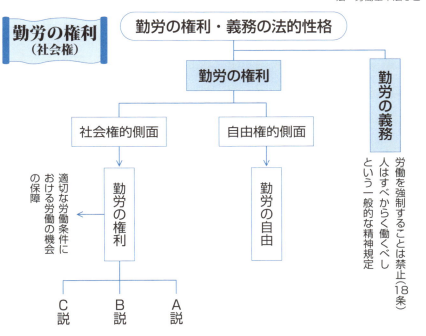

A説：国家に対して国民に労働の機会を保障する政治的義務を課したものにすぎないとの考え方
B説：国家に対する関係では法律の改廃による積極的侵害を争うことができ、使用者との関係では使用者の解雇の自由を制限するという点で法的効力が認められるとの考え方
C説：国家が必要な立法や施策を講じない場合には、国の不作為による侵害として裁判で争えるという意味で具体的な権利であるとの考え方

**判例** ▶公的年金と児童扶養手当の併給禁止は憲法25条に違反しないか

(最大判昭57・7・7民集36巻7号1235頁)【堀木訴訟】

【判決】健康で文化的な最低限度の生活の具体的内容は、時々における文化の発達の程度、経済的・社会的条件、一般的な国民生活の状況等との相関関係において判断決定されるべきものであり、それを立法に具体化する場合は、国の財政事情を無視することができず、多方面にわたる複雑多様な、しかも高度の専門技術的な考察とそれに基づいた政策的判断を必要とすると述べ、具体的にどのような立法措置を講ずるかの選択決定は、立法府の広い裁量に委ねられている旨判示した。

第3章
国民の権利及び義務

**19**

国民の権利・義務について理解しよう

# 勤労者の団結・団体交渉等の保障

▶公務員等は労働基本権に一定の制約がある

第28条 勤労者（きんろうしゃ）の団結する権利及び団体交渉その他の団体行動をする権利は、これを保障する。

## 1 労働基本権

憲法28条は、「勤労者の団結する権利及び団体交渉その他の団体行動をする権利は、これを保障する」と定め、労働者の団結権、団体交渉権、団体行動権（争議権）の3権を保障します。

これらの権利は、経済的弱者である勤労者を保護するため、使用者と実質的に対等の立場に立つための手段として認められるものです。

団結権は、個々の労働者が団結する権利であり、具体的には、労働組合を結成する権利を意味します。団体交渉権は、労働組合を通じて使用者に対して労働条件などにつき、交渉する権利です。団体行動権は、これらの労働組合の活動に必要な行動を保障するものであり、ストライキをはじめとする争議権が重要です。

## 2 労働基本権の性格

労働基本権は、国に労働基本権実現のために立法などの措置を求めるところから、通常、社会権に分類されますが、労働基本権の行使が公権力によって制限されないという自由権の側面も有しています。正当な争議行為に対する刑事免責を認めている労働組合法1条2項はこの趣旨を確認したものです。

なお、労働基本権の保障は、使用者に労働基本権の尊重を義務づけるものであるため、私人間に直接適用されます。

## 3 労働基本権の限界

労働組合は、その組織の維持と目的のため、組合員に対する一定の統制権を有しますが、この統制権と組合員の立候補の自由との関係が問われた三井美唄炭坑労組事件で、最高裁は、「組合員に対し、…立候補をとりやめることを要求」することは、統制権の限界を超え違法であると判示しました。

## 4 公務員の労働基本権

現行法上、公務員には、国家公務員法などで種々の労働基本権の制限が付されていますが、この制限につき、最高裁は、全農林警職法事件判決において、公務員の地位の特殊性と職務の公共性を重視し、国家公務員法による制限を合憲としました。

ポイント☞ 労働組合の加入強制についての労使協定には、使用者の採用条件などの差異に基づき「ユニオン・ショップ協定」、「クローズド・ショップ」などに分かれます。

# 労働基本権の保障　のしくみ

☆関連法令等⇒労働組合法など

第3章　国民の権利及び義務

## 労働基本権（社会権）　労働基本権

| 団結権 | 団体交渉権 | 団体行動権 |
|---|---|---|
| 労働者の団体（労働組合）を組織する権利 | 労働者の団体（労働組合）が使用者と労働条件を交渉する権利 | 労働者の団体（労働組合）が労働条件実現のため団体行動をする権利 |

## 〔労働基本権の法的性格〕

### 労働基本権

| 使用者に対する民事上の権利的側面 | 社会的側面 | 自由権的側面 |
|---|---|---|

使用者対労働者という関係において、労働者の権利を保護することを目的とする

↓

その性質上、使用者は労働者の労働基本権の行使を尊重すべき義務を負う

↓

労働基本権の保障は、私人間の関係にも直接適用される

⇒ 争議行為の民事免責
（労働組合法8条）

〔 ストライキしても労働契約の債務不履行として損害賠償を請求されない 〕

---

## 判例　▶公務員の争議行為を禁止する国家公務員法の規定は憲法 28 条違反か

（最大判昭 48・4・25 刑集 27 巻 4 号 547 頁）【全農林警職法事件】

**【事件】** 全農林労働組合の役員らが、警察官職務執行法の改正案に対する反対行動の一環として、正午出勤と、職場大会を開催すべき旨の指令を出し、組合員に対して職場大会に参加するよう説得等したところ、これらの行為が国家公務員法の罪にあたるとして起訴された事件。
**【判決】** ①公務員の勤務条件は国会の制定した法律・予算によって定められる（財政民主主義）から、政府に対する争議行為は的外れであること、②公務員の争議行為には私企業の場合とは異なり市場抑制力がないこと、③人事院を始め制度上整備された代償措置が講じられていること、などの理由も挙げて、一律かつ全面的な制限を合憲とし、従来の判例を変更した。

第3章
国民の権利及び義務

**20**

国民の権利・義務について理解しよう

# 私有財産制による財産上の権利の保障

▶財産権は公共の福祉による制約がある

第29条　①　財産権は、これを侵してはならない。
②　財産権の内容は、公共の福祉に適合するやうに、法律でこれを定める。
③　私有財産は、正当な補償の下に、これを公共のために用ひることができる。

## 1 財産権

憲法29条1項は、「財産権は、これを侵してはならない」と定めます。

この規定は、個人が現に有する具体的な財産上の権利と、個人が財産権を享有しうる法制度、つまり私有財産制の2つを保障するものです。

私有財産制の保障とは、財産権を制度として保障すること、つまり、財産を取得し、保持する権利一般を法制度として保障することであり、いわゆる「制度的保障」の1つと考えられています。

## 2 財産権の制限

憲法29条2項は、「財産権の内容は、公共の福祉に適合するやうに、法律でこれを定める」と規定し、1項で保障された財産権の内容が法律によって制約され得ることを明らかにしています。

経済的自由権である財産権は、内在的制約のみならず、社会的公平と調和の見地からなされる積極目的規制にも服します。そこで、ここにいう「公共の福祉」は、各人の権利の公平な保障をねらいとする自由国家的公共の福祉のみならず、各人の人間

的な生存の確保を目指す社会国家的公共の福祉を意味すると解されています。

本条の制限は法律のみならず、条例によっても可能であると解されていますが、最高裁は、共有森林の分割請求を制限する森林法186条の規定については、この制限は森林経営の安定を図るという立法目的と合理的関連性がないとして、同規定を憲法29条2項違反としています。

## 3 財産権の制限と補償

憲法29条3項は、「私有財産は、正当な補償の下に、これを公共のために用ひることができる」と規定します。

これは、広く社会公共の利益のために財産権を制限する場合には、正当な補償の下に、公権力が強制的に私有財産を収用したり制限ができることを定めたものですが、補償の要否の判断基準や「正当な補償」が完全補償を要するか相当な補償で足りるかなどについては、争いが存在します。

ポイント☞　最高裁の森林法違憲判決は、目的二分論は採用せず、規制目的に対応した手段としての合理性・必要性を吟味し、違憲判断を下しています。

76

# 財産権の保障 のしくみ

※関連法令等⇒民法など

## 財産権（経済的自由）

〔財産権の保障の意味〕

財産権の保障
- 〈制度的保障〉個人が財産権を享有しうる法制度の保障 ⇒ 私有財産性の保障
- 個人が現に有する具体的な財産上の権利の保障

〔財産権の保障の沿革〕

18世紀末 近代憲法 ⇒ 20世紀以降 現代憲法

近代憲法 ⇒ 財産権 ⇒ 個人の不可侵の人権 ⇒ 財産権は絶対に誰からも奪われない

現代憲法 ⇒ 財産権 ⇒ 法律によって制約を受ける ⇒ 個人の財産だけでなく公共の福祉も考えよう

〔財産権の制限と補償の要否〕

規制が一般的かどうか
- 規制が一般的である → 2項の問題 → 補償不要
- 規制が一般的でない → 3項の問題 → 実質的基準
  - 財産の本質的内容を侵すほどの強度なもの → 補償必要 ← 特別の犠牲
  - 財産権に内在する社会的制約に服するとき → 補償不要

## 判例 ▶共有森林につき分割請求を制限する森林法の規制は憲法29条違反か
（最大判昭62・4・22民集41巻3号408頁）【森林法事件】

【事件】兄弟は父親から山林を譲り受け2分の1ずつの持分で共有し森林経営をしていたが、意見の違いから山林の持分の分割請求を行おうとしたが、森林法は持分2分の1以下の共有者による分割請求を認めないので、この規定が憲法に違反するとして弟が提訴した事件。
【判決】森林法186条の立法目的を森林の細分化を防止することによって森林経営の安定を図り国民経済の発展に資することにあると論じ、その手段としての分割請求権の制限は目的との合理性と必要性のいずれも肯定することができないから、この点に関する立法府の判断はその合理的裁量の判断を超えると判示し、同条は憲法29条2項に違反し無効であるとした。

第3章 国民の権利及び義務

第3章
**国民の権利及び義務**

**21**

国民の権利・義務について理解しよう

# 国民の納税の義務

▶法による定めが必要で、国が一方的に課税はできない

第30条  国民は、法律の定めるところにより、納税の義務を負ふ。

## 1 日本国憲法における国民の義務

　国家の存在を前提とする以上、国民は、国家の支配に服すべき義務を負うとも言えます。しかし、日本国憲法が立脚する個人の尊厳の原理からすれば、国民の義務も、個人の尊厳、基本的人権の保障を十全とするための公共の福祉の維持・整備を個人の側から国民の義務としてとらえたものと把握できるでしょう。

　憲法12条の「…自由及び権利は、国民の不断の努力によって、これを保持しなければならない」、「国民は、…常に公共の福祉のためにこれを利用する責任を負ふ」といった規定は、この趣旨を述べたものであり、この規定から具体的な法的義務を導くことはできないと考えられています。

## 2 教育を受けさせる義務

　憲法26条2項前段は、1項の「教育を受ける権利」に対応して、「すべて国民は、法律の定めるところにより、その保護する子女に普通教育を受けさせる義務を負ふ」と定めます。

　国民の幸福追求の権利（13条）を十全なものとするため、憲法は、26条1項で「教育を受ける権利」を保障しますが、同項は、この権利を実質的に保障するため

に、子女に対し、教育を受けさせることは保護者の義務であることを明らかにしています。

## 3 勤労の義務

　憲法27条1項は、「すべて国民は、勤労の…義務を負ふ」として、勤労の権利とともにその義務を定めます。

　この規定は、労働能力がある者は自己の勤労によって生活を維持すべきであるという自由主義社会の建前を宣言するものであり、国民の強制労働の可能性を認めたものでないことはもちろんです。

## 4 納税の義務

　憲法30条は、「国民は、法律の定めるところにより、納税の義務を負ふ」と定めます。

　基本的人権を確保するため、国家の存立を図るには、国民は能力に応じてその財政を支えなければならないことを宣言した規定といえます。

ポイント ☞ 　教育の義務、勤労の義務、納税の義務を日本国憲法の定める「国民の三大義務」という言い方をすることもあります。

# 納 税 の 義 務 のしくみ

☆関連法令等⇒所得税法
など

〔納税の義務〕

納 税
（国民の義務）

国民の義務

⇒国民の義務には、納税の義務
のほか、子女に教育を受けさ
せる教育の義務（26 条）、勤
労の義務（27 条）がある

一般的義務

個別的義務

人権保持義務
⇑
12条

消費税など
相続税・贈与税
所得税

※所得税法・相
続税法・消費
税法などの法
律がある

納税の義務
⇑
30条

勤労の義務
⇑
27条1項

教育の義務
⇑
26条2項

---

第3章　国民の権利及び義務

---

| 判 | 例 |
|---|---|

### ▶納税者に不利益な遡及立法（税法）は有効か

（最判平 23・9・30、判時 2132 号 34 頁）

【事件】原告は、土地売買契約を平成 15 年 12 月 26 日に締結し、翌 16 年 2 月 26 日に
買主に引き渡し代金を受領した。こうした事実関係の下、平成 16 年度の税制改正があり、
長期譲渡所得の損益通算制度が平成 16 年 4 月 1 日に施行された改正で廃止されたが、損益
通算の廃止は平成 16 年の 1 月 1 日の以後の譲渡に遡及して適用されるというものであった
ため、この遡及立法の合憲性が争われた事件。
【判決】このような遡及立法も「憲法 84 条の趣旨に反するものと言うことはできない」と判
示し、納税者敗訴の判決を言い渡した。

第3章
国民の権利及び義務

**22**

国民の権利・義務について理解しよう

# 刑罰を科すには法律の手続が必要

▶法定の手続きによらなければ刑罰を科せられない

第31条 何人も、法律の定める手続によらなければ、その生命若しくは自由を奪はれ、又はその他の刑罰を科せられない。

## 1 法定手続の保障

日本国憲法は、自由権の基本ともいうべき「人身の自由」につき、国家による刑罰権行使の濫用を徹底的に防止すべく、31条以下に詳細な規定を設けています。

憲法31条は、「何人も、法律の定める手続によらなければ、その生命若しくは自由を奪はれ、又はその他の刑罰を科せられない」と規定します。

この規定は、32条から40条までに規定されている刑事手続、特にそこにおける人身の自由の保障に関する詳細な規定の総則的規定として規定されたものであるとともに、人身の自由の基本原理の宣言でもあります。

## 2 法定手続保障の内容

31条は、文言上は、手続の法定のみを要求しているにとどまりますが、判例、通説は、①手続の法定の他、②手続の適正、③手続の前提たる実体規定の法定（罪刑法定主義）、④実体規定の適正も同条によって要求されていると解します。

## 3 「告知と聴聞を受ける権利」と「明確性の原則」

②の手続の適正に関して重要であるのが、公権力が国民に刑罰その他の不利益を科す場合、当事者にあらかじめその内容を告知し、弁解と防御の機会を与えなければならないという「告知と聴聞を受ける権利」の保障です。

最高裁も、関税法に基づく第三者所有物の没収の合憲性が争われた事件において、「告知、弁解、防御の機会を与えることが必要」として、その機会を与えずになした没収判決を憲法31条、29条に違反するとしています。

④の実体規定の適正の中には、刑罰法規について法律の規定が明確であることを要求する「明確性の原則」などが含まれます。

## 4 行政手続への適用の有無

本条が刑事手続のみならず、行政手続にも適用されるという問題がありますが、判例は、限定つきではあるものの、適用ないし準用を認めています。

ポイント☞ 本条の射程距離については種々の議論があります。実体法規の適正の問題は、本条ではなく、13条などで保障されるとする見解も有力です。

80

# 法定手続きの保障 のしくみ

☆関連法令等⇒刑事訴訟法など

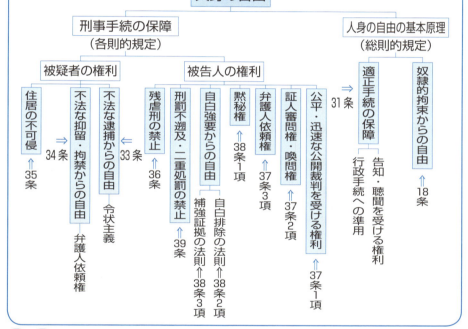

**判例** ▶所有者の第三者に事前告知・聴聞の機会を与えない没収は憲法違反か
（最大判昭37・11・28刑集16巻11号1593頁）【第三者所有物没収事件】

【事件】貨物の密輸を企てた被告人が有罪判決を受けた際にその付加刑として関税法118条1項（当時）により没収された物には第三者の所有物が混じっていたので、第三者に何ら告知・聴聞をせずに没収したことは憲法31条・29条に違反するのではないかと争われた事件。

【判決】最高裁は、このような第三者の権利侵害を援用する違憲の主張に適格性を認めて、所有物を没収される第三者についても告知・弁解・防禦の機会を与えることが必要であるとして、その機会を与えないでした没収判決は憲法31条・29条に違反する、と判示した。

# 第3章 国民の権利及び義務

## 23 裁判を受ける権利

国民の権利・義務について理解しよう

▶何人も裁判を受ける権利がある

**第32条** 何人も、裁判所において裁判を受ける権利を奪はれない。

### 1 裁判を受ける権利

憲法32条は、「何人も、裁判所において裁判を受ける権利を奪はれない」と規定します。

裁判を受ける権利は、民事事件及び行政事件については、裁判所に訴えを提起する権利です。

この権利は、政治権力から独立の公平な司法機関に対して、権利・自由の救済を求め、裁判所以外の機関から裁判されることがないという点で、個人の基本的人権の保障を確保し、「法の支配」を実現するうえで不可欠の前提となる権利です。

### 2 裁判を受ける権利の性質

憲法32条から40条までは、刑事手続における人身の自由の保障を規定したものですが、32条の裁判を受ける権利と40条の刑事補償請求権については、人身の自由としての性格の他、国民が国家に対して、国民の利益となる一定の行為を要求することができる受益権（国務請求権）の性格も有しているため、受益権の1つに分類されることが通常です。

### 3 裁判を受ける権利の内容

本条の「裁判所」とは、76条1項の最高裁判所と下級裁判所を指します。したがって、本条は、76条2項の特別裁判所及び行政機関の終審裁判の禁止の趣旨を内包していることになります。

本条の「裁判」には、明治憲法下と異なり、民事・刑事の裁判の他、行政事件の裁判も含まれます。

また、本条の「裁判」とは、82条による公開、対審の訴訟手続による裁判を意味しますが、近年は、家事事件や借地・借家事件のような非訟事件に関する裁判も含むとする見解も有力です。

「奪はれない」とは、民事事件と行政事件については、権利侵害があった際には、裁判所に対して損害の救済を求める権利が保障され、「裁判の拒絶」が許されないことを意味します。

刑事事件においては、裁判所の裁判によらなければ刑罰を科せられないことを意味し、これは憲法37条において重ねて保障されています。

**ポイント**☞ 職業裁判官でない裁判員も、裁判体を構成する裁判員制度は、本条に反するとの見解もありますが、容認されると解する見解が多数です。

# 裁判を受ける権利 のしくみ

☆関連法令等⇒刑事訴訟法・民事訴訟法など

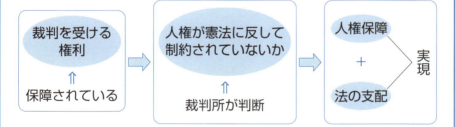

## ■裁判を受ける権利が保障されることの意味

**判例** ▶非訴手続の抗告審で反論の機会を与えない不利益判断は憲法違反か

（最決平20・5・8家月60巻8号51頁）【婚姻費用分担事件】

【事件】即時抗告において、過去の未払分と将来の未払分のいずれも増額する決定がなされた。この決定に際して、即時抗告を夫に知らせる措置は何らなく、夫に反論の機会を与えずに不利益な判断をしたことは憲法に違反すると主張して最高裁に特別上告した事件。
【判決】原審（2審）が夫に対し抗告状・抗告理由書の副本を送達せず反論の機会を与えることなく不利益な判断をしたことが同条所定の「裁判を受ける権利」を侵害したものであるということはできず、憲法32条違反の主張には理由がない、と判示した。

第3章
国民の権利及び義務
**24**

国民の権利・義務について理解しよう

# 逮捕するには現行犯か令状が必要

▶現行犯か令状によらなければ逮捕されることはない

**第33条** 何人も、現行犯として逮捕される場合を除いては、権限を有する司法官憲が発し、且つ理由となつてゐる犯罪を明示する令状によらなければ、逮捕されない。

## 1 被疑者の権利

憲法は、主として捜査の過程における被疑者の権利として、不法な逮捕・抑留・拘禁からの自由と住居の不可侵を定めています。

## 2 不法な逮捕からの自由

憲法33条は、「何人も、現行犯として逮捕される場合を除いては、権限を有する司法官憲が発し、且つ理由となってゐる犯罪を明示する令状によらなければ、逮捕されない」と規定します。

本条は、極めて重大な人身の自由の侵害である「逮捕」について「令状主義の原則」を定め、人身の自由を保障を全うしようとするものです。

## 3 令状主義の原則

逮捕は、「権限を有する司法官憲」、すなわち裁判官が発する令状によらなければならないのが原則です。

「理由となってゐる犯罪を明示する令状」とは、いわゆる一般令状を禁止する趣旨で、容疑の犯罪名のみならず、その犯罪事実をも明示する必要があると解されています。

令状主義の原則は、逮捕権の濫用の防止にある以上、「明らかに逮捕の必要がないと認めるとき」は、裁判官は令状発布を拒否すべきことになります。

## 4 令状主義の例外

本条は、令状主義の例外として、「現行犯として逮捕される場合」を認めています。

「現行犯」とは、現に罪を行いまたは現に罪を行い終わった者をいいます。現行犯の場合が例外として認められるのは、逮捕の必要性が高く、かつ逮捕権の濫用のおそれが少ないことによるものです。

刑事訴訟法は、さらに、一定の条件の下、逮捕状請求を後回しにして逮捕できるとするいわゆる「緊急逮捕」を認めています。

この緊急逮捕につき、最高裁は、「厳格な制約の下に、…認めることは、憲法33条の規定の趣旨に反するものではない」と判示しています。

(ポイント)☞ 緊急逮捕の合憲性の論拠としては、令状逮捕類似説、現行犯逮捕類似説、緊急行為説などがあります。

84

# 逮捕と令状主義 のしくみ

☆関連法令等⇒刑事訴訟法など

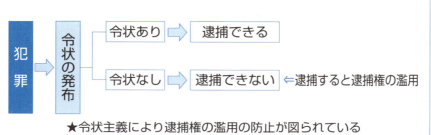

〈逮捕に対する保障〉(人身の自由)

〔令状主義の原則〕

犯罪 → 令状の発布 → 令状あり → 逮捕できる
　　　　　　　　　　令状なし → 逮捕できない ←逮捕すると逮捕権の濫用

★令状主義により逮捕権の濫用の防止が図られている

〔令状主義の例外〕

逮捕の必要性が高い／逮捕権の濫用のおそれが少ない → 犯罪⇓現行犯 → 令状不要 → 逮捕

↓ むやみに逮捕されない

人身の自由の保障
（逮捕に対する保障）

## 判例

▶刑事訴訟法210条の定める緊急逮捕は憲法33条違反か

（最大判昭30・12・14刑集9巻13号2760頁）【緊急逮捕事件】

【事件】山林で他人所有の棕梠皮を剥ぎ取り窃取した嫌疑で後日任意出頭を求められた被告人が抵抗したため緊急逮捕されたのに対し、被告人が緊急逮捕は憲法33条に違反するとして上告した事件。

【判決】厳格な制約の下に、罪状の重い一定の犯罪のみについて緊急やむを得ない場合に限り、逮捕後直ちに裁判官の審査を受けて逮捕状の発行を求めることを条件とし、被疑者の逮捕を認めることは憲法33条の規定の趣旨に反するものではない、と判示した。

第3章 国民の権利及び義務

第3章
国民の権利及び義務

## 国民の権利・義務について理解しよう

# 25 不法な抑留および拘禁からの自由

▶抑留・拘禁をするには直ちに理由を告げるなどの要件がある

第34条　何人も、理由を直ちに告げられ、且つ、直ちに弁護人に依頼する権利を与へられなければ、抑留又は拘禁されない。又、何人も、正当な理由がなければ、拘禁されず、要求があれば、その理由は、直ちに本人及びその弁護人の出席する公開の法廷で示されなければならない。

### 1 不法な抑留及び拘禁からの自由

憲法34条は、「何人も、理由を直ちに告げられ、且つ、直ちに弁護人に依頼する権利を与へられなければ、抑留又は拘禁されない。又、何人も、正当な理由がなければ、拘禁されず、要求があれば、その理由は、直ちに本人及びその弁護人の出席する公開の法廷で示されなければならない」と定めます。

「抑留」及び「拘禁」が人身の自由に対する重大な侵害であり、それが公明正大に行われることを確保するものです。

### 2 不法な抑留及び拘禁からの自由の内容

ここに「抑留」とは、身体の一時的拘束をいい、「拘禁」とは、比較的継続的な拘束をいいます。本条は、比較的継続的な拘束である「拘禁」についてのみ、公開法廷における理由の開示を要求しています。刑事訴訟法は、逮捕及び勾引に伴う留置は「抑留」、勾留及び鑑定留置は「拘禁」にあたるとの前提の下、後者につき理由開示の手続を定めています。

「抑留」及び「拘禁」をなすにあたっては、「理由」を直ちに告げることが要求さ

れます。ここに「理由」とは、根拠となった犯罪事実を示し、「拘禁」にあっては、その必要性を基礎づける事実の告知も要求されると解されています。

### 3 被告人国選弁護人制度と被疑者国選弁護人制度

「抑留」及び「拘禁」をなすにあたっては、「弁護人に依頼する権利」を直ちに与えることが要求されます。憲法は、37条において刑事被告人について弁護人を依頼する権利を保障していますが、本条は、その前段階の被拘束者に対しても、同様の権利を保障するものです。近年、従来の被告人国選弁護人の制度とは別に、本条の要請を具体化する被疑者国選弁護人の制度が導入されました。

最高裁は、刑事訴訟法の定める「接見交通権」につき、被疑者が弁護人から相談・助言を受ける機会を保障するもので、憲法の保障に由来するものとしています。

ポイント☞　本条後段を受けて、刑事訴訟法は、勾留理由開示の制度を設けていますが、同制度は理由の開示を定めるに止まっており、不十分との批判もあります。

# 抑留・拘禁と人身の自由 のしくみ

☆関連法令等⇒刑事補償法など

## 〔不法抑留・拘禁〕

**不法な身体拘束（人身の自由）**

**不法抑留** ← 理由を直ちに告げられず
かつ
直ちに弁護人に依頼する権利が与えられなかった場合

**不法拘禁** ← 理由を直ちに告げられず
かつ
直ちに弁護人に依頼する権利が与えられなかった場合

拘禁するには正当な理由が必要。要求があればその理由を公開の法廷で示さなければならない

## 〔抑留と拘留の意味〕

| 項目 | ことばの意味 | 刑事訴訟法条の文言 |
|------|------------|----------------|
| 抑留 | 身体の一時的拘束 | 逮捕・勾引に伴う留置 |
| 拘禁 | 比較的継続的な拘束 | 勾留・鑑定留置 |

弁護人依頼権
― 被疑者の場合⇒34条
― 被告人の場合⇒37条3項

---

**解説** ▶被疑者国選弁護人制度・当番弁護士制度

　被疑者国選弁護人制度は、被疑者（警察や捜査機関から犯罪の疑いをかけられて捜査を受けている者）に国選弁護人が付されるというものです。ただし、対象事件が「死刑又は無期若しくは長期3年を超える懲役若しくは禁錮にあたる事件」の場合です。
　当番弁護士制度は、各地の弁護士会が運営主体となり、毎日、担当の当番を決め、被疑者等からの依頼により、被疑者が留置・されている場所に弁護士が出向き、無料で、面接の上相談に応じるというものです。

第3章 国民の権利及び義務

## 第3章 国民の権利及び義務

### 26

国民の権利・義務について理解しよう

# 捜索または押収には令状が必要

▶令状なく住居への侵入や書類等の押収はできない

---

**第35条** ① 何人も、その住居、書類及び所持品について、侵入、捜索及び押収を受けることのない権利は、第33条の場合を除いては、正当な理由に基いて発せられ、且つ捜索する場所及び押収する物を明示する令状がなければ、侵されない。

② 捜索又は押収は、権限を有する司法官憲が発する各別の令状により、これを行ふ。

---

### 1 住居などの不可侵

憲法35条は、「何人も、その住居、書類及び所持品について、侵入、捜索及び押収を受けることのない権利は、第33条の場合を除いては、正当な理由に基づいて発せられ、且つ捜索する場所及び押収する物を明示する令状がなければ、侵されない」（1項）、「捜索又は押収は、権限を有する司法官憲が発する各別の令状により、これを行ふ」（2項）と規定します。

住居等は、自由の基盤をなす私生活の本拠として、その保護は近代憲法における最も古くかつ重要な権利の1つです。

「侵入」とは、管理者の同意なしに住居内に入ること、「捜索」とは、一定の物を探す目的で住居・所持品を点検すること、「押収」とは、一定の物の占有を強制的に取得することをいいます。

### 2 住居などの不可侵の内容

公権力が侵入・捜索・押収をなしうるのは、①「正当な理由に基づいて発せられ、且つ捜索する場所及び押収する物を明示する令状」による場合と②「第33条の場合」に限られます。

①は、住居、書類、所持品に対する侵入、捜索、押収をする場合の令状主義を規定したものです。33条と同様に、「官憲」とは裁判官のみを指します。

②は、33条による逮捕の場合を指します。逮捕が合憲的になされるような場合においては、そのために住居に立入り、付随的に必要かつ合理的な範囲内において捜索・押収がなされることはやむをえないということを理由としています。

### 3 行政手続との関係

本条が位置・沿革から刑事手続に関するものであることは疑いありませんが、行政手続への適用可能性については議論があります。最高裁は、川崎民商事件判決において、「刑事責任追及を目的とするものではないとの理由のみで、…当然に右規定による保障の枠外にあると判断することは相当でない」と述べています。

ポイント ☞ 川崎民商事件判決は、税法上の質問検査につき、令状（一般的要件）によらなくても35条に違反しないと判示しました。

88

# 住居の不可侵の保障 のしくみ

☆関連法令等⇒刑事訴訟法など

**捜索・押収（人身の自由）**

〔住居への侵入が許される場合〕

公権力が住居への侵入、書類、所持品の捜索・押収をなしうる場合

- 第33条の場合（逮捕の場合）
  - 33条の令状による逮捕
  - 現行犯逮捕
  → 第35条の令状なしで許される

- 正当な理由に基づいて発せられ、かつ捜索する場所および押収する物を明示する令状による場合

  住居・書類・所持品に対する侵入・捜索・押収をする場合の令状主義

  司法官憲（裁判官）が個々の捜索・押収について各別に発したものでなければならない

| 語句 | 意　味 |
|---|---|
| 住居 | 自由の基礎をなす私生活の本拠 |
| 侵入 | 管理者の同意なしに住居内に入ること |
| 捜索 | 一定の物を探す目的で住居・所持品を提携すること |
| 押収 | 一定の物の占有を強制的に取得すること |

## 判例 ▶税務調査のような行政手続にも憲法35条の令状主義は適用されるか
（最大判昭47・11・22刑集26巻9号554頁）【川崎民商事件】

**【事件】** 旧所得税法53条に基づく収税官吏の質問検査を拒否したために起訴された被告人が、裁判所の令状なしに強制的な検査を認める同法は憲法35条に違反するとして上告した事件。

**【判決】** 所得税法63条による検査はその性質上刑事責任追及を目的とするものではないし、実質上刑事責任追及のための資料の取得収集に直接結びつく作用を一般的に有するものともいえず、強制の度合いも直接的物理的な強制と同視すべきほど相手方の自由意思を著しく拘束するものではないので、同検査があらかじめ裁判官の発する令状によることをその一般的要件としないからといって、35条1項に違反するものではない、と判示した。

# 第3章 国民の権利及び義務

## 27 拷問及び残虐刑の禁止

▶死刑については意見の対立がある

**第36条** 公務員による拷問及び残虐な刑罰は、絶対にこれを禁ずる。

### 1 拷問及び残虐刑の禁止

憲法36条は、「公務員による拷問及び残虐な刑罰は、絶対にこれを禁ずる」と定めます。

本条は、「残虐な刑罰」とともに「拷問」をも例外なしに禁止しようとするものです。

### 2 拷問の禁止

「拷問」とは、被疑者や被告人から自白を得るために肉体的・生理的苦痛を与えることを言い、本条は、かかる拷問を絶対的に禁止しています。

拷問は、過去には自白強要の一手段として考えられていた時代もあり、本条は、38条の規定とともに、自白の強要禁止の趣旨をも強く持つものということができます。

### 3 残虐な刑罰の禁止

「残虐な刑罰」とは、判例によれば、「不必要な精神的、肉体的苦痛を内容とする人道上残虐と認められる刑罰」とされています。

人の生命を奪う「死刑」が残虐な刑罰にあたらないかにつき、これを肯定する説もありますが、判例は、憲法上に死刑を予定している規定がある（13条、31条）

ことを指摘しつつ、死刑そのものはそれにあたらないとしています。

もっとも、死刑の執行方法などが「その時代と環境とにおいて人道上の見地から一般に残虐性を有するものと認められる場合」には「残虐な刑罰」となり得るものであり、そうした意味で現行の絞首刑と違って、かつてみられた火あぶり、はりつけなどの方法をとることは本条に違反することになります。

### 4 死刑制度の合憲性

死刑制度の合憲性については、立法論・政策論と解釈論とを厳格に区別する必要があります。

立法論、政策論として、死刑制度が廃止されるべきか否かの問題と憲法解釈において、死刑制度が合憲か違憲かとは次元の異なる問題です。死刑制度合憲論に立ったとしても、政策論・立法論として死刑を廃止する立場は十分にありえます。

（ポイント）☞ 犯罪とそれに科される刑罰が均衡することは、31条あるいは13条の要請とみる見解が有力ですが、本条の要請と考える見解も存在します。

# 拷問・残虐刑の禁止 のしくみ

☆関連法令等⇒刑事補償法など

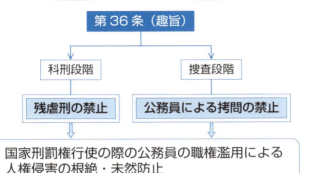

〔明治憲法時代〕

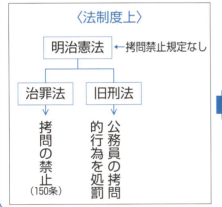

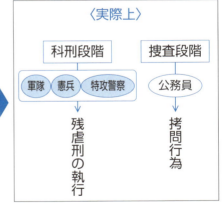

---

**判例** ▶死刑は憲法36条が禁ずる残虐な刑罰にあたるか

（最大判昭23・3・12刑集2巻3号191頁）【残虐刑事件】

【事件】原審で死刑判決を受けた被告人が、死刑は残虐な刑罰にあたると主張して上告した事件。

【判決】最高裁は、死刑はその威嚇力によって一般予防をなし、その執行によって特殊な社会悪の根源を絶ち、これをもって社会を防衛しようとしたものであると論じたうえで、執行方法が火あぶり・はりつけ・さらし首・釜ゆでなどその時代と環境とにおいて人道上の見地から一般に残虐性を有するものと認められる場合は残虐な刑罰というべきだが、現行の絞首刑による死刑そのものは残虐刑に該当しない、と判示した。

第3章
国民の権利及び義務

**28**

国民の権利・義務について理解しよう

# 刑事被告人の権利

▶公平で迅速な裁判を受け、弁護士に依頼する権利がある

第37条　①　すべて刑事事件においては、被告人は、公平な裁判所の迅速な公開裁判を受ける権利を有する。
②　刑事被告人は、すべての証人に対して審問（しんもん）する機会を充分に与へられ、又、公費で自己のために強制的手続により証人を求める権利を有する。
③　刑事被告人は、いかなる場合にも、資格を有する弁護人を依頼することができる。被告人が自らこれを依頼することができないときは、国でこれを附する。

## 1 被告人の権利

刑罰は人身の自由に重大な制限を加えるものであるから、その内容はもとより科刑の手続は慎重かつ公正でなければなりません。憲法は、主として被告人の権利を保障するため、37条から39条において、刑事裁判手続に関する規定を設けています。

## 2 公平で迅速な公開裁判を受ける権利

憲法37条は、「すべて刑事事件においては、被告人は、公平な裁判所の迅速な公開裁判を受ける権利を有する」と規定します。

憲法は、裁判を受ける権利と裁判の公開原則について、別途一般的な規定を設けていますが（32条、82条）、本条は、特に刑事被告人の権利を明確にするため、刑事裁判につき、公平・迅速・公開の要件が満たされる必要があることを明らかにしています。

## 3 証人審問権・喚問権

憲法37条2項は、「刑事被告人は、すべての証人に対して審問する機会を与へられ、又、公費で自己のために強制的手続により証人を求める権利を有する」と定めます。

前段の証人審問権は、被告人に審問の機会が十分に与えられない証人の証言には証拠能力が認められない、という趣旨の直接審理の原則を保障するものです。

後段は、証人喚問権を保障するものですが、判例によれば、裁判所は被告人申請の証人を全て喚問する必要はなく、その裁判をするのに必要な限度で証人を喚問すれば良いとしています。

## 4 弁護人依頼権

被疑者の弁護人依頼権については、憲法34条に規定が設けられていますが、憲法37条3項は、被告人の弁護人依頼権を定めるものです。

ポイント☞　最高裁は、15年余にわたって第1審の審理が中断した事案につき、免訴の言渡しをすべきものとしました（高田事件判決）。

# 刑事被告人の権利 のしくみ

☆関連法令等⇒刑事訴訟法など

## 判例 ▶裁判所の審理の著しい遅延で審理を打ち切ることができるか
（最大判昭47・12・20刑集26巻10号631頁）【高田事件】

【事件】被告人らは一連の集団暴力事件において住居侵入罪等で起訴されたが、被告人らの多くは直前に起きた別の事件でも起訴されており、当該事件の優先審理で審理が中断され、結局再開されるまで15年あまりにもわたって放置され続けていた事件。

【判決】さらに審理をすすめても真実の発見ははなはだしく困難で、もはや公正な裁判を期待することはできず、いたずらに被告人らの個人的および社会的不利益を増大させる結果となるばかりであつて、これ以上実体的審理を進めることは適当でないから、これに対処すべき具体的規定がなくとも、憲法37条によってその手続をこの段階において打ち切るという非常の救済手段を用いることが憲法上要請されるものと解すべきであると判示し、免訴を言い渡した。

**第3章**
**国民の権利及び義務**

**29**

国民の権利・義務について理解しよう

# 供述の強要禁止と自白の証拠能力

▶本人の自白のみが証拠の場合は有罪とされない

**第38条** ① 何人も、自己に不利益な供述を強要されない。
② 強制、拷問若しくは脅迫による自白又は不当に長く抑留若しくは拘禁された後の自白は、これを証拠とすることができない。
③ 何人も、自己に不利益な唯一の証拠が本人の自白である場合には、有罪とされ、又は刑罰を科せられない。

## ■ 自己負罪の拒否

憲法38条1項は、「何人も、自己に不利益な供述を強要されない」と定めます。

これは、被疑者・刑事被告人および各種の証人に対して、不利益な供述を避けた場合に、処罰その他の法律上の不利益を与えることを禁じる趣旨のものです。

本条との関係では、取締官庁や監督官庁が種々の目的で記帳・報告ないし答弁の義務を課し、これに応じない場合に一定の刑罰を科す行政法規の合憲性が問題となります。

これにつき、判例は、自動車運転者の交通事故の報告義務につき、「刑事責任を問われる虞のある事故の原因その他の事項」については報告を要求されていないということを根拠に、同規定は、本条に反するものではないと判示しています。

## ■ 自白の証拠能力

憲法38条2項は、「強制、拷問若しくは脅迫による自白又は不当に長く抑留若しくは拘禁された後の自白は、これを証拠とすることができない」と定めています。

これは、被疑者または被告人の行った

任意性のない自白の証拠能力を否定する原則（自白排除の法則）を明らかにしたものです。

## ■ 自白補強法則

本条3項は、「何人も、自己に不利益な唯一の証拠が本人の自白である場合には、有罪とされ、又は刑罰を科せられない」と定めます。

これは、任意性のある自白でも、これを補強する証拠が別にない限り、有罪の証拠とすることができないという自白においての補強証拠の法則をうたったもので、1項の要請を確保するものといえます。

最高裁は、公判廷における被告人の自白につき、任意性を有し、その真実性を裁判所が自ら直接に判断できるという理由で、憲法38条の3項の「本人の自白」に含まれないとしていますが、これについては、反対説も有力です。

**ポイント**☞ 刑事訴訟法は、本条の定める自白排除法則、自白補強法則につき、憲法の趣旨をさらに進めた規定を設けています。

94

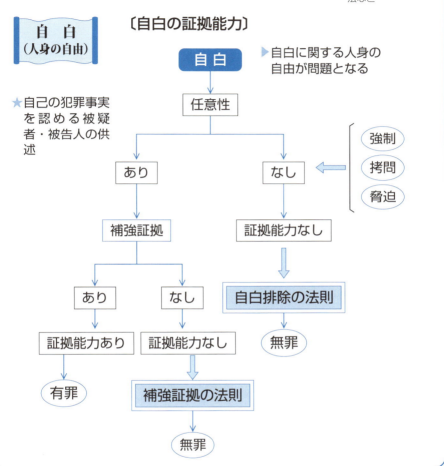

**判例** ▶公判廷における自白は憲法38条3項の「本人の自白」に含まれるか
(最大判昭23・7・29刑集2巻9号1012頁)【公判廷の自白事件】

【事件】被告人は旧食料管理法及び物価統制令違反で有罪とされたが、第2審は公判廷での自白のみを証拠としていたので、これを憲法38条3項に違反すると上告したところ棄却されたので、さらに最高裁へ再上告した事件。
【判決】公判廷における被告人の自白は任意性を有し、その真実性を裁判所が他の証拠を待つまでもなく自ら直接に判断できるから、憲法38条3項の「本人の自白」には含まれない、と判示した。

# 第3章 国民の権利及び義務

**30**

国民の権利・義務について理解しよう

# 遡及処罰の禁止

▶同一犯罪について重ねて刑事責任を問われない（一事不再理）

第39条 何人も、実行の時に適法であつた行為又は既に無罪とされた行為については、刑事上の責任を問はれない。又、同一の犯罪について、重ねて刑事上の責任を問はれない。

## 1 事後法の禁止

憲法39条は、前段の前半において、「何人も、実行の時に適法であった行為…については、刑事上の責任を問はれない」と定めます。

事後法の禁止、または、遡及処罰の禁止として知られるこの原則は、罪刑法定主義の重要な帰結の1つです。

本条が事後法という用語を用いず、「適法であった行為」と述べているところから、本条は、実体法及び実体法と密接な関係を持つ手続法（公訴時効に関する規定など）に妥当するものと解されています。

なお、本条は、刑事責任に関するものであり、民事法規の遡及効には適用されません。

## 2 一事不再理

憲法39条前段後半、及び後段は、「何人も、…既に無罪とされた行為については、刑事上の責任を問はれない。又、同一の犯罪について、重ねて刑事上の責任を問はれない」と規定します。

この前段後半と後段とが何を意味するかについては争いがあり、①両者を合わせて英米法にいう「二重の危険」の禁止の原則を定めたもの、②両者はともに大陸法的

な刑事裁判における「一事不再理」の原則を定めたもの、③前段は一事不再理、後段は二重処罰の禁止を定めたものなどの説があります。

文言に最も忠実であるのは、③説ですが、規定としてやや不自然であり、双方を統一的に把握しようとする①説、②説も有力です。もっとも、いずれの説をとっても、その結論に大きな差異が生ずることはないと考えられています。

## 3 再犯加重や追徴税・加算税

最高裁は、再犯の場合に刑を加重する「再犯加重」につき、前の犯罪に対しての確定判決を変更したり、重ねて刑罰を科するものではないことを理由に、本条に反するものではないとしています。また、税法上の追徴税、加算税のほかに刑罰を科すことにつき、前者が刑罰ではないことを理由に、本条違反にはならないものとしています。

ポイント ☞ 行為時の刑罰より重い刑罰を科することも本条に反すると解されています。反対に、刑が廃止されたり軽減された場合は、遡及適用も許容されると解されています。

96

# 遡及処罰の禁止・一事不再理等 のしくみ

☆関連法令等⇒刑事訴訟法など

## 処罰の禁止（人身の自由）

**刑事上の責任を問われない行為**

☆処罰を禁止することで人身の自由を保障している

- 既に有罪とされたのと同一の犯罪行為
  ⇓
  二重処罰の禁止

- 既に無罪とされた行為
  ⇓
  一事不再理の原則

- 実行のときに適法であった行為
  ⇓
  遡及処罰の禁止

**刑事時効** 憲法上の規定ではないが、犯罪に関する時効として「公訴時効」と「刑の時効」とがある。

①公訴時効…この時効期間（公訴期間）を過ぎると起訴をすることができなくなる⇐刑事訴訟法250条～255条

②刑の時効…この時効期間を過ぎると刑の執行ができなくなる⇐刑法31条～34条

---

**判例** ▶刑罰と重加算税を併科することは憲法39条の二重処罰の禁止に違反するか

（最大判昭33・4・30刑集12巻6号938頁）【追徴税刑罰併科事件】

【事件】被告会社は昭和23年分の所得税に基づく法人税額の申告・納税をしたところ、所轄税務署長が国税局の査定に基づいて所得額を更正し、それに対応する追徴税を賦課したので、これを納付した。一方で、被告会社は国税局長の告発により逋脱犯として起訴され、罰金3000万円の有罪判決が確定した。そこで、被告会社が、罰金に重ねて追徴税を課することは憲法39条に違反するとして争った事件。

【判決】法人税法の追徴税は制裁的意義を持つが、これは罰金とは性質を異にし、逋脱犯に対する刑罰は詐欺その他不正な方法により法人税を免れる行為の反社会性や反道徳性に着目し制裁として科せられるものであるのに対し、追徴税は単に過少申告・不申告による納税義務違反の事実があれば、やむを得ない事由のない限り課せられるものであり、納税義務違反の発生を防止し、納税の実を挙げるための行政上の措置であるから、併科は違憲ではない、と判示した。

| 第3章 国民の権利及び義務 31 |
|---|

## 国民の権利・義務について理解しよう

# 無罪のときの補償

▶拘留または拘禁に対して刑事補償がある

**第40条** 何人も、抑留又は拘禁された後、無罪の裁判を受けたときは、法律の定めるところにより、国にその補償を求めることができる。

### 1 刑事補償請求権

憲法40条は、「何人も、抑留又は拘禁された後、無罪の裁判を受けたときは、法律の定めるところにより、国にその補償を求めることができる」との規定を設けています。

刑事補償については、既に、昭和6年に「刑事補償法」が制定されていますが、同法は刑事補償を恩恵としての性格をもつものとして規定していました。本条は、そうした性格を克服し、刑事補償を憲法上の権利にまで高めたことにその意義を見出すことができます。

なお、本条は、起訴後の者についての規定ですが、不起訴の者については、被疑者補償規程によって補償を受けることとなります。

### 2 刑事補償請求権の内容

本条は、無罪の裁判を受けた者の救済に関する規定であり、17条の賠償請求権と同じく、国家機関により人権が侵害された場合の救済を求める権利の一種です。もっとも、本条においては、逮捕、勾留、拘禁、裁判の各手続が適法の場合でも、結果として無罪である場合には、国家には補償の義務がある点において17条と異なります。17条が「賠償」とするのに対し、本条が「補償」とするのはかかる趣旨で理解されるものです。

### 3 身体の拘束はあったか起訴されなかった場合

ここに「無罪の裁判」を受けたときとは、刑事訴訟法による無罪判決が確定したときと解する説とより広く捉えるべきであるとする説とがありますが、身体を拘束されたが、起訴されずに至らず釈放された場合には、本条の適用はないとするのが通説です。

判例は、本条につき、抑留または拘禁された被疑事実が不起訴となった場合は本条の補償の問題は生じないとしつつも、ある被疑事実による逮捕または勾留中に、他の被疑事実についても取調べ、その事実につき公訴が提起された後無罪の裁判を受けた場合において、その取調べが不起訴となった事実に対する逮捕勾留を利用してなされたと認められるときは、本条の対象となるとしています。

**ポイント☞** 刑事補償法は、本人が捜査を誤らせる目的で虚偽の自白をしたときなど一定の場合、補償の一部または全部をしないことができる旨を規定しています。

# 無罪と刑事補償 のしくみ

☆関連法令等⇒刑事訴訟法など

## 国による賠償・保障 （受益権）

| 国家の違法行為 | ← | 国家賠償法（17条）による救済 |

国家の適法行為 → 身体の自由の制約 ← 刑事補償 （40条）による救済

国家の適法行為 → 財産権への制約 ← 損失補償（29条3項）

### 〔刑事補償の額〕

**抑留または拘禁の場合** …その日数に応じ、1日1000円以上1万2500円以下の額。拘留・拘置による場合も同じ

**死刑執行の場合** …3000万円以下で裁判所が相当と認める額

**罰金または科料の場合** …徴収した罰金または科料の額に年5分の割合による金額を加算した額

### 〔刑事補償を受ける対象と根拠となる法令〕

| 対　象 | 根拠法令 |
|---|---|
| 被告人（起訴後の者） | 刑事補償法 |
| 被疑者（不起訴の者） | 被疑者補償規程（法務省訓令） |

---

**解説** ▶刑事補償と損害賠償

　刑事補償は無罪の判決を受けた者が、拘留・拘禁による補償を請求できるとするものです。1日、1000円以上1万2500円以下の割合による額が補償金として交付されます。また、死刑の場合は、原則として3000万円以内で裁判所が相当と認める額が交付されます。

　これは、刑事補償法による補償額の規定で、補償が不足する場合、国家賠償法などによる請求をすることができます。

第3章

国民の権利及び義務

99

# 第4章

# 国会

## 第41条〜第64条

♣日本国憲法は、統治機構を立法府、行政府、司法府の３つに分けて三権分立による統治システムを採用しています。そして、まず、第４章で立法府であに国会について定めています。国会は国民によって選ばれた衆・参議院の議員で構成します。

## ●国会（立法府）についての憲法の規定の概要

### ■ 三権分立と国会

日本国憲法は、権力分立制を採用し、国家権力を立法権、行政権、司法権に３分し、国会、内閣、裁判所にそれらの役割を分担させます。

「第４章　国会」には、立法権を担当する国会についての規定が第41条から第64条まで置かれています。

### ■ 国会議員についての規定

ここには、国会の地位と立法権について宣言する第41条の規定をはじめとして、二院制の採用を定める第42条、両議院が「全国民を代表する選挙された議員」で組織されるとする第43条などの規定が置かれています。

また、国会議員の不逮捕特権や免責特権についての規定（第50条、第51条）や衆議院の解散、総選挙についての規定（第54条）、国会における法律案の議決や予算審議に関する規定（59条、60条）、議院の国政調査権についての規定（62条）などにここに置かれています。

国会議事堂　　　立法府

100

# 第4章 「国会」についての条文の構造

## 日本国憲法の条文

前文 → 第1章 天皇 → 第2章 戦争の放棄 → 第3章 国民の権利及び義務 → **第4章 国会** → 第5章 内閣 → 第6章 司法 → 第7章 財政 → 第8章 地方自治 → 第9章 改正 → 第10章 最高法規 → 第11章 補則

### 第4章の構造

**国会（41条～64条）**

| 議院の機能 | 国会の権能 | 会議の原則 | 国会の機関 | 議員の地位 | 国会の組織 | 国会の地位 |
|---|---|---|---|---|---|---|
| 55条<br>58条<br>59条～<br>63条 | 59条～<br>61条<br>64条 | 56条<br>57条<br>59条～<br>61条 | 52条～<br>54条 | 44条～<br>51条 | 42条<br>43条 | 41条 |
| 資格争訟の裁判<br>役員・議院規則・懲罰<br>衆議院の優越<br>国政調査権<br>閣僚の議院出席要求 | 弾劾裁判所の設置<br>予算の議決<br>条約の承認<br>法律の議決 | 両院協議会<br>会議の公開・会議録<br>議決定数<br>定足数 | 緊急集会<br>衆議院の解散<br>特別会<br>臨時会<br>常会 | 免責特権<br>不逮捕特権<br>歳費<br>兼職の禁止・任期<br>議員の資格 | 両院制<br>両院の組織 | 立法機関型<br>最高機関型 |

国民 →（選挙）→ 国会議員 →（国会）→ 国会 ↔ 参議院／衆議院

〔国会の３つの地位〕
① 国民の代表機関
② 国権の最高機関
③ 唯一の立法機関

① 主権者である国民の選挙により、衆参議院の議員が選出される。
② 国会議員は、国会において法律の制定などを行う。

**第4章 国会 1**

国会（三権分立の一つ）について理解しよう

# 国会は国権の最高機関で唯一の立法機関

▶ 国民が選ぶ国会議員が国会を構成

**第41条** 国会は、国権の最高機関であつて、国の唯一の立法機関である。

## 1 権力分立制

日本国憲法は、個人の尊厳の理念に基づき、国民の権利・自由が国家権力の濫用によって脅かされるような事態を回避するため、国家権力を立法権・行政権・司法権に3分し、それぞれ異なる機関に担当させることとしています（権力分立制）。

## 2 国会の地位

憲法41条は、「国会は、国権の最高機関であって、国の唯一の立法機関である」と定めています。

本条は、国会が「国権の最高機関」たる地位にあることに加え、国家権力のうちの立法権を担う機関であることを明確にしたものです。

## 3 国権の最高機関

本条に述べられている「国権の最高機関」の意味はいかにとらえるべきでしょうか。

これにつき、文字通り、国会は他の機関を統括する最高機関と解してしまうと、各権力間の均衡と抑制を本質とする権力分立制度と矛盾してしまいます。

この点から、「国権の最高機関」というのは、法的に特別な意味を有するものではなく、国会が国政の中心に位置する重要な機関であることを強調したものと考えられ

ています（政治的美称説）。

## 4 唯一の立法機関

憲法第41条は、国会を「唯一の立法機関」とし、立法権を国会が独占することを定めています。

ここでいう「立法」とは、その内容が国民の権利・義務に関する規定その他一般的・抽象的法規範の定立という実質的意味の立法を表すものです。

「唯一の立法機関」とは、こうした実質的意味の立法は、憲法自体が許容する例外（両議院の規則制定権に関する58条2項や条例制定権に関する94条など）以外は、常に国会によってなされなければならないという原則（国会中心立法の原則）と国会以外の機関の関与を要さず、国会の議決のみで成立させることができるとの原則（国会単独立法の原則）の双方を含んでいます。

ポイント ☞ 国会単独立法の原則との関係では、内閣の法律案提出が問題となりますが、発案は立法の準備行為であり、内閣等他の機関がなすことが可能と解する見解が多数です。

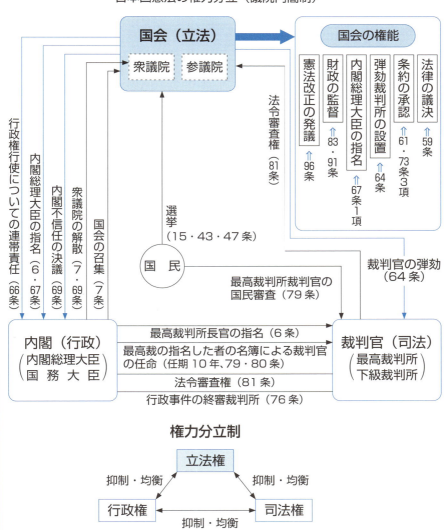

第4章
国　会
2

国会（三権分立の一つ）について理解しよう

# 国会は衆議院と参議院の二院制

▶日本の国会は二院制が採用されている

第42条　国会は、衆議院及び参議院の両議院でこれを構成する。

## 1 国会の組織

憲法42条は、「国会は、衆議院及び参議院の両議院でこれを構成する」と定め、国会の構成については衆議院と参議院との両院制（二院制）を採用することを明らかにしています。

## 2 両院制（二院制）

国会が2つの合議体から構成される複合機関である場合、これを両院制（二院制）といい、1つの合議体のみで構成される一院制に対峙する制度です。

各国の議会は、一院制をとるものと二院制をとるものとが相半ばしていますが、日本国憲法は、明治憲法の伝統を受けつぎ、二院制を採用しました。

二院制は、通常、下院が民選議員によって構成されるのに対し、上院の構成については、①貴族院型（明治憲法など）、②連邦型（アメリカなど）、③民主的第2次院型（わが国の参議院など）に分かれます。

③の民主的第2次院型をとる場合、下院と性格が類似するため、上院の存在理由が問題視されますが、①両院相互の抑制・均衡が期待でき、議会の専横化を防止できる、②一方の院における決定に対し、他の院による再考の機会が与えられる点で審議の慎重を期待できる、③一院制に比べ、一時の感情に流されるような政権交代が生じにくく、国政の安定に役立つなどといった点が指摘されています。

## 3 両議院の関係（権能上の関係）

衆議院と参議院の相互の関係について、日本国憲法は、内閣不信任決議（69条）、予算先議権（60条1項）などを特別に衆議院に認め、法律案の議決（59条1項）・予算の議決（60条2項）、条約の承認（61条）、内閣総理大臣の指名（67条2項）の場合における衆議院の優越を認めています。参議院に比べ、国民の意思をより直接に代表する衆議院の優先的地位を認めたものです。

もっとも、法律案、予算および条約、内閣総理大臣の指名などについて両議院の意見が対立した場合に備え、両院協議会の規定が設けられています。

ポイント☞　国会の構成については、日本国憲法起草段階におけるマッカーサー草案では一院制が採用されていましたが、わが国政府の強い要請により二院制とされました。

104

# 国会の組織と権能 のしくみ

☆関連法令等⇒国会法など

第4章 国会

## 国会の組織

国会
- 衆議院
  - 本会議
    - 常任委員会
    - 特別委員会
    - 公聴会
  - 政治倫理委員会
- 参議院
  - 本会議
    - 常任委員会
    - 特別委員会
    - 調査会
    - 公聴会
  - 政治倫理委員会

国立国会図書館 ／ 裁判官訴追委員会 ／ 裁判官弾劾裁判所

## 議員の権能

### 両議院の権能
- 大臣出席の要求 ⇧63条
- 役員の選任 ⇧58条
- 会議公開の停止 ⇧57条1項但書
- 議員の懲罰 ⇧58条2項
- 議員の逮捕許諾・釈放要求 ⇧50条
- 議員の資格争訟 ⇧55条
- 請願の受理 ⇧国会82条
- 国政の調査 ⇧62条
- 議院規則の制定 ⇧58条2項
- 法律案の提出 ⇧59条

### 衆議院のみの権能
- 内閣の信任・不信任の決議 ⇧69条
- 衆議院の優越
  - 内閣総理大臣の指名 ⇧67条2項
  - 条約の承認 ⇧61条
  - 予算の議決 ⇧60条2項
  - 法律案の議決 ⇧59条2項

### 参議院のみの権能
- 参議院の緊急集会 ⇧54条2項

105

## 第4章 国会 3

### 国会（三権分立の一つ）について理解しよう

# 衆議院・参議院議員の選挙・定数

▶衆議院と参議院は全国民を代表する議員で構成される

**第43条** ① 両議院は、全国民を代表する選挙された議員でこれを組織する。

② 両議院の議員の定数は、法律でこれを定める。

---

#### 1 国民の代表機関

憲法43条1項は、「両議院は、全国民を代表する選挙された議員でこれを組織する」と定めています。

日本国憲法は、国民主権の原理を採用しますが、同原理の下、国会を構成する両議院については、全国民を代表する議員によって組織されるとするものです。

#### 2 全国民の「代表」

ここでの「代表」の意味ですが、これについては、「法的意味」の代表、すなわち、代表する者の行為が代表される者の行為として見なされるというものではなく、国民は代表機関を通じて行動し、代表機関は国民意思を反映するものとみなされるという「政治的意味」での代表と理解されています。

これは、具体的には、①特定の選挙区や選出母体ではなく、全国民の代表であること、及び②選出母体等の訓令には拘束されず（命令委任の禁止）、自己の信念に基づいてのみ発言・表決する（自由委任の原則）ことを意味しています。

もっとも、近時は、国民の意思と議会の意思との事実上の類似を重視して、この立場にやや法的代表説の要素を加味した社会学的代表、あるいは半代表といった考え方も有力です。

#### 3 政党の党議拘束等と代表

なお、これに関し、政党が、党議拘束違反に対し除名処分や議員資格喪失処分をもって対応することの許容性ついての議論がなされていますが、多数説は、除名処分については許容されるが、議員資格喪失処分については本条に反すると解しています。

また、現行の拘束名簿式比例代表制の繰上当選制度に関し、政党が次点者を除名処分とした後に欠員が生じた際の次々点者の繰上当選決定につき、最高裁は、これを有効と判示しています。

#### 4 両議院の議員の定数

憲法43条2項は、「両議院の議員の定数は、法律でこれを定める」と定めています。これを受け、公職選挙法は、平成25年5月1日現在、衆議院議員は480人、参議員議員は242人としています。

**ポイント**☞ 日本国憲法の「代表」とは、実在する民意を忠実に反映しつつも同時に自ら独自に統一的意思形成を行うことを目指す代表観と考えられています。

# 両議院の組織・権限 のしくみ

☆関連法令等⇒国会法・公職選挙法

## 両議院の組織・権限

| 衆議院 | 国会 | 参議院 |
|---|---|---|
| 480人 | 議員の定数 | 242人 |
| 4年（解散があれば資格を失う） | 任期 | 6年（3年ごとに半分が選挙で入れ替わる） |
| 20歳以上 | 選挙権 | 20歳以上 |
| 25歳以上 | 被選挙権 | 30歳以上 |
| 小選挙区：300人（全国300区）<br>比例代表：180人（全国11ブロック） | 選挙区 | 選挙区：146人（各都道府県単位で47区）<br>比例代表：96人（全国ブロック） |
| あり | 解散 | なし |
| あり | 内閣不信任 | なし |

## 「代表」の意味

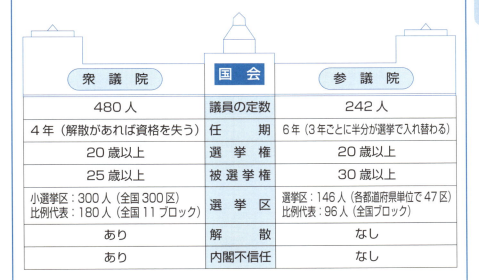

## 第4章 国会 4

### 国会（三権分立の一つ）について理解しよう

# 国会議員（被選挙人）・選挙人の資格

▶人種、信条、性別などによる差別は禁止

第44条 両議院の議員及びその選挙人の資格は、法律でこれを定める。但し、人種、信条、性別、社会的身分、門地、教育、財産又は収入によつて差別してはならない。

### 1 議員および選挙人の資格

憲法44条本文は、「両議院の議員及びその選挙人の資格は、法律でこれを定める」と定めています。

これは、両議院の議員（被選挙人）資格と選挙人の資格については法律によって定めるべきことを定めたものです。

### 2 議員資格と選挙人の資格

国民主権原理の下においては、国民は主権者として、誰もが政治に参加できるべきといえますが、赤ちゃんが議員として活動することや選挙権を行使することは実際には不可能です。そこで、何らかの方法で選挙人・被選挙人の資格が決められる必要があり、これを法律で定めるべきとの本条の要請を受けて定められた法律が公職選挙法です。

同法によれば、議員（被選挙人）資格については、衆議院議員にあっては、日本国民であって、年齢満25歳以上の者、参議院議員にあっては、満30歳以上の者とされ、選挙人の資格（選挙権）については、日本国民で、年齢満20歳以上の者に与えられるとされています。

### 3 普通選挙

憲法44条但書は、議員及び選挙人の資格を定めるにあたっては、「人種、信条、性別、社会的身分、門地、教育、財産又は収入によって差別してはならない」と定めています。

これは、選挙権の要件として財力などを必要とする「制限選挙」を廃し、「普通選挙」によるべきことを定めた規定です。

わが国では、明治・大正期を通じて制限選挙が実施されてきましたが、大正中期におけるデモクラシー運動の高まりの影響もあり、大正14年に初めて普通選挙が実施されました。もっとも、このときは25歳以上の男子に選挙権を認めるにとどまっており、性別をも選挙権の要件から除く広い意味での普通選挙制は、昭和20年の公職選挙法によって初めて実現することになります。

なお、選挙人の資格（選挙権）については、本条の他、15条3項もこの原則を確認しています。

ポイント☞ 国会議員の選挙については、参議院については間接選挙の導入も可能とする立場もありますが、衆参両院ともに直接選挙を要請していると考える立場が多数です。

# 被選挙人と選挙人の資格

## のしくみ

☆関連法令等⇒公職選挙法など

## 議員とその選挙人の資格

☆人種、信条、性別、社会的身分、門地、教育、財産、収入による差別は禁止

### 議員の資格（被選挙権）【原則】

・衆議院議員…年齢満 25 歳以上の者
・参議院議員…年齢満 30 歳以上の者
※公職選挙法 9～10 条に規定。

### 選挙人の資格（選挙権）【原則】

・日本国民で年齢満 20 歳以上の者

### 被選挙権・選挙権がない者

① 成年後見人
② 禁錮以上の刑に処せられその執行を終わるまでの者
③ 禁錮以上の刑に処せられその執行を受けることがなくなるまでの者（刑の執行猶予中の者を除く）
④ 公職にある間に犯した刑法 197 条から 197 条の 4 までの罪（収賄等）、または公職にある者等のあっせん行為による利得等の処罰に関する法律 1 条の罪により刑に処せられ、その執行を終わりもしくはその執行の免除を受けた者でその執行を終わりもしくはその執行の免除を受けた日から 5 年を経過しない者またはその刑の執行猶予中の者
⑤ 法律の定めるところにより行われる選挙、投票及び国民審査に関する犯罪により禁錮以上の刑に処せられその刑の執行猶予中の者。
（以上は①～④は選挙権も被選挙権も有しない場合、公職選挙法 11 条）
⑥ 公職選挙法 252 条により、選挙犯罪（公職選挙法違反）による処刑者に対し選挙権および被選挙権が停止されている場合
⑦ 被選挙権を有しない者として、公職にある間に犯した上記④の罪により刑に処せられ、その執行を終わりまたはその執行の免除を受けた者でその執行を終わり又はその執行の免除を受けた日から 5 年を経過した日から 5 年間、被選挙権を有しない（公職選挙法 11 条の 2）

---

判例 ▶議員定数の違憲状態が是正されないまま行われた衆議院議員選挙の効力

（広島高判平 25・3・25）【衆院選無効判決】

【事件】2009 年の衆院選で投票価値に最大 2.30 倍の格差があり、2011 年 3 月 23 日に最高裁から違憲の状態にあるので早く修正するよう求められていたにも関わらず、議員定数が是正されずに実施され、1 票の格差が最大で 2.43 倍に拡大していた 2012 年 12 月の衆院選を巡り、弁護士グループが選挙の無効を求めた事件。
【判決】本件選挙は憲法上要求される合理的期間内に区割り規定の是正がされず、憲法の投票価値の平等要求に反する状態が悪化の一途をたどっている状況下で施行され、民主的政治過程のゆがみの程度は重大で、最高裁判所の違憲審査権も軽視されているといわざるを得ないとし、もはや憲法上許されるべきではない状態に至っているとしつつも、本件選挙を直ちに無効とすると、議員が存在しない状態で区割り規定の是正が行われざるを得ず、一時的に憲法の予定しない事態が現出するので、本件選挙を無効と断ぜざるを得ない場合には、裁判所は無効の効果を一定期間経過後に初めて発生するという内容の将来効判決をすべきであると説き、本件選挙の無効効果は 2013 年 11 月 26 日の経過後に初めて発生する、と判示した。

第4章
国会
**5**

国会（三権分立の一つ）について理解しよう

# 衆議院議員・参議院議員の任期

▶衆議院議員の４年、参議院議員は６年

第45条 衆議院議員の任期は、４年とする。但し、衆議院解散の場合には、その期間満了前に終了する。

第46条 参議院議員の任期は、６年とし、３年ごとに議員の半数を改選する。

## 1 衆議院議員の任期

憲法45条は、「衆議院議員の任期は、４年とする。但し、衆議院解散の場合には、その期間満了前に終了する」と規定しています。

国会議員の任期というのは、議員が資格を有する期間のことです。衆議院議員の任期はその選挙の日から４年であり、また、衆議院には解散する場合があるため、その場合は任期満了前に議員の資格を喪失します。

衆議院議員の任期が参議院より短期であること、及び衆議院には解散があることから、衆議院は参議院に比べ、より民意を忠実に反映する議院であると考えられています。

## 2 参議院議員の任期

憲法46条は、「参議院議員の任期は、６年とし、３年ごとに議員の半数を改選する」と規定します。

現在、参議院議員の定数は242人（うち、比例代表選出議員96人、選挙区選出議員146人）であるため、通常選挙（衆議院議員の選挙を「総選挙」というのに対し、このように呼ぶ）では、３年毎に半数、すなわち121人が改選されることになります。

## 3 議員の身分の喪失

議員の身分の取得は、選挙を通じてのみなされますが、身分の喪失については、既に述べたとおり①任期満了、②解散の他、③他の議院の議員となったとき（48条）、②被選挙権を失ったとき（国会法109条）、③資格争訟の裁判により資格がないとされたとき（55条）、④懲罰として除名されたとき（58条）、⑤選挙関係争訟の判決により当選などが無効とされたとき（公職選挙法204条以下）、⑥辞職したとき（国会法107条）にはその身分を失います。

また、この他、⑦国会法39条の国または地方公共団体の公務員との兼職禁止規定に触れる場合、⑧両議院の比例代表選出議員が議員となった日以後に、その選挙における他の名簿届出政党等に所属することになったときにもその身分を失います。

ポイント☞ 参議院議員の任期が衆議院議員に比べ長いとされていることが、議員定数不均衡訴訟において合憲判決が続いていることの一因と解されます。

# 国会議員の任期と身分得喪

のしくみ

☆関連法令等⇒公職選挙法・国会法

第4章 国会

## 議員の身分の得喪

議員の身分

### 喪失

- 資格争訟により議員就任後に議員資格を喪失したときの裁判が確定したとき ⇑55条
- 選挙無効訴訟・当選無効訴訟の判決が確定したとき ⇑公職選挙204条以下
- 懲罰による除名処分を受けたとき ⇑58条・国会122条4号
- （比例代表選出議員のみ）選挙の際に所属していた名簿届出政党等以外の政党等に所属する者となったとき ⇑国会法109条の2
- 法律で定められた被選挙資格を喪失したとき ⇑国会109条
- 各議院の議員が他の議院の議員になったとき ⇑48条・国会108条
- 院（閉会中は議長）の許可を得て辞職したとき ⇑国会107条
- 兼職することができない公務員の職についたとき ⇑国会39条
- （衆議院議員のみ）衆議院が解散されたとき ⇑45条但書
- 任期満了となったとき ⇑45条・46条

### 取得

- 選挙による当選の効力が発生したとき ⇑43条

・衆議院議員⇒4年（解散あり）
・参議院議員⇒6年（3年ごとの半数改選）

111

第4章
国 会
**6**

国会（三権分立の一つ）について理解しよう

# 国会議員の選挙と法律（公職選挙法）

▶議員定数不均衡の問題などがある

第47条　選挙区、投票の方法その他両議院の議員の選挙に関する事項は、法律でこれを定める。

## 1 選挙に関する事項

憲法47条は、「選挙区、投票の方法その他両議院の議員の選挙に関する事項は、法律でこれを定める」と定めています。

これを受け、選挙区域、投票の方法その他両議院の議員の選挙に関する事項が公職選挙法で定められています。

## 2 選挙区

選挙人団を区分するための基準となる区域を選挙区といいます。小選挙区（1人の議員を選出する選挙区）と大選挙区（2人以上の議員を選出する選挙区）に分けられます。

わが国の選挙区は、現在、衆議院議員については、比例代表制を加味した小選挙区制、参議院議員選挙については、選挙区制度と比例代表制度が並列して採用されています。

## 3 代表の方法

選挙区と投票の方法の組合せにより代表の方法が変わり、議会への民意の反映のしかたが異なってきます。

代表の方法としては、①選挙区の投票者の多数派から議員を選出させようとする多数代表制、②投票者の少数派からも議員を選出させようとする少数代表制、③多数派、少数派の各派に対して、得票数に比例した議員の選出を保障しようとする比例代表制などがあります。

## 4 議員定数不均衡の合憲性

どの地区から何人の議員を選挙するかについては、公職選挙法の「別表」に定められていますが、投票価値の平等（14条1項）の観点から、しばしば違憲立法訴訟が提起されています。

最高裁昭和51年判決は、昭和47年12月に実施された衆議院議員選挙について、人口比例主義を最も重要かつ基本的な基準であるとして、投票価値の比率が1対4.99では、もはや国会の合理的裁量の限界を超え、選挙権平等の原理に反して違憲であるとしました（もっとも、選挙を無効とはせず、違法の宣言にとどめています）。

学説は、衆議院議員選挙につき、おおむね2対1以上に達すれば違憲であると解する立場が有力ですが、最高裁の判例では、明確な基準は示されていません。

ポイント☞　平成25年3月25日、26日と、議員定数不均衡訴訟においての衆議院選挙無効判決が広島高裁、広島高裁岡山支部で相次いで出されました。

# 選挙制度と公職選挙法

**のしくみ**

☆関連法令等⇒公職選挙法

## 選挙制度の特徴

| 選挙制度 | しくみ | 長所 | 短所 |
|---|---|---|---|
| 中選挙区制（大選挙区制とほぼ同じ） | 1つの選挙区から2人以上選出 | ・死票が少なく、民意が反映されやすい<br>・少数政党からも当選者が出やすくなる | ・選挙区が大きいので、選挙費用がかかる<br>・少数政党が多く、政治が安定しない |
| 小選挙区制 | 1つの選挙区から1人選出 | ・大政党が有利になるため、2大政党制になりやすい<br>・選挙区が小さいので、選挙費用がかからない | ・接戦でも1人しか当選しないので死票が多い<br>・少数政党が伸びにくい |
| 比例代表制 | 政党ごとの得票数に応じて当選者を決める | ・死票が少なく、民意が反映されやすい<br>・少数政党も議席を獲得しやすい | ・少数政党が多く、政治が安定しない |

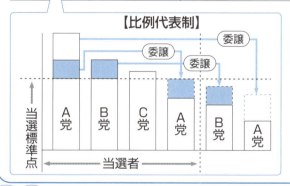

### 公職選挙法

　この法律の目的は「日本国憲法の精神に則り、衆議院議員、参議院議員並びに地方公共団体の議会の議員および長を公選する選挙制度を確立し、……」としている。
　内容は、選挙権および被選挙権・投票・開票・選挙運動・争訟などとなっている。

---

**判例** ▶選挙期日の決定は立法府において自由に定めることが可能か
（名古屋高判昭62・3・25、行例集38巻2・3号275頁【衆参同日選挙事件】）

【事件】中曽根内閣は1986年6月2日、衆議院を解散し、7月6日、衆議院議員総選挙が参議院議員通常選挙と同時に実施されたところ、愛知県の有権者が衆参同日選挙の無効を主張して提訴した事件。
【判決】いわゆる衆参同日選挙について、選挙期日の決定は本条の規定が示すように立法府において自由に定めうると解され、また同日選が民意を反映せず憲法の趣旨に反するものであるといいがたいことに鑑みると、公職選挙法に同日選挙禁止規定を設けるか否かは立法政策の問題に帰するものといわなければならない、と判示した。

第4章
国　会
**7**

国会（三権分立の一つ）について理解しよう

# 両院議員の兼職の禁止

▶同時に両議院の議員となることはできない

第48条　何人も、同時に両議院の議員たることはできない。

**1 両院議員の兼職の禁止**

　憲法48条は、「何人も、同時に両議院の議員たることはできない」と定めています。

　わが国では、厳格な二院制を採用しているため、議員が同時に衆参両議院の議員となることはできません。したがって、もしいずれか一方の議員が他の議院の議員となったときは、先の議院の議員資格を失うことになります。

**2 両議院の関係①（組織上の関係）**

　憲法は、衆議院、参議院とも「全国民を代表する選挙された議員でこれを組織」し（43条1項）、成年者による普通選挙によってそれらの議員を選出すべきものとします。

　衆議院議員の定数は480人であり、そのうち300人が小選挙区選出、180人が比例代表選出の議員です（公職選挙法4条1項）。任期は4年であり、解散があったときは、任期はその分だけ短縮されます。衆議院議員の被選挙権は、満25歳以上です。

　一方、参議院議員の定数は242人であり、そのうち146人が選挙区選出、96人が比例代表選出の議員です。任期は6年であり、3年ごとに半数を改選します。

参議院議員の被選挙権は、満30歳以上です。

**3 両議院の関係②（活動上の関係）**

　両議院の活動上の関係には、同時活動の原則と独立活動の原則があります。

　まず、両議院は同時に召集され、開会、閉会されます。この同時活動の原則については、衆議院が解散された場合に「参議院は、同時に閉会となる」（54条2項本文）とする以外に明文の根拠がありませんが、二院制の採用から当然に導かれるものと解されています。もっとも、これには、参議院の緊急集会（54条2項但書）といった例外があります。

　両議院が独立して議事を行い、議決することも、二院制の趣旨から当然に導き出される原則であると考えられています。ただし、両議院の議決が一致しないときには両院協議会が開かれます（59条3項など）。

ポイント☞　参議院の存在意義への疑問から、一院制への移行を内容とする憲法改正論も存在しますが、衆議院とは異なる存在意義を見出し、二院制を支持する立場も依然有力です。

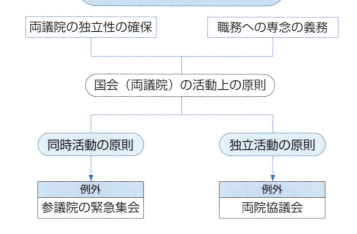

## 判例 ▶衆議院議員の定数配分はどの程度の差だと違憲となるか
（最大判昭 51・4・14、民集 30 巻 3 号 223 頁）【議員定数配分規定違憲判決】

【判決】選挙区割りと議員定数の配分の下における選挙人の投票価値の不平等が国会において通常考慮し得る諸般の要素を斟酌してもなお一般的に合理性を有するものとは到底考えられない程度に達しているときは、不平等を正当化すべき特段の理由が示されない限り違憲であるが、比率の違憲の偏差が漸次的な事情の変化により生じた場合には、直ちに違憲とすべきではなく、合理的期間内における是正が憲法上要求されていると考えられるのにそれが行われない場合に始めて違憲と断ぜられるべきである、と判示した。

第4章
国会
8

## 国会（三権分立の一つ）について理解しよう

# 国会議員の歳費（1年間の手当）

▶国会議員は国庫から相当額の歳費を受ける

**第49条** 両議院の議員は、法律の定めるところにより、国庫から相当額の歳費を受ける。

### 1 国会議員の特権

憲法は、議員が全国民の代表者としてその職責を全うできるようにするため、①歳費受領権、②不逮捕特権、③免責特権という3つの特権を認めています。②、③については、次項以下に譲り、本項では、①歳費受領権について説明します。

### 2 議員の歳費

憲法48条は、「両議院の議員は、法律の定めるところにより、国庫から相当額の歳費を受ける」と定めています。

これは、国会議員がその職務に専念するためには、当然それに必要な経済的裏付けがなければならないという趣旨に基づき、後述の不逮捕特権、免責特権とともに、議員の特権として認められているものです。

これを受けた「法律」としては、国会法、国会議員の歳費・旅費および手当に関する法律、国会閉会中委員会が審査を行う場合の委員の審査雑費に関する法律などが挙げられます。

歳費につき、国会法は、その額の程度を規定する意味で、「一般職の国家公務員の最高の給料額より少なくない」額と規定します。国会議員は、国家公務員の中でも

特に重要な公務にたずさわる者であるという理由からです。

ちなみに、平成25年4月1日現在の歳費（月）は、129万4000円（ただし、議長217万円、副議長158万4000円）、通信費（月）＝100万円、立法事務費65万円です。

なお、歳費とは別に、退職金、特殊乗車券航空券の交付の特典、通信手当などについての保障もあります。

### 3 議員の通常の権能

議員は、それぞれの議院の構成者として、通常の権能として、次のような各権限を有しています。

①国会召集請求権（53条）、②議案の発議および修正動議の提出権（国会法56条1項など）、③内閣に対する質問権（国会法74条以下）、④質疑・討論・表決する権限（51条、57条）、⑤表決の会議録記載要求権（57条3項）などがそれです。

**ポイント**☞ 国会法35条は、「議員は、一般職の国家公務員の最高の給与額…より少なくない歳費を受ける」と定めています。

116

# 国 会 議 員 の 歳 費 等　のしくみ

☆関連法令等⇒国会議院の歳費、旅費および手当等に関する法律

第4章　国会

## 国会議院の歳費等

| 費　目 | 内　　容 | 金　　額 |
|---|---|---|
| 歳　費 | 1年分の手当。月々に支払われる | ・議　長……月217万円<br>・副議長……月158万4000円<br>・議　員……月129万4000円<br>※平成24年4月までの間は、特例により上記金額の12.88パーセントを減額 |
| 文書通信<br>交通滞在費 | 公の書類の発送および公の性質を有する通信する等のため | ・議　長<br>・副議長　各月100万円<br>・議　員 |
| 無料パス券 | 職務の遂行に資すため | ・議　長<br>・副議長　特殊乗車券（無料）の交付・航空<br>・議　員　券の交付 |
| 期末手当 | 6月1日および12月1日に在職する者（この基準日前1か月以内に辞職・退職、除名、死亡した人含む） | ・議　長　（歳費月額＋歳費月額×両議院の<br>・副議長　議長が協議して定める割合※1）×<br>・議　員　一定の割合※2<br>※1. 100分の45を超えない<br>※2. 特別職の職員の給与に関する法律（1条1号～43号）による |
| 死亡弔慰金 | 死亡したとき | ・議　長<br>・副議長　歳費月額の16カ月に相当する額。<br>・議　員<br>〈特別弔慰金〉職務に関連して死亡したときには、上記金額に歳費月額の4カ月分を加算 |

※国会議員が、内閣総理大臣や国務大臣になどの特別職になった場合には、それぞれの地位に応じた給与が歳費を超えた分について所属機関より支給される。

---

## 解説　▶政党助成金

　わが国の政治は、内閣総理大臣の指名（首班指名ということもある）、国務大臣の任命など、政権政党によって人事がおこなわれ、行政も運営されている。そして、この政党に対しては、政党交付金が交付されている（政党助成法）である。
　内容は、所属国会議員が5名以上の政党（法人の取得が必要）などの要件を満たせば、国民1人当たり250円（総額約320億円）が政党に交付されるというものである（日本共産党は廃止を主張し受け取っていない）。

※政党政治⇒123ページ参照

## 第4章 国会 9

国会（三権分立の一つ）について理解しよう

# 国会議員の不逮捕特権

▶国会議員は国会の会期中は逮捕されない

**第50条** 両議院の議員は、法律の定める場合を除いては、国会の会期中逮捕されず、会期前に逮捕された議員は、その議院の要求があれば、会期中これを釈放しなければならない。

### 1 議員の不逮捕特権

憲法50条は、「両議院の議員は、法律の定める場合を除いては、国会の会期中逮捕されず、会期前に逮捕された議員は、その議院の要求があれば、会期中これを釈放しなければならない」と定めています。

いわゆる「不逮捕特権」を定めたものであり、行政府による逮捕権の濫用によって議員としての活動が妨害されることを防ぎ、もって議院の組織活動力の保全を図ろうとする趣旨の規定です。

### 2 不逮捕特権の要件・効果

この特権は、国会に会期中のみ妥当します。これに関し、緊急集会中の参議院について、国会の代行機能を果たす関係から、期間中この特権が認められると解されています。

この特権の趣旨は、議員の身体の自由を保障し、もって議院の審議権を確保することにあるので、「逮捕」とは、憲法33条の逮捕より広く、およそ公権力による身体の自由の拘束をさすと解されます。したがって、逮捕、勾引、勾留のみならず、警察官職務執行法の保護措置などもこれに含まれます。

なお、これは逮捕されない特権である

ため、訴追は含まれません。

### 3 不逮捕特権の例外

この特権には、「法律の定める場合」という例外が想定されています。

犯罪事実が明白で逮捕権の濫用のおそれのない場合はこの特権を認める必要がないわけであり、国会法は、「法律の定める場合」として、①院外の現行犯逮捕の場合と①その院の許諾のある場合を挙げています。

議院が逮捕を許諾するか否かの判断基準については、①逮捕が正当か否かを基準とすべきとする説と②逮捕が議員の職務遂行にとって妨げになるか否かを基準とするべきとの説があります。

逮捕の許諾にあたり、条件を付すことが可能かという問題があります。①説からは、正当な逮捕である限り、条件を付しえないこととなりますが、②説によれば、条件を付すことも可能となります。

**ポイント** ☞ 造船疑獄事件に関し、衆議院にて逮捕の許諾に期限を付した事案につき、東京地裁は、許諾は無条件的でなければならないと判示しています。

118

# 国会議員の不逮捕特権 のしくみ

☆関連法令等⇒国会法

## 不逮捕特権

**国会議員の逮捕・不逮捕**

**原則：逮捕されない**
- 要件
  - 会期中であること
    - ○ 参議院の緊急集会
    - × 継続審査
  - 「逮捕」といえる身体の拘束にあたる
    - ○ 刑訴法上の逮捕・勾引・拘留
    - ○ 行政上の措置による身柄の拘束（警職法3条による身柄の拘束）
    - × 確定判決に基づく自由刑の執行

**原則：逮捕される**（会期中）
- 院外の現行犯
- 院の逮捕許諾決議

**会期前の逮捕**
議員 ⇒ 議院の要求で釈放

---

**判例** ▶逮捕許諾請求に対して期限を付けて許諾することができるか
（東京地決昭29・3・6 判時22号3頁）【期限付逮捕許諾請求事件】

【事件】国会会期中に贈賄容疑で逮捕状を請求され、衆議院で期限付の逮捕許諾の議決により逮捕・勾留された衆議院議員が、期限後も拘禁されたことに対し、憲法50条・国会法33条に反するとして取消しを求める準抗告を行った事件。

【判決】議員の不逮捕特権は、議員の職務の遂行を不当に阻止・妨害しないよう議院に逮捕の適法性・必要性を判断する権能を与えたものだから、議院が適法かつ必要な逮捕と認める限り無条件に逮捕を許諾しなければならないとして、本件の衆議院の許諾のうち逮捕の期限を制限する部分は無効である、と判示した。

第4章
国会
10

国会（三権分立の一つ）について理解しよう

# 議員の発言・表決の免責特権

▶国会議員の院内での演説等は、院外で責任を問われない

第51条 両議院の議員は、議院で行つた演説、討論又は表決について、院外で責任を問はれない。

## 1 免責特権

憲法51条は、「両議院の議員は、議院で行った演説、討論又は表決について、院外で責任を問はれない」と規定しています。

いわゆる免責特権を定めたもので、院内における議員の発言・表決の自由を最大限に保護しようとの趣旨の規定です。

## 2 免責特権の要件・効果

この特権は、「議員」の特権であるため、国務大臣の資格で行った発言については免責されないと解されます。

「議院で行った」とは、院の内外を問わず、およそ議院の活動の一環として議員が職務上行った発言をいいます。もっとも、議員が院内における発言を院外において敢行したような場合には、もはや「議院で行った」発言とは言えないものとされます。

「演説、討論又は表決」については、これを限定的に解する説と議案の発議や修正動議の提出などを想定して例示的に解する説とがありますが、例示的に解する説によっても、職務に附随して生じた暴力行為などの犯罪行為はこの特権の対象とはなりません。

なお、これに関し、かつての国会乱闘に関連し、議員が公務執行妨害罪や傷害罪に問われた事件に関する下級審判決は、「議員の職務執行に附随した行為にも」及ぶとするなど拡大的に解しつつも、実力行為についての免責を認めませんでした。

「院外で責任を問われない」とは、一般の国民であれば負うべき民事上、刑事上の法的責任（名誉毀損行為についての民事・刑事の責任など）、または、議員が公務員の兼職する場合の懲戒責任を問われないことを意味します。もっともこれに関し、最高裁は、当該議員の名誉毀損的発言等により、国が国家賠償責任を負う可能性を認めています。

## 3 支持団体の制裁は本条の適用外

本条の禁ずるのは、「院外」の者による問責であり、その行為が院内で懲罰の対象とされることはありえますし、また、当該議員の所属する政党や支持団体によって除名や支持撤回などの制裁を受けることがあっても、本条とは無関係です。

ポイント☞ 最高裁は、質疑など国家意思の形成に向けられた行為につき、職務上の義務違反の成立、すなわち国家賠償責任の発生の可能性を認めています。

120

# 国会議員の免責特権 のしくみ

☆関連法令等⇒刑法など

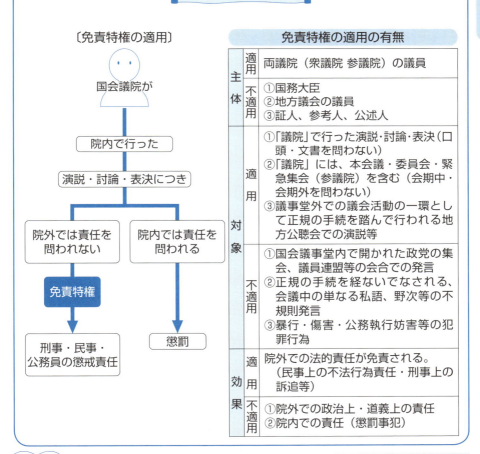

| 判 例 | ▶審議中に議員に行った傷害等の起訴に議院の告発が必要か |
|---|---|

(東京地判昭37・1・22 判時297号7頁)【第1次国会乱闘事件】

【事件】国会会期中の議院運営委員会に委員として出席していた参議院議員が職務中の委員長に全治3か月の傷害を負わせたとして、公務執行妨害罪・傷害罪で起訴されたことに対し、議院の院内での活動に対する起訴には、議院の告発が必要であるとして争われた事件。
【判決】議員の院内活動について議院の告発を起訴条件とするならば、職務行為と無関係な犯罪についても検察庁が起訴できないことになり、多数派による犯罪隠蔽のおそれも生じるとして、議員の院内活動に対する起訴に議院の告発を不要と判示した。

第4章
国会

11

国会（三権分立の一つ）について理解しよう

# 国会の会期の種類と召集

▶会期には常会・臨時会・特別会・緊急集会がある

**第52条** 国会の常会は、毎年一回これを召集する。

**第53条** 内閣は、国会の臨時会の召集を決定することができる。いづれかの議院の総議員の4分の1以上の要求があれば、内閣は、その召集を決定しなければならない。

## 1 会期

国会が活動能力をもつ期間を「会期」といいます。国会は、常時開いているわけではなく、一定の限られた期間だけ活動し、この期間が終了すれば、国会は閉会となり、活動能力を消滅します。

国会は、各会期ごとに独立して活動し、会期中に議決に至らなかった案件は、後会に継続しません。これを「会期不継続の原則」（国会法68条）といいます。

会期不継続の原則は、憲法の規定するものではなく、明治憲法以来の慣例にならい、法律によって定められたものです。

国会又はその1院は、その意思で会期中一時その活動を休止することができ、これを「休会」といいます。

## 2 会期の種類

会期は、召集の原因に基づいて、①常会、②臨時会、③特別会の3つに区別されます。

「召集」とは、国会の会期を開始させる行為であり、①常会、②臨時会、③特別会のすべてについて、天皇が内閣の助言と承認に基づいて行います（7条2項、53条）。召集の日が会期の起算日となります。

## 3 常会、臨時会、特別会

憲法52条は、「国会の常会は、毎年1回これを召集する」と規定しています。常会、または通常国会と呼ばれるもので、毎年1月中に召集されるのが常例となっています。会期は150日間で、1回だけ延長できます。

憲法53条は、「内閣は、国会の臨時会の召集を決定することができる。いづれかの議院の総議員の4分の1以上の要求があれば、内閣は、その召集を決定しなければならない」と規定しています。臨時会、または臨時国会と呼ばれるもので、衆議院の任期満了による総選挙、参議院の通常選挙が行われた場合にも召集されます。会期は、両院の一致で定めます。

衆議院が解散されて総選挙が行われたとき、その選挙の日から30日以内に召集される国会が特別会、または、特別国会です。会期は、臨時会と同じ方法で定めます。

（ポイント）☞ 会期制については、会期不継続の原則の廃止や常会の長期化、衆議院議員総選挙の時期を基準とする「立法期」制度の導入などが提案されています。

# 国会の召集と会期 のしくみ

☆関連法令等⇒刑法など

## 国会の種類

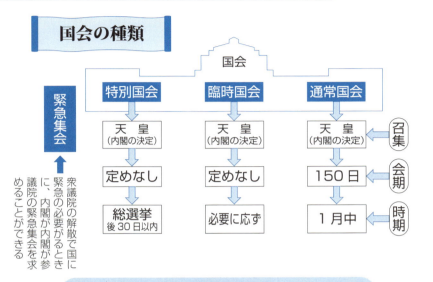

### 国会召集と会期

| 種類 | 召集 | 会期 |
|---|---|---|
| 常会 | 毎年1回、1月中 | 150日間（延長1回まで） |
| 臨時会 | ①内閣の必要に基づく場合<br>②いずれかの議院の総議院の4分の1以上の要求<br>③衆議院議員の任期満了による総選挙後<br>④参議院議員の通常選挙後 | 両議院一致の議決による（延長2回まで）<br>※両議院の議決が一致しないか、参議院が議決しないときは、衆議院の議決が国会の議決となる。 |
| 特別会 | 衆議院の解散による総選挙後 | |

## 解説 ▶政党政治

　政党政治は、有権者の多数者の支持を受けた政党（首班指名、内閣総理大臣の指名、内閣総理大臣による国務大臣の指名など）による政権の担当、政党を中心とした議会の運営など、政党が主導的な役割を果たす政治形態のこと。独裁政治や官僚政治と対比され、現在の政治の発達は、政党政治によるところが大きいと言われている。最近の選挙はマニュフェスと選挙といわれ政党の公約が重視されるが、人気とりのための公約であったり、また、政治資金獲得のための政党であるかのような弊害もある。

第4章
国会
12

## 国会（三権分立の一つ）について理解しよう
# 衆議院の解散・総選挙・召集
▶内閣は参議院に緊急集会を求めることができる

第54条 ① 衆議院が解散されたときは、解散の日から40日以内に衆議院議員の総選挙を行ひ、その選挙の日から30日以内に、国会を召集しなければならない。
② 衆議院が解散されたときは、参議院は、同時に閉会となる。但し、内閣は、国に緊急の必要があるときは、参議院の緊急集会を求めることができる。
③ 前項但書の緊急集会において採られた措置は、臨時のものであつて、次の国会開会の後十日以内に、衆議院の同意がない場合には、その効力を失ふ。

## 1 衆議院の解散

憲法54条1項は、「衆議院が解散されたときは、…」と定め、衆議院が解散される場合を想定しています。

衆議院の解散とは、衆議院議員の全員に対して、その任期満了前に、議員の身分を失わせることをいいます。

解散の決定権の所在については、憲法上明確な規定が設けられていないため、様々な議論がなされてきました。

憲法69条は、内閣不信任決議案が可決された場合（または、信任の決議案が否決された場合）の内閣の解散権を規定します。まず、解散がなされる場合がこの場合に限られるか否かというのが最初の問題であり、通説や実務はこれに限定されないと解しています。

次に、解散が69条所定の場合に限られないとした場合、その主体や根拠が問題となりますが、これについては、7条3号

の衆議院の解散という国事行為に対する内閣の助言と承認を根拠として、又は憲法が採用する権力分立制や議院内閣制などの趣旨から内閣に解散権があると解するのが多数です。

なお、衆議院の解散決議による解散、いわゆる自律的解散については、これを否定するのが通説です。

## 2 衆議院の解散後の流れ

憲法54条1項は、「衆議院が解散されたときは、解散の日から40日以内に、衆議院議員の総選挙を行ひ、その選挙の日から30日以内に、国会を召集しなければならない」としています。

解散は、現代では、それに引き続く総選挙によって民意を反映させるという民主的な機能が重視されています。

## 3 参議院の緊急集会

憲法54条2項但書は、「内閣は、国に緊急の必要があるときは、参議院の緊急集

124

# 衆議院の解散 のしくみ

☆関連法令等⇒公職選挙法など

## 衆議院の解散・総選挙・召集

〔解散とスケジュール〕

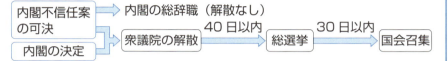

### ■解散権と学説

| 学説 | 解散権の所在 | 解散の限定の有無 | 解散権の限界 |
|---|---|---|---|
| 69条説 | 内閣<br>（69条の文言から当然） | 内閣に自由な解散権は認められない<br>（69条の場合に限定される） | 69条による限界がある |
| 65条説<br>（行政説） | 内閣<br>（解散は行政作用だから） | 内閣に自由な解散権を認める<br>（69条の場合に限定されない） | 原則として限界はない |
| 制度説 | 内閣<br>（権力分立・議院内閣制を採用している憲法の全体構造から） | | 限界はある<br>（解散は国民に対して信を問う制度だから） |
| 7条説 | 内閣の助言と承認に基づいて、内閣に実質的決定権がある | | |

会を求めることができる」と定めています。

衆議院の解散後、特別会の召集までの間に、法律の改定・予算の改訂その他国会の開会を要する緊急の事態が生じたとき、内閣の求めに応じて、国会を代行して臨時の措置をとるとする制度が参議院の緊急集会です。

ポイント☞ 解散は理論上は会期外でも可能ですが、会期中に行われることが通例となっています。

第4章
国会
**13**

国会（三権分立の一つ）について理解しよう

# 議員資格に関する争訟の裁判

▶裁判は両議院が行い出席議員の３分の２以上で決議

第55条 両議院は、各々その議員の資格に関する争訟を裁判する。但し、議員の議席を失はせるには、出席議員の３分の２以上の多数による議決を必要とする。

## 1 議院の権能

各議院は、相互に独立して審議・議決を行う機関であるので、他の機関や院の干渉を排して行動できる自律権を有することがその前提です。

また、憲法は、国会が立法その他の重要な権能を行使するに当たっての補助的権能として議院に国政調査権を与えています。

## 2 国会の権能と議院の権能

憲法は、国会の権能と議院の権能とを区別して規定します。

憲法上、議院の権能とされているものには、両議院の共通のものとして、

①その議員の資格に関する争訟を裁判する権能（55条）、

②その議長その他の役員を選任する権能（58条１項）、自律運営権として、

③院内の秩序を乱した議員を懲罰する権能（58条２項）、

その他の権能として、

④国政に関する調査を行い、これに関して証人の出頭及び証言並びに記録の提出を要求する権能（国政調査権）（62条）

などがあります。①〜④は、議院の自律権に関する規定です。

衆議院のみが有する権能としては、内閣不信任案の可決、又は内閣信任案の否決の権能（69条）、参議院のみが有する権能としては、緊急集会の権能が重要です。

一方、国会の権能とされているものには、立法権以外では、①憲法改正の発議（96条１項）、②内閣総理大臣の指名（67条１項）、③条約の承認（61条、73条３項）、④皇室財産授受の議決（8条）、⑤弾劾裁判所の設置権（64条）などがあります。

## 3 議員の資格争訟

憲法55条は、「両議院は、各々その議員の資格に関する争訟を裁判する。但し、議員の議席を失はせるには、出席議員の３分の２以上の多数による議決を必要とする」と定めています。

この争訟の「裁判」は、憲法76条の例外であり、司法権の枠外と解されています。したがって、この争訟の裁判の結果に不服であっても、司法的救済の途が閉ざされています。

ポイント☞ 本条における「資格」とは別の当選の効力の問題については司法裁判所の管轄となります。

# 議員の資格争訟の裁判 のしくみ

☆関連法令等⇒公職選挙法など

## 議員の資格争訟の裁判

選挙で
当選した議員

〔司法との関係〕
国会による資格争訟の裁判は、議員に就任した後の資格の喪失について規定したもので、議員に就任前に同選任となる資格を有していたかどうかについては、裁判所や選挙会が審査することができる。

議員資格に
疑いがあるとき

所属の議員

〔資格争訟裁判による失職事由〕
①法律上国会議員となり得る資格で、当該議員が当選当時から有していない場合（公職選挙法 10 条 1 項 1 号・2 号、11 条 1 項、99 条）
②任期中に喪失した場合（国会法 109 条）

無資格決定（3 分の 2 以上の多数）

↓

議員資格の喪失

**【除名による失職（憲法 58 条 2 項本文）との違い】**
除名による失職となるのは、「院内の秩序をみだした場合」である。資格争訟が当該議員に帰責事由（責任）があるかどうか問われることなく失職するのに対して、除名は当該議員に責任がある場合である。

第4章

国　会

---

## 解説 ▶選挙違反と当選無効

選挙違反をすると、公職選挙法により罰金、禁錮、懲役などの刑罰が科せられる。また、この処罰に加えて、当選無効や選挙権停止などの処置がとられる。
①当選無効…候補者自身が選挙違反で有罪となったとき（いくつかの例外がある）
②連座制…選挙運動の統括主宰者や候補者の親族など（連座制の対象となる物）が買収等の一定の選挙違反を犯して刑に処せられた場合で、たとえ立候補者や立候補予定者が関わっていなくても、その責任を負う。当選は無効となり、同じ選挙で同一の選挙区からは立候補できない。

| 第4章 | 国会（三権分立の一つ）について理解しよう |
| --- | --- |

## 国会 14 議事・議決の定足数と議決数

▶表決は総議員の３分の１以上が出席し過半数の賛成（原則）で行う

第56条 ① 両議院は、各々その総議員の３分の１以上の出席がなければ、議事を開き議決することができない。
② 両議院の議事は、この憲法に特別の定のある場合を除いては、出席議員の過半数でこれを決し、可否同数のときは、議長の決するところによる。

### 1 審議の原則

近代議会制を支える原理として、前述の代表の原理と並んで、「審議の原則」を挙げることができます。

これは、議会の意思決定が妥当性をもつためには、議会の構成員による自由な討論を尽くすことが必要であるとする原則です。

### 2 役員の選任

各議院は、各々その議長その他の役員を選任します（58条１項）。

### 3 定足数

憲法56条１項は、「両議院は、各々その総議員の３分の１以上の出席がなければ、議事を開き議決することができない」と定めています。

会議体において、議事を開き、議決をするのに必要とされる出席者数を定足数（議事定足数）といいます。

なお、各委員会においては、その委員の半数以上が定足数とされ、憲法改正の発議の場合の定足数は、総議員の３分の２です。

### 4 議決方法

憲法56条２項は、「両議院の議事は、この憲法に特別の定のある場合を除いては、出席議員の過半数でこれを決し、可否同数のときは、議長の決するところによる」と定めます。本項は、単純多数決制及び可否同数の際の議長の決裁権を明らかにしたものです。

憲法に特別の定めがある場合とは、①資格争訟裁判で議員に議席を失わせる場合（55条）、②秘密会を開く場合（57条１項但書）、③懲罰によって議員を除名する場合（58条２項但書）、④法律案について衆議院で再可決する場合（59条２項）、⑤憲法改正の発議の議決の場合（96条１項）の５つです。

### 5 一事不再議

日本国憲法には、明治憲法のような明文の規定はありませんが、一度議決した案件については、同一会期中には再びこれを審議しないという「一事不再議の原則」が当然の条理として認められています。

ポイント☞ 「この憲法に特別の定のある場合」（特別多数決制）の例としては、55条但書、57条１項、58条２項但書、59条２項、96条があります。

128

# 国　会　議　決　のしくみ

☆関連法令等⇒国会法

第4章　国　会

## 定足数と議決数

### ■定足数の比較

| 両　議　院 | 委　員　会 | 憲法改正の発議 |
|:---:|:---:|:---:|
| 総議員の<br>3分の1以上 | 委員の半数以上 | 総議員の<br>3分の2以上 |
| （56条1項） | （国会49条） | （96条1項） |

### ■表決数の種類

| 原　則 | 特別の定めがある場合 | |
|:---:|:---:|:---:|
| 出席議員の過半数 | 出席議員の3分の2以上 | 総議員の3分の2以上 |
| 右①から～⑤以外<br>の議決 | ①議員の資格争訟の裁判<br>　（55条）<br>②秘密会（57条1項）<br>③議員の除名<br>　（58条2項但書）<br>④法律案に対する衆議院<br>　の再可決<br>　（59条2項） | ⑤憲法改正の発議<br>　（96条12項） |

---

## 解説　▶閣議と閣議決定

　閣議は、内閣総理大臣が主宰する秘密会議で、意思決定は全会一致が原則。決まったことについては閣議書が作成され、天皇による決済を受ける。
①一般案件…国政に関する基本的事項で、内閣としての意思決定が必要なもの
②国会提出案件…法律案および予算案、条約の承認など
③法律・条約の公布…公布は天皇が行うが、内閣の助言と承認が必要
④政令の決定…○○法施行令や○○規則といったものは各省庁が制定する
⑤報告…国政に関する調査、審議会答申などを閣議に報告

第4章
国 会
**15**

国会（三権分立の一つ）について理解しよう

# 両議院会議の公開・役員の選任等

▶国会の会議は誰もが見れる。懲罰の規定もある

第57条 ① 両議院の会議は、公開とする。但し、出席議員の3分の2以上の多数で議決したときは、秘密会を開くことができる。
② 両議院は、各々その会議の記録を保存し、秘密会の記録の中で特に秘密を要すると認められるもの以外は、これを公表し、且つ一般に頒布しなければならない。
③ 出席議員の5分の1以上の要求があれば、各議員の表決は、これを会議録に記載しなければならない。

第58条 ① 両議院は、各々その議長その他の役員を選任する。
② 両議院は、各々その会議その他の手続及び内部の規律に関する規則を定め、又、院内の秩序をみだした議員を懲罰することができる。但し、議員を除名するには、出席議員の3分の2以上の多数による議決を必要とする。

## 1 会議の公開の原則

憲法57条1項本文は、「両議院の会議は、公開とする」と定め、両議院の会議の公開の原則を明らかにしています。

会議の公開の原則は、国民に選挙に関しての判断資料を提供し、国民の「知る権利」に応え、国民と議会を結びつけるという機能を果たすとともに、議会の決定の妥当性を側面から担保する機能を有します。

近代議会制が依拠する多数決の原則は、この会議の公開の原則、及び前述の審議の原則を前提にしてはじめて妥当性を有するということができるでしょう。

会議の公開は、具体的には、①傍聴の自由、②報道の自由、③会議録の公表という3つの要素から成り立ちます。

ここにいう会議とは、本会議を指し、委員会は含まれません。なお、国会法は、委員会については、議員のほかは傍聴を許さず、ただ報道の任務にあたる者等で委員長の許可を得た者のみ例外的に認められるとしています。

## 2 秘密会

憲法57条1項但書は、「出席議員の3分の2以上の多数で議決したときは、秘密会を開くことができる」と規定し、会議の公開の原則の例外を規定しますが、日本国憲法下の本会議において、秘密会が開かれたことはありません。

## 3 会議の記録の保存、公表、頒布

憲法57条2項は、「両議院は、各々その会議の記録を保存し、秘密会の記録の中

130

# 会議の公開等 のしくみ

☆関連法令等⇒国会法

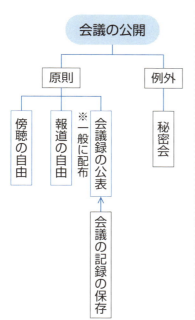

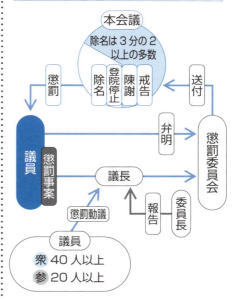

で特に秘密を要すると認められるもの以外は、これを公表し、且つ一般に頒布しなければならない」と規定しています。

前述のように、会議録の公表は、会議の公開の原則の一要素と考えられています。

また、憲法57条3項は、「出席議員の5分の1以上の要求があれば、各議員の表決は、これを会議録に記載しなければならない」と規定し、各議員の表決についても、会議録に記載すべき場合を規定しています。

ポイント☞　会議の公開原則は、国民の知る権利（21条）の憲法レベルにおける具体化の1つと解する見解も有力です。

| 第4章 |
| 国 会 |
| **16** |

### 国会（三権分立の一つ）について理解しよう

# 法律案の可決・成立

▶参議院で否決されときは衆議院で再可決の方法がある

**第59条** ① 法律案は、この憲法に特別の定のある場合を除いては、両議院で可決したとき法律となる。

② 衆議院で可決し、参議院でこれと異なつた議決をした法律案は、衆議院で出席議員の3分の2以上の多数で再び可決したときは、法律となる。

③ 前項の規定は、法律の定めるところにより、衆議院が、両議院の協議会を開くことを求めることを妨げない。

④ 参議院が、衆議院の可決した法律案を受け取つた後、国会休会中の期間を除いて60日以内に、議決しないときは、衆議院は、参議院がその法律案を否決したものとみなすことができる。

**1 国会の立法過程**

日本国憲法は、権力分立制を採用し、国会に立法権を独占させます（41条）。

そして、国会は、二院制が採られているため（42条）、両議院それぞれ立法についての意思決定をします。

立法の過程は、①法律案の提出、②審議、③議決という意思決定の局面と④署名と公布という外部への表示行為の局面に分けることができるでしょう。

**2 法律案の議決**

憲法59条1項は、「法律案は、この憲法に特別の定のある場合を除いては、両議院で可決したときに法律となる」と規定しています。

両院の意思の合致を必要とする二院制の理念を明らかにした規定といえます。

**3 法律案の議決**

もっとも、二院制を採用する以上、両

院で意思が合致しない場合も当然に考えられ、憲法はいくつかの重要な議案につき、かかる事態への対処を規定します。

同条2項は、「衆議院で可決し、参議院でこれと異なった議決をした法律案は、衆議院で出席議員の3分の2以上の多数で再び可決したときは、法律となる」と規定し、議決の効力につき、衆議院の優越を認めています。

さらに、同条4項は、「参議院が、…議決しないときは、衆議院は、参議院がその法律案を否決したものとみなすことができる」と規定し、参議院が議決しないとの戦略で、法律案の成立を阻止する途を閉ざしています。

**4 両院協議会**

なお、同条3項は、「前項の規定は、法律の定めるところにより、衆議院が、両議院の協議会を開くことを求めることを妨げ

# 法律案の可決・成立のしくみ

☆関連法令等⇒国会法

## 法律案の議決の流れ

Ⅰ 法律案の議決において、衆参両院で意見が食い違う場合

Ⅱ 法律案の議決において、衆議院が可決してから60日経っても参議院が無反応だった場合

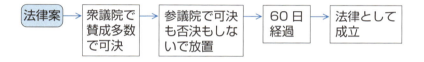

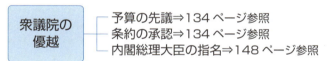

---

ない」と規定し、両院の意見が対立した場合に、両者の間に意見の一致の努力をさせるため、両院の議員で構成する両院協議会を開くことを想定しています。もっとも、法律案の場合は、この開催は必要的とはされていません。

ポイント☞ 国会は委員会中心主義がとられており、議院に法律案が提出されると、議長はそれを適当な委員会に付託し、その審査を経て会議に付するのを原則とします。

▶裁判所は国会の審議過程を審理して法律の有効無効を判断できるか
（最大判昭37・3・7民集16巻3号445頁）【警察法改正無効事件】

【事件】昭和29年に成立した新警察法は、参議院における審議の際に野党議員の強硬な反対のために議場が混乱したまま可決されたもので、その議決が無効であるとして争われた事件。
【判決】新警察法が両院において法律として議決を経たものとされ適正な手続によって公布されている以上、裁判所は両院の自主性を尊重すべく、議事手続に関する事項を事実審理しその有効無効を判断すべきではない、と判示した。

第4章
国　会

**17**

国会（三権分立の一つ）について理解しよう

# 予算の議決および条約の承認

▶予算および条約については衆議院の優越がある

第60条　①　予算は、さきに衆議院に提出しなければならない。
②　予算について、参議院で衆議院と異なつた議決をした場合に、法律の定めるところにより、両議院の協議会を開いても意見が一致しないとき、又は参議院が、衆議院の可決した予算を受け取つた後、国会休会中の期間を除いて30日以内に、議決しないときは、衆議院の議決を国会の議決とする。

第61条　条約の締結に必要な国会の承認については、前条第2項の規定を準用する。

## 1 予算

予算とは、一会計年度における国の財政行為の準則です。

国の収入および支出が、毎年、予算という形式で国会に提出され、審議・議決されるのは近代国家における大原則であり、憲法86条は、「内閣は、…予算を作成し、国会に提出して、その審議を受け議決を経なければならない」と規定しています。

## 2 予算の先議権

このように、予算は国会における審議・議決の対象となるわけですが、これにつき、憲法60条1項は、「予算は、さきに衆議院に提出しなければならない」として、衆議院に予算の先議権を認めています。

## 3 予算の議決

憲法60条2項は、「予算について、参議院で衆議院と異なった議決をした場合に、法律の定めるところにより、両議院の協議会を開いても意見が一致しないとき、

又は参議院が、衆議院の可決した予算を受け取った後、国会休会中の期間を除いて30日以内に、議決しないときは、衆議院の議決を国会の議決とする」として、先議権のみならず、議決の効力についても衆議院の優越を認めます。

予算の場合は、
①衆議院に先議権が認められる、
②議決の効力についての衆議院の優越につき、再議決を要しない、
③異なった議決の場合の両院協議会の開催が必要的である、

などの点で、法律案の場合と異なっています。

## 4 条約の承認

条約とは、文書による国家間の合意をいい、内閣は、条約の締結につき、「国会の承認を経ることを要」します（73条4号）。

憲法61条は、この場合の国会の承認につき、「前条第2項の規定を準用する」と

# 予算・条約の衆議院優越　のしくみ

☆関連法令等⇒内閣法・国会法

第4章　国会

## 衆議院の優越

### ■衆議院の憲法上の優越

| 衆議院が優越するもの | | 両院が対等なもの |
|---|---|---|
| 権限事項での優越 | 議決での優越 | |
| ①予算先議権<br>（60条1項）<br>②内閣不信任決議<br>（69条） | ①法律案の決議（59条）<br>②予算の議決（60条2項）<br>③条約の承認（61条）<br>④内閣総理大臣の指名<br>（67条2項） | ①皇室財産授受の議決（8条）<br>②予備費の支出承諾<br>（87条2項）<br>③決算の審査（90条1項）<br>④憲法改正の発議<br>（96条1項） |

### ■衆議院の優越の比較

| 項　目 | 衆議院の先議権 | 参議院が議決しない日数の要件 | 参議院が議決しない場合の効果 | 再議決 | 両院協議会 |
|---|---|---|---|---|---|
| 法律案<br>（59条） | なし | 60日 | 否決とみなすことができる | 出席議員の2/3以上の多数決 | 任意的 |
| 予算<br>（60条） | あり | 30日 | 衆議院の議決 | 不　要 | 必要的 |
| 条約<br>（61条） | なし | 30日 | 衆議院の議決 | 不　要 | 必要的 |
| 内閣総理大臣の指名<br>（67条） | なし | 10日 | 衆議院の議決 | 不　要 | 必要的 |

規定するため、予算と同様、②議決の効力についての衆議院の優越につき、再議決を要しない、③異なった議決の場合、両院協議会の開催が必要的であることになりますが、予算と異なり、①の衆議院の先議権は認められません。

ポイント☞　条約の承認は一括して行われ、全体として承認するか否認するかのいずれかであって、変更を加えたり、削除あるいは増補することはできないと解されています。

第4章
国会
**18**

国会（三権分立の一つ）について理解しよう

# 両議院の国政調査権

▶司法権への干渉となる場合などは許されない

第62条 両議院は、各々国政に関する調査を行ひ、これに関して、証人の出頭及び証言並びに記録の提出を要求することができる。

## 1 国政調査権

憲法は、各議院にそれぞれ自律権を認められていることは前述しましたが、さらに、国会に与えられた種々の権能の行使にあたっての調査の手段として、各議院に「国政調査権」を認めています。

憲法62条は、「両議院は、各々国政に関する調査を行ひ、これに関して、証人の出頭及び証言並びに記録の提出を要求することができる」と定めています。

これは、明治憲法にはなかった「国政調査権」を規定し、各議院の調査の権能を保障したものです。

## 2 国政調査権の性質

国政調査権の性質につき、これを①41条の「国権の最高機関」から導かれる国権統括のための独立の権能と解する立場（独立権能説）と②議院に認められた権能を適切に行使するために認められた補助的権能と解する立場（補助的権能説）とがありますが、国会と統括機関とみる考え方自体への批判もあり、補助的権能説が通説とされています。

## 3 国政調査権の及ぶ範囲

国政調査権は、議院がその権能を適切に行使するために認められた補助的権能ですが、議院の権能は国政の全般に及びますから、それに応じて国政調査権も国政全般に及ぶこととなります。もっとも、憲法は、権力分立制を採用するため、国政調査権の名の下に、行政権、司法権の権限を侵すことは許されませんし、基本的人権を侵害するような調査が許されないの当然のことです。

したがって、現実の係属中の裁判事件に関して、裁判官の訴訟指揮などを調査したり、裁判の内容の当否を批判する調査をすることは、司法権に対する干渉となり、許されません。検察作用が行政作用であることから、一般的には調査の対象となるとはいえますが、起訴、不起訴の判断に政治的圧力を加えることを目的とするような調査は検察権の準司法的性格から許されません。また、公務員の職務上の秘密には国政調査権は及ばないと解されていますし、個人に思想の露顕を求めるような調査も認められません。

ポイント☞ 国政調査権をめぐる論争の契機となったのは、参議院法務委員会の調査に対し、最高裁が司法権の独立を侵害するとの抗議を出した昭和23年の浦和事件でした。

# 国 政 調 査 権 のしくみ

☆関連法令等⇒国会法

## 国政調査権の範囲と限界

| 対 象 | 範 囲 | 限 界 |
|---|---|---|
| 司法権との関係 | ①裁判所で審理中の事件の事実について、議員が裁判所と異なる目的から、裁判と平行して調査すること | ①現に裁判が進行中の事件について、裁判官の訴訟指揮を調査すること<br>②現に裁判が進行中の事件について、裁判の内容の当否を批判する調査をすること |
| 検察権との関係 | ①検察事務を対象とする調査 | ①起訴・不起訴について、検察権の行使に政治的圧力を加えることが目的と考えられる調査<br>②起訴事件に直接関係する事項の調査<br>③公訴追行の内容を対象とする調査<br>④捜査の続行に重大な支障を及ぼすような方法による調査 |
| 一般行政権との関係 | ①内閣・官公署への調査のため必要な報告・記録の提出 | ①公務員の職務上の秘密に関する事項の調査を求めること |
| 人権との関係 | ①物価問題に対する国民の深刻な不信と疑惑に応えて、その原因を解明し、将来の法律の制定改廃に資するために行う調査 | ①基本的人権を侵害するような調査 |

## 判 例 ▶議院の国政調査権は国政のどの範囲にまで及ぶか

（東京地判昭 55・7・24 刑月 12 巻 7 号 538 頁）【日商岩井事件】

【事件】航空機疑惑に絡む不正事件の捜査過程で、代理店の A 社が航空機・軍用機の売込み工作のため元防衛庁長官に 5 億円を贈ったこと等が明らかになり、A 社の元副社長 Y がこの問題について参議院予算委員会で証人として証言した際に自己の認識に反する陳述をしたとして議院証言法違反の罪で起訴された事件。

【判決】国政調査権は議院等に与えられた補助的権能であり、裁判所は議院等の判断に重大かつ明白な過誤を発見しない限り異論を差し挟むことは慎むべきであるとし、司法権の独立を侵害する虞がある裁判所の審理との平行調査の場合とは異なり、行政作用に属する検察権の行使との平行調査は原則的に許容されており、例外的に自制が要請されるのは司法権の独立ないし刑事司法の公正に触れる危険性があると認められる場合に限定される、と判示した。

> 国会（三権分立の一つ）について理解しよう

第4章
国 会
**19**

# 閣僚の議院出席の権利・義務

▶内閣総理大臣・国務大臣は議院出席の権利・義務がある

**第63条** 内閣総理大臣その他の国務大臣は、両議院の一に議席を有すると有しないとにかかはらず、何時でも議案について発言するため議院に出席することができる。又、答弁又は説明のため出席を求められたときは、出席しなければならない。

## 1 国務大臣の議院への出席

憲法63条は、「内閣総理大臣その他の国務大臣は、両議院の一に議席を有すると有しないとにかかはらず、何時でも議案について発言するため議院に出席することができる。又、答弁又は説明のために出席を求められたときは、出席しなければならない」と規定しています。

本条は、国務大臣の議院出席の権利と義務を定めたものですが、明治憲法においては、「国務大臣及政府委員ハ何時タリトモ各議院ニ出席シ及発言スルコトヲ得」と定められるのみにあり、議院の請求に応じて出席が義務づけられる旨の規定は設けられていませんでした。

## 2 本条の内容

内閣総理大臣は、当然に国会議員ですが（67条1項）、国務大臣の中には国会議員でない者もおり、こうした国務大臣も出席の権利及び義務を有することになります。

出席できるということは、当然に発言できることを意味し、また、質問に対して答弁を求められるような場合には、発言の義務があると考えられています。

## 3 実際の運用

日本国憲法の採用する議院内閣制の下においては、内閣は行政権の行使について国会に対し責任を負い、国会は内閣の行政権行使を監督すべき立場にあります。本条の規定する制度は、この議院内閣制を支えるものとなっていますが、この理念は、国会法によってさらに押し進められており、同法は国務大臣のみならず、内閣官房副長官、副大臣および大臣政務官も、内閣総理大臣その他の国務大臣を補佐するため、議会の会議または委員会に出席できるものとしています。

なお、明治憲法に規定されていた「政府委員」については、日本国憲法では規定がないため、その許容性に議論がありました。これが認められていた時代もあるのですが、規定がないことに加え、大臣責任原則との関係でも問題点が指摘されたため、現在は廃止されるに至っています。

ポイント☞ 自民党憲法改正草案は、内閣総理大臣その他の国務大臣は、「職務の遂行上特に必要がある場合」には議院の出席要求に応えなくてもよいとの留保を設けています。

# 内閣総理大臣・国務大臣の議院出席のしくみ

☆関連法令等⇒国会法

## 国務大臣の議院出席の権利・義務

〔出席の権利〕

- 内閣総理大臣
- そのほかの国務大臣（国会議院でない国務大臣もいる）

↓ 何時でも議案について発言するため

出席 → 国会

〔出席の義務〕

答弁・説明のために出席を求められたとき
↓
出席しなければならない
↓
国会

## 権力分立・議院内閣制との関係

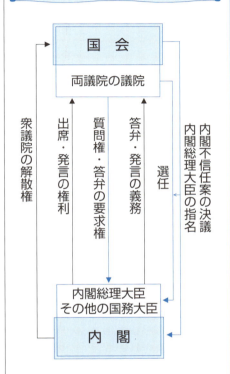

---

## 解説 ▶国会質問と官僚答弁

　国会において国会議員が内閣に質問する場合、議員は質問事項についての簡明な主意書を作って議長に提出し、承認を受ける。その後、承認した質問の主意書を内閣に送り、内閣はこれを受け取ってから7日以内に答弁となる。ただし、質問が緊急を要するときは、議員の議決により口頭で質問できることになっている。慣例としては、各省庁への質問事前通告が2、3日前、国会の本会議、委員会、調査会で議員が行う質問の内容は答弁予定者に前日までに知らせることが慣例になっているようである。このため、官僚は徹夜をして模範回答を作成することになる。

第4章
国会
**20**

国会（三権分立の一つ）について理解しよう

# 弾劾裁判所の設置

▶国会は、罷免の訴追を受けた裁判官を裁判する

第64条　① 国会は、罷免の訴追を受けた裁判官を裁判するため、両議院の議員で組織する弾劾裁判所を設ける。
② 弾劾に関する事項は、法律でこれを定める。

**1 弾劾裁判所**

憲法上、国会に与えられている権能のうち、司法権に関連するものとして、弾劾裁判所の設置権があります。

憲法64条1項は、「国会は、罷免の訴追を受けた裁判官を裁判するため、両議院の議員で組織する弾劾裁判所を設ける」と定めています。

憲法は、司法権の独立を保障し（76条3項）、その一内容として、裁判官の身分を保障していますが（78条）、他方、主権者たる国民の公務員選定・罷免権（15条1項）を受け、裁判官の職にふさわしくない重大な非違のある裁判官を排除し、もって裁判の公正を司法への信頼を確保する途を講ずべき手立ても必要です。かような要請に応え、憲法は、国民代表機関である国会に弾劾裁判所設置権を付与し、それぞれの要請の調和を図ったのです。

憲法は、「特別裁判所」の設置を禁止しますが（76条2項）、この弾劾裁判所は、憲法自体が認めたその例外とされています。

**2 弾劾裁判所の構成と活動**

憲法64条2項は、「弾劾に関する事項は、法律でこれを定める」と定め、これを受けて、国会法および裁判官弾劾法が弾劾裁判所の構成や活動方法について定めています。

それによれば、弾劾裁判所は、各議院においてその議員の中から選挙された各7人の裁判員で組織され、各裁判員は、それぞれ独立してその権能を行います。裁判長は、裁判員が互選します。

弾劾裁判所は、罷免の訴追がなされることによって裁判を開始しますが、この訴追を行う機関として訴追委員会が設けられます。

弾劾裁判所は、衆議院議員たる裁判員及び参議院議員たる裁判員がそれぞれ5人以上出席しなければ、審理および裁判をすることができないとされています。

**3 弾劾裁判の実情**

裁判官の弾劾を求める訴追請求はこれまで相当数に上りますが、実際に訴追されたのは9名、そのうち実際に罷免宣告を受けた裁判官は7名です。

ポイント☞　弾劾裁判で罷免宣告を受けた7名のうち、3名は、後に資格回復の裁判により法曹資格を回復しています。

140

# 国会の裁判官弾劾のしくみ

☆関連法令等⇒裁判官弾劾法

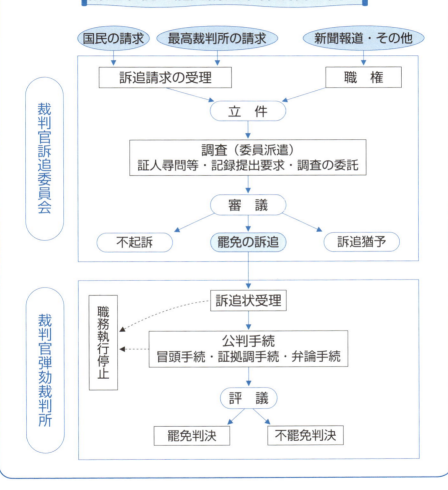

**判例** ▶弾劾裁判については司法裁判所は裁判権を有しない

(東京地判昭43・6・13判時529号45頁)

【判決】弾劾による裁判官の罷免は弾劾裁判所の専権に属するから、司法裁判所は弾劾裁判所のなす罷免の裁判に一切関与し得ないというべきであるとし、裁判官を訴追しない旨の裁判官訴追委員会の決定についても司法裁判所は裁判権を有しない、と判示した。

# 第5章

# 内閣

第65条～第75条

♣日本国憲法は、統治機構を立法府、行政府、司法府の3つに分けて三権分立による統治システムを採用しています。そして、第5章で行政府である内閣について定めています。内閣は、国会の指名で天皇の任命を受けた内閣総理大臣（国会議員）が組閣します。

## ●内閣（行政府）についての憲法の規定の概要

### ■ 行政府と内閣

権力分立制を採用する日本国憲法の統治機構についての定めのうち、「第5章 内閣」は、行政権を担当する内閣について、第65条から第75条まで11条の規定が置かれています。

### ■ 議院内閣制

この章には、行政権が内閣に属することを宣言する第65条をはじめとして、日本国憲法の議院内閣制の採用を示す第66条、内閣総理大臣が国会議員の中から指名されることを規定する67条、内閣総理大臣が国務大臣の任免権を有するとする第68条、衆議院による内閣不信任決議を規定する69条、内閣の職権を列挙する第73条の規定が設けられています。

### ■ その他

その他、内閣総理大臣が欠けた場合に関する第70条、総辞職後の内閣につき定める第71条、内閣総理大臣の職権につき定める72条、法律及び政令の署名に関する第74条、国務大臣の訴追についての第75条などの規定が用意されています。

# 第5章「内閣」についての条文の構成

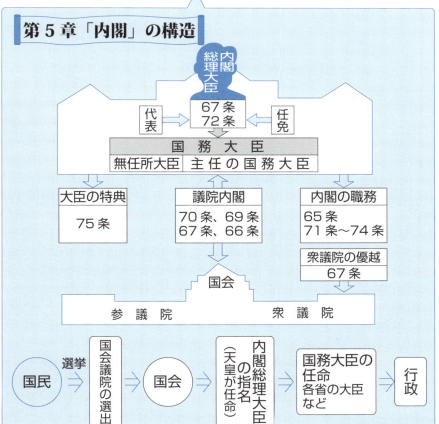

①内閣は行政権を持つ行政機関で、内閣総理大臣・国務大臣で組織される国権の執行機関である。
②内閣の長は内閣総理大臣で、国会議員の中から国会で指名され、天皇が任命する。

第5章
内閣
1

**行政権（三権分立の１つ）と内閣について理解しよう**

# 内閣と行政権

▶行政権は内閣に属する

第65条 行政権は、内閣に属する。

## ① 行政権の帰属

憲法65条は、「行政権は、内閣に属する」と定めています。

日本国憲法は、個人の尊厳が国家機関による権力濫用によって脅かされるような事態を防ぐため、国家権力を立法・行政・司法に３分し、それぞれ異なる機関に担当させることとしています（権力分立制）。

本条は、国会と立法権に関する41条、裁判所と司法権に関する76条と並び、行政権を内閣に担当させることを宣言した規定です。

従って、内閣とは、国の行政機関を担当する執行機関で、内閣総理大臣と他の国務大臣とで構成される合議体のことです。

## ② 行政権の意義

行政権という概念を積極的に定義づけることは極めて困難です。そこで、行政権の定義を、国の統治権の中から立法権と司法権に属するものを除いた残余のものの総称とする立場（消極説、または控除説）も有力です。

## ③ 行政権の行使

行政権は内閣に帰属しますが、行政権は、内閣のみが行使するわけではなく、内閣の下に行政各部の機関が設けられ、そうした機関も内閣の指揮監督の下（72条）、行政権を行使します。内閣は、行政権の中枢機関、最高機関ではありますが、唯一の機関ではありません。

## ④ 独立行政委員会

行政権については、さらに、内閣から独立した機関がそれを行使している例もあります。国家公安委員会、人事院などのいわゆる独立行政委員会がその例です。

こうした独立行政委員会の制度は、戦後の民主化の過程において、政党の圧力を受けない中立的な立場で公正な行政を確保することを目的として、アメリカの例にならって導入されました。

これらの独立行政委員会は、実際には内閣から独立して活動しているため、行政権は内閣に属するという憲法65条などとの関係が議論されてきましたが、学説は、65条はすべての行政権を内閣が担うことまでを要求するものではなく、国会を通した民主的コントロールが及ぶ限り、違憲ではないと解しています。

ポイント☞ 近時は、行政権の積極的な定義付けが志向されており、大きく、法律の執行ととらえる「法律執行説」と端的に執政権ととらえる「執政権説」に分かれます。

144

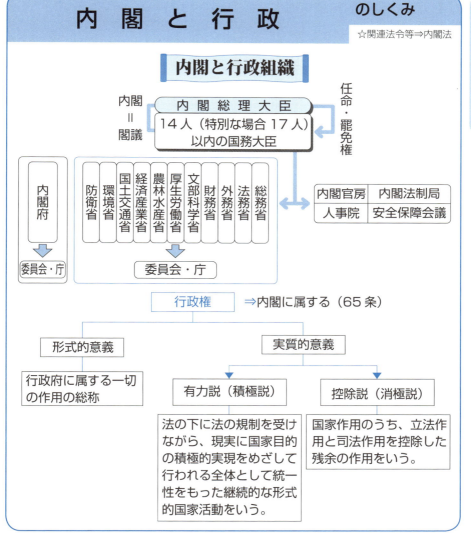

## 内閣と行政のしくみ

☆関連法令等⇒内閣法

第5章 内閣

### 内閣と行政組織

内閣＝閣議

内閣総理大臣 ⇔ 14人（特別な場合17人）以内の国務大臣（任命・罷免権）

内閣府 → 委員会・庁

総務省・法務省・外務省・財務省・文部科学省・厚生労働省・農林水産省・経済産業省・国土交通省・環境省・防衛省 → 委員会・庁

内閣官房／内閣法制局／人事院／安全保障会議

**行政権** ⇒内閣に属する（65条）

- **形式的意義**：行政府に属する一切の作用の総称
- **実質的意義**
  - 有力説（積極説）：法の下に法の規制を受けながら、現実に国家目的の積極的実現をめざして行われる全体として統一性をもった継続的な形式的国家活動をいう。
  - 控除説（消極説）：国家作用のうち、立法作用と司法作用を控除した残余の作用をいう。

### 判例 ▶人事院制度は内閣に行政権を帰属させる憲法65条に反するか
（福井地判昭27・9・6行集3巻9号1823頁）

【事件】建設省（当時）の職員であり組合幹部だった原告が免職処分を受けた際に人事院規則8-7の規定により処分理由の説明書が公布されなかったことから、国公法の人事院に関する規定と人事院規則8-7が無効であることを主張して、処分の取消しを求めた事件。
【判決】人事院制度の趣旨は、国家公務員の全体の奉仕者性、議院内閣制等より、公務員が政党の影響を受けて一部の奉仕者となることを避けるために、内閣と公務員の間に独立した国家機関である人事院を設け、公務員行政を担当させるところにあるから、人事院制度は憲法65条に反しない、と判示した。

第5章
内閣
2

行政権（三権分立の１つ）と内閣について理解しよう

# 内閣の組織と責任

▶内閣は内閣総理大臣と国務大臣で組織し国会に対して連帯責任を負う

第66条 ① 内閣は、法律の定めるところにより、その首長たる内閣総理大臣及びその他の国務大臣でこれを組織する。
② 内閣総理大臣その他の国務大臣は、文民でなければならない。
④ 内閣は、行政権の行使について、国会に対し連帯して責任を負ふ。

**1 内閣の組織（内閣総理大臣・国務大臣）**

憲法66条１項は、「内閣は、法律の定めるところにより、その首長たる内閣総理大臣及びその他の国務大臣で組織する」と定めています。

国務大臣は、内閣を構成する閣僚として閣議において対等の発言権を有するとともに、「主任の大臣」として行政事務を分担管理するのが通例です。

内閣の組織の詳細については、「内閣法」によって定められています。

**2 内閣構成員の資格**

憲法66条２項は、「内閣総理大臣その他の国務大臣は、文民でなければならない」と規定しています。

この規定は、文民統制（シビリアンコントロール、軍による政治への介入を防ぐために、軍の組織、決定を政治部門のコントロールの下に置くこと）を要求するものであり、これには軍人が大臣になれないということも含まれます。ここにいう文民の意味については、①現在職業軍人でない者、②職業軍人の経歴を持たない者、③強い軍国主義思想を持たない者、という３

つの見解が唱えられてきました。

これに関し、自衛官の文民性についても議論がありますが、現職の自衛官が文民ではないことについては見解が一致しているものの、過去に自衛官であった者については見解が分かれています。

**3 議院内閣制（内閣は国会に対して連帯責任）**

憲法66条３項は、「内閣は、行政権の行使について、国会に対し連帯して責任を負ふ」と定めています。本条は、わが国の統治制度が「議院内閣制」を採用することを明らかにしたものです。

議院内閣制とは、18世紀から19世紀初頭のイギリスにおいて自然発生的に成立したもので、政府（行政）と議会（立法）との関係につき、行政権を担当する内閣の存立が議会に依存するものとする統治形態です。もっとも、その本質をどのように解するかについては、様々な見解があります。

ポイント☞ 議院内閣制については、政府に対する議会の信任を本質とする「責任本質説」と政府の解散権を含む両者の均衡もその本質に含める「均衡本質説」の争いがあります。

# 議院内閣制 のしくみ

☆関連法令等⇒国会法

## 議院内閣制

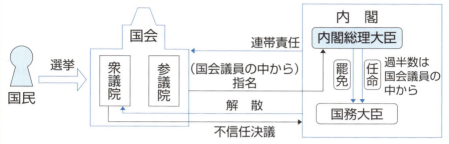

### ■議院内閣制と大統領制の違い

|  | 議院内閣制 | 大統領制 |
|---|---|---|
| 権力分立との関係 | 緩やかな分離 | 厳格な分離 |
| 議会との関係 | ・大臣は議員の中から選出<br>・議会での出席・発言の権利・義務がある | ・議員との兼職禁止<br>・議会での出席・発言の権利がない |
| 協力関係が失われた場合 | ・議会は内閣の不信任決議ができる<br>・内閣は議会の解散権をもつ | ・議会は大統領の不信任決議ができない<br>・大統領は議会の解散権をもたない |
| 民主主義の観点 | 首相は議会から選出 | 大統領は国民から直接選出 |
| 民意との関係 | 民意の統合を重視 | 民意の反映を重視 |

## 解説 ▶内閣とはどういう意味か

「内閣」とは国語辞典によれば、「国の行政権を担当する機関で、内閣総理大臣と他の国務大臣とで組織される合議体。国務大臣は財務大臣、外務大臣などと呼ばれる人たちで、各省の行政を担当する長である。各国により行政制度は異なり、イギリスなどは内閣だが、アメリカは大統領顧問団、中国は国務院、ドイツは連邦政府などとなっている。なお、「内閣」は英語で Cabinet（小部屋）で会合したことに由来。語源は中国の明、清の時代に、皇帝の諮問をあずかった内閣大学士制度からの引用とされている。

第5章 内閣

第5章
内閣
3

行政権（三権分立の１つ）と内閣について理解しよう

# 内閣総理大臣の指名

▶内閣総理大臣の指名は衆議院が優越する

**第67条** ①　内閣総理大臣は、国会議員の中から国会の議決で、これを指名する。この指名は、他のすべての案件に先だつて、これを行ふ。

②　衆議院と参議院とが異なつた指名の議決をした場合に、法律の定めるところにより、両議院の協議会を開いても意見が一致しないとき、又は衆議院が指名の議決をした後、国会休会中の期間を除いて十日以内に、参議院が、指名の議決をしないときは、衆議院の議決を国会の議決とする。

## 1 内閣総理大臣の指名

憲法67条１項は、「内閣総理大臣は、…国会の議決で、これを指名する」と定めています。

わが国の採用する議院内閣制の下、内閣の形成に関し、その首長である内閣総理大臣につき、国会の議決で指名されるとするものです。

なお、憲法67条２項は、「衆議院と参議院が異なった指名の議決をした場合に、…衆議院の議決を国会の議決とする」と規定し、内閣総理大臣の指名の場面でも、衆議院の優越を認めています。

## 2 議院内閣制（大統領制との違い）

近代憲法では、権力分立が統治機構の大原則とされ、権力分立制の下、大統領制や議院内閣制などの統治制度が採用されてきました。

立法権と行政権が厳格に分立され、相互の抑制・協働が少ない大統領制の下においては、議会の大統領に対する不信任決議や大統領による議会の解散の制度は存在しません。

一方、議院内閣制においては、立法権と行政権は、分立を前提としつつも、その厳格さは大統領制よりも緩やかであり、内閣が議会に対して責任を負いつつ、相互の協働が重視され、これが破綻した際には、議会による内閣不信任決議や内閣による総辞職や議会の解散といった制度が用意されているのです。

## 3 日本国憲法における議院内閣制

日本国憲法では、既に述べた66条３項や67条１項の規定の他にも、議院内閣制についての種々の規定を設けています。

衆議院による内閣不信任決議権（69条）、それに対し、内閣が衆議院を解散した際において、総選挙後の国会で内閣は総辞職しなければならないとの規定（70条）、内閣総理大臣及び他の国務大臣の過半数は国会議員から選ばれなければならな

148

# 内閣総理大臣の指名 のしくみ

☆関連法令等⇒国会法

## 内閣総理大臣の指名

☆内閣総理大臣が欠けたとき、衆議院議員総選挙後に初めて国会召集があったときに、内閣は総辞職（10条）し、新たな内閣総理大臣が国会において指名される

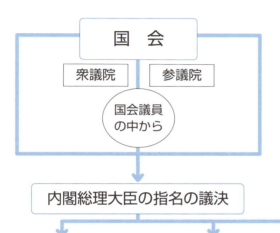

いとする規定（68条1項）、大臣には議院出席の権利義務があるとする規定（63条）などがこれに該当します。

ポイント☞　内閣総理大臣の指名などの際、両院で異なった議決をした場合の再議決が不要であることに着眼し、わが国の二院制を「一院制型二院制」と称することがあります。

第5章

内閣

4

行政権（三権分立の1つ）と内閣について理解しよう

# 国務大臣の任命・罷免

▶国務大臣は内閣総理大臣が任命・罷免ができる

第68条　①　内閣総理大臣は、国務大臣を任命する。但し、その過半数は、国会議員の中から選ばれなければならない。
②　内閣総理大臣は、任意に国務大臣を罷免することができる。

## 1 内閣の組織（無任所大臣も可）

前述のとおり、内閣は、その首長たる内閣総理大臣及びその他の国務大臣で組織され、それぞれが通常、同時に「主任の大臣」として、内閣府及び各省の長として行政事務を分担管理する体制をとります（内閣府の長は内閣総理大臣）。

しかし、後者については、行政事務を分担管理しない「無任所大臣」を設けることも別段妨げられません。

内閣を構成する員数は、「内閣法」により、内閣総理大臣及び14人以内（特別に必要のある場合は17人以内）の国務大臣とされています。

## 2 内閣構成員の資格

憲法67条1項は、「内閣総理大臣は、国会議員の中から…これを指名する」と規定しています。

前述のように、わが憲法の議院内閣制の採用を示す規定ですが、内閣総理大臣が国会議員であることは、選出の際の要件であるだけでなく、在職にあたっての要件でもあります。したがって、内閣総理大臣が国会議員の地位を失った場合には、併せて内閣総理大臣の地位も失うことになります。

## 3 国務大臣の任免権

憲法68条1項は、「内閣総理大臣は、国務大臣を任命する」と定め、同条2項は、「内閣総理大臣は、任意に国務大臣を罷免することができる」と定めています。

内閣の統一性を確保するため、内閣の首長たる内閣総理大臣は、その構成員である国務大臣の任免権を与えられています。これは、内閣総理大臣の専権であり、閣議を得る必要はありません。

## 4 内閣の成立及び在職の要件

憲法68条1項は、「国務大臣…の過半数は、国会議員の中から選ばれなければならない」と規定しています。

国務大臣の場合は、内閣総理大臣の場合と異なり、個々の国務大臣が国会議員であることは選出や在職のための要件ではありません。しかし、国務大臣全体としては、その過半数を国会議員が占めていることが選任の際の要件とされています。

ポイント☞　国務大臣の任命は天皇の認証が必要なため（7条5号）、内閣が助言と承認を与えますが、事柄の性質上、内閣は助言と承認を拒めないものと解されています。

# 国務大臣の数と任免のしくみ

☆関連法令等⇒内閣法

## 国務大臣の任免・罷免

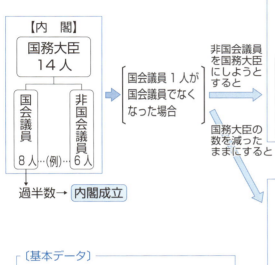

[基本データ]
① 国務大臣の過半数は国会議員の中から選ばなければならない（68条1項）
② 国務大臣の数は14人以内。
　ただし、特別な場合は17人以内（内閣法2条2項）

第5章　内閣

| 第5章 内 閣 5 | 行政権（三権分立の１つ）と内閣について理解しよう |
|---|---|

# 内閣不信任の決議

▶衆議院の解散か、内閣の総辞職となる

**第69条** 内閣は、衆議院で不信任の決議案を可決し、又は信任の決議案を否決したときは、十日以内に衆議院が解散されない限り、総辞職をしなければならない。

### 1 衆議院の内閣不信任決議の効果

憲法69条は、「衆議院で不信任の決議を可決し、又は信任の決議を否決したときは、10日以内に衆議院が解散されない限り、総辞職をしなければならない」との規定を置いています。

わが国の採用する議院内閣制の下、議会と政府との信頼関係が壊れ、衆議院による内閣不信任決議などがなされた場合の内閣の対応を定めたものであり、内閣は、衆議院を解散するか、総辞職をするかの選択を迫られることとなります。

### 2 議院内閣制（内閣の責任）

議院内閣制の下、「内閣は、行政権の行使について、国会に対して連帯して責任を負」いますが（66条3項）、この内閣の責任は、法的責任ではなく政治的責任であると考えられています。

したがって、上述の衆議院による不信任決議も、内閣の政治姿勢全般を理由とすることができ、違法行為に限定されるわけではありません。なお、国会が内閣の政治的責任を追及する方法としては、この他、各議院による質疑、質問、国勢調査等があります。

なお、内閣は、内閣総理大臣の下に一体となって政治を行う原則に立ちますから、その責任も「連帯して」負担することとなりますが、このことは、各国務大臣の個別の責任を否定する趣旨ではありません。

### 3 衆議院の解散

衆議院の解散とは、衆議院議員の全員に対して、その任期満了前に、議員の身分を一斉に失わせることです。

日本国憲法には、内閣の解散権を明示した規定は存在しませんが、天皇の国事行為を規定する7条3号が衆議院の解散を挙げているところから、同条によって内閣に実質的な解散決定権が存するという慣行が成立しています。

なお、衆議院の解散決議による解散、いわゆる自律的解散については、多数者の意思によって少数者の議員たる地位が剥奪されることから、明文の規定がない以上認められないとするのが通説です。

（ポイント）☞ 衆議院の解散については、憲法所定の69条の場合に限定されるという説もありますが、過去の22例の解散のうち、不信任決議に対応したものは4例にすぎません。

第5章

内　閣

# 内 閣 不 信 任 の 決 議　のしくみ

☆関連法令等⇒内閣法・国会法

## 内閣不信任と総辞職

内閣

総理大臣　国務大臣

内閣不信任決議 ←

解　散

不信任決議で解散しない場合

総辞職　→ 通知 →

発議には発議者1名賛成50名が必要

国会（衆議員）

〔内閣不信任とその後の日程〕

10日以内　　40日以内　30日以内

| 国会 | 衆議院 | 内閣不信任案 / 内閣信任案 | 可決 / 否決 | | 衆議院 | 解散 | 総選挙 | 国会 | 召集 |

内閣：内閣 → 衆議院の解散 / 何もしない → 国会召集 → 総辞職

---

判例 ▶内閣には衆議院の抜き打ち解散権があるか

（東京高判昭29・9・22行集5巻9号2181頁）【苫米地事件控訴審判決】

【事件】衆議院議員苫米地義三が1952年8月28日のいわゆる抜き打ち解散が違憲であるとして歳費の支払等を国に求めた事件。

【判決】解散権の所在とその行使の要件について、憲法7条の趣旨が衆議院解散の権限を形式上天皇に帰属させ政治的責任を負う内閣の助言と承認の下に天皇がこれを行使することにあるとした上で、衆議院の解散は憲法69条の場合に限られず、憲法は解散の是非の判断を政治的裁量に委ねている、と判示した。　　　　　　※最高裁判決⇒169ページ参照

153

第5章
内 閣
6

行政権（三権分立の1つ）と内閣について理解しよう

# 内 閣 の 総 辞 職

▶内閣総理大臣が欠けたり、衆議院総選挙後の国会では内閣は総辞職する

第70条　内閣総理大臣が欠けたとき、又は衆議院議員総選挙の後に初めて国会の召集があつたときは、内閣は、総辞職をしなければならない。

## 1 内閣の総辞職

憲法70条は、「内閣総理大臣が欠けたとき、又は衆議院議員総選挙の後に初めて国会の召集があったときは、内閣は、総辞職をしなければならない」と規定します。

内閣は、その存続が適当でないと考えるときは、自らの意思でいつでも総辞職することができますが、憲法は、総辞職が必要な場合として、前述の①衆議院による不信任決議後、10日以内に衆議院が解散されない場合の他、②内閣総理大臣が欠けた場合、および③衆議院議員総選挙後に初めて国会の召集があった場合という2つの場合を定めています。

## 2 「内閣総理大臣が欠けたとき」

ここに、「内閣総理大臣が欠けたとき」とは、死亡した場合、国会議員資格の喪失など内閣総理大臣となる資格を失ってその地位を離れた場合のほか、辞職した場合をも含みます。

なお、病気または生死不明の場合は、副総理が臨時に職務を代行することになります。

## 3 「衆議院議員総選挙の後に初めて国会の召集があったとき」

憲法が内閣総辞職が必要とするもう1

つの場合、すなわち「衆議院議員総選挙の後に初めて国会の召集があったとき」には、衆議院が解散されたため行われる総選挙の後にはじめて召集される国会（特別国会）の他、衆議院議員の任期満了にともなって施行される総選挙の後にはじめて召集される国会（この場合は、臨時国会となります）も含まれます。

この場合における総辞職は、不信任決議がなされた場合と異なり、内閣には、総辞職をしないという選択権が全くないため、内閣の決定を要しないとされ、国会の召集の日に当然に内閣総辞職の効果が発生すると解されています。

なお、衆議院の解散から総選挙を経て新国会召集に至るまでの期間に内閣総理大臣が欠けた場合、内閣の総辞職の必要があるかという問題がありますが、大平内閣当時における先例は、必要説に則って対処されました。

ポイント☞　69条の場合における総辞職は閣議で決定されますが、本条の場合は、総辞職をしない自由がないため、閣議決定を要しないとする説が有力です。

154

# 内閣の総辞職 のしくみ

☆関連法令等⇒内閣法

## 内閣が総辞職する場合

10日以内

**衆議院**
- ①内閣の不信任決議 ── 衆議院が解散されないとき
- ②解散による総選挙 ── 初めての国会召集のとき
- ③任期満了による総選挙 → 初めての国会召集のとき

**内閣総理大臣**
- ④死亡する
- ⑤国会議員でなくなる
- ⑥日本人でなくなる
- ⑦辞表を出す

### ■歴代内閣総理大臣の総辞職と理由

| 小渕恵三 | 病気 | 首相臨時代理による総辞職 |
|---|---|---|
| 森喜朗 | 政局 | 低支持率・えひめ丸事故対応批判 |
| 小泉純一郎 | 円満退陣 | 自民党総裁任期満了 |
| 安部晋三 | 病気 | 参院選敗北 |
| 福田康夫 | 政局 | 参院問責決議・次期総選挙対策 |
| 麻生太郎 | 少数党転落 | 衆院選敗北 |
| 鳩山由紀夫 | 引責 | 普天間基地移設問題・自身の献金問題 |
| 菅直人 | 政局 | 震災復旧・復興問題 |
| 野田佳彦 | 少数党転落 | 衆院選敗北 |

---

**判例** ▶**同日選実施のための解散は解散権の限界を超えたものか**

（名古屋高判昭 62・3・25 行集 38 巻 2・3 号 275 頁）【衆参同日選挙事件】

**【事件】** 中曽根内閣は 1986 年 6 月 2 日、衆議院を解散し、同年 7 月 6 日、衆議院議員総選挙が参議院議員の通常選挙とともに実施されたところ、愛知県の有権者 X が総選挙のうち X の選挙区における選挙を無効とする訴えを提起した事件。

**【判決】** 衆議院の解散は統治行為にあたり、裁判所の審査権の外にあるとした上で、衆参同日選挙のために選挙民が参議院議員に注意を注がないとか、参院選が存在感を失って選挙民の選択が困難に陥るといった情況の発生を認めるに足りる具体的、客観的かつ明白な根拠はない、と判示した。

第5章
内閣
**7**

行政権（三権分立の１つ）と内閣について理解しよう

# 総辞職後の内閣の役割

▶新たに内閣総理大臣が任命されるまでは職務を行う

第71条　前二条の場合には、内閣は、あらたに内閣総理大臣が任命されるまで引き続きその職務を行ふ。

**１ 総辞職後の内閣の職務執行**

　憲法71条は、「…内閣は、あらたに内閣総理大臣が任命されるまで引き続きその職務を行ふ」と規定しています。

　本条は、内閣の総辞職により日常の行政事務の継続に支障が生じないよう、引継ぎが可能となるまでは、総辞職した旧内閣が引き続き行政事務にあたることを定めたものです。

**２ 内閣総理大臣**

　内閣総理大臣は、内閣という合議体の首長であり、国会議員の中から国会の議決で指名し（67条）、天皇が任命します（6条）。首長とは、内閣において、他の国務大臣の上位にあり、内閣の中心に位する地位にある者を意味します。

　明治憲法下においては、内閣総理大臣は「同輩中の主席」に過ぎず、他の国務大臣と対等な地位にあるに過ぎなかったため、閣内の意見不統一の場合は、衆議院を解散するか、総辞職せざるを得ませんでした。

　しかし、日本国憲法においては、内閣総理大臣は内閣の首長としての地位を認められており、国務大臣の任免権（68条）、国務大臣の訴追同意権（75条）、行政各

部の指揮監督権（72条）など強大な権限が認められています。

**３ 総辞職後の内閣**

　新内閣が成立するまでの手続は以下のようになります。

　総辞職が決定されると、その旨が衆参両議院に通知されます（国会法64条）。続いて、国会により新たな内閣総理大臣が指名され（67条）、同内閣総理大臣の下に組閣がなされます。

　そして、その旨が旧内閣総理大臣に通告され、新内閣総理大臣の天皇による任命に対する旧内閣の助言と承認のための閣議がなされ、新内閣総理大臣、新国務大臣の任命式および認証式が行われます。

　これにより、旧内閣総理大臣・旧国務大臣は当然に地位を喪失し、新内閣の成立が国会に通告されます。

　なお、組閣が長引くような場合は、新内閣総理大臣の任命だけ先に行う例もあります。

ポイント☞　本条は「前二条の場合には」と規定されていますが、これに限らず一切の総辞職の場合に適用されると解されています。

156

# 総辞職後の内閣 のしくみ

☆関連法令等⇒内閣法・国会法

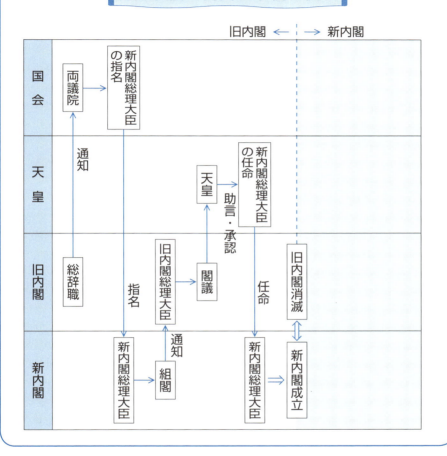

## 解説 ▶贈収賄と職務権限

　刑法197条は、「公務員が、その職務に関し、賄賂を収受し、又はその要求若しくは約束をしたときは、5年以下の懲役に処する。この場合において、請託を受けたときは、7年以下の懲役に処する。」と規定しています。ロッキード事件（内閣総理大臣〈特別職の公務員〉だった田中角栄が被告）では職務権限が問題となり、裁判所は、職務権限に属する行為、準職務行為（密接関連行為）の、ここにおける両方を認定し、有罪とした。　　　　　　　　　　　※判例については159ページ参照

第5章
内 閣
8

行政権（三権分立の１つ）と内閣について理解しよう

# 内閣総理大臣の職務

▶議案を国会に提出するなど内閣を代表して職務を行う

第72条 内閣総理大臣は、内閣を代表して議案を国会に提出し、一般国務及び外交関係について国会に報告し、並びに行政各部を指揮監督する。

**1 内閣総理大臣の職権**

憲法72条は、「内閣総理大臣は、内閣を代表して議案を国会に提出し、一般国務及び外交関係について国会に報告し、並びに行政各部を指揮監督する」と定めています。

本条は、内閣総理大臣の権限につき、主に国会との関係で問題となるものにつき、定めた規定です。

**2 内閣総理大臣の権限（国務大臣任免権など）**

憲法上、内閣総理大臣の権限は多岐に及びますが、本条以外に規定されるものとしては、以下のものが重要です。

まず、内閣総理大臣は国務大臣の任免権を有しています（68条）。これは、内閣総理大臣が内閣の統一を維持する上で極めて重要な手段であり、内閣総理大臣の内閣の首長としての地位が端的に示すものです。内閣総理大臣は、さらに任命した国務大臣の中から行政事務を分担管理する各省大臣を任命しますが、任免は、内閣総理大臣の専権であり、これを閣議にはかる必要はありません。

内閣総理大臣は、国務大臣の訴追に対して、同意を与える権限も有します（75条）。国務大臣が検察機関による不当な圧迫を受ける事態を防ぐ趣旨のものです。また、内閣総理大臣は、法律・政令に主任大臣として署名し、又は主任の国務大臣として連署する権限（74条）、両議院に出席して、議案につき発言する権限も有します（63条）。

**3 内閣総理大臣の権限**

憲法72条は、内閣総理大臣の上述の権限の他、①内閣を代表して議案を国会に提出する権限、②行政各部を指揮監督する権限、③内閣を代表して一般国務及び外交関係について、国会に報告する権限を定めます。

ここで、①の議案には、法律案や予算案も含まれます。②の指揮監督権については、行政権が合議体である内閣に属することとの関係が問題とされますが、多数説は、内閣が合議体であることより、内閣総理大臣は、「内閣を代表して」行政各部を指揮監督するものと解します。

ポイント☞ 内閣法６条は「内閣総理大臣は、閣議にかけて決定した方針に基づいて、行政各部を指揮監督する」と定めます。

# 内閣総理大臣の権限　のしくみ

☆関連法令等⇒内閣法・国会法

第5章　内閣

## 内閣総理大臣の権限

### 法律上の権限

- 間接侵略等の事態に際する自衛隊への治安出動命令権　⇑自衛隊78条
- 武力攻撃等の事態に際する自衛隊への防衛出動命令権　⇑自衛隊76条
- 自衛隊の最高指揮監督権　⇑自衛隊7条
- 布告時における一時的な警察の統制権　⇑警察72条
- 緊急事態の布告の発令権　⇑警察71条
- 裁判による行政処分等の執行停止に対する異議申立権　⇑行政事件訴訟法27条
- 皇室会議の招集権　⇑皇室典範29条・33条
- 行政各部の処分・命令の中止権　⇑内閣7条
- 内閣総理大臣・主任の国務大臣の代理の指定権　⇑内閣9条・10条

### 憲法上の権限

- 閣議の主宰権　⇑内閣4条2項
- 法律・政令への連署権　⇑74条
- 内閣の代表権
  - 行政各部を指揮監督する権限
  - 一般国務・外交関係について国会に報告する権限
  - 議案を国会に提出する権限
  - ⇑72条
- 在任中の国務大臣に対する訴追への同意権　⇑75条
- 他の国務大臣の任命・罷免権　⇑68条

---

**判例** ▶閣議決定がなくても内閣総理大臣の指示は職務権限に含まれるか

（最大判平7・2・22刑集49巻2号1頁）【ロッキード事件丸紅ルート】

**【事件】** 総合商社丸紅の社長は1972年8月、ロッキード社の意向を受けて内閣総理大臣にロッキード社製の旅客機の購入を全日空に勧奨するように依頼し、成功報酬として現金5億円の供与を約束してその承諾を得、全日空の同機購入の決定後に金銭を授受したとの疑惑により、丸紅社長と内閣総理大臣が贈賄罪（刑法197・198条）等の罪で起訴された事件。

**【判決】** 内閣総理大臣が行政各部に対し指揮監督権を行使するためには閣議にかけて決定した方針が存在することを要するが、閣議にかけて決定した方針が存在しない場合においても、内閣総理大臣の地位・権限に照らすと、流動的で多様な行政需要に遅滞なく対応するため、内閣総理大臣は少なくとも内閣の明示の意思に反しない限り、行政各部に対し随時その所掌事務について一定の方向で処理するよう指導・助言等の指示を与える権限を有する、と判示した。

159

第5章
内閣
9

行政権（三権分立の１つ）と内閣について理解しよう

# 内閣の権能と職務

▶内閣は一般行政事務や法律の執行などの職務を行う

第73条　内閣は、他の一般行政事務の外、左の事務を行ふ。
一　法律を誠実に執行し、国務を総理すること。
二　外交関係を処理すること。
三　条約を締結すること。但し、事前に、時宜によつては事後に、
　　国会の承認を経ることを必要とする。
四　法律の定める基準に従ひ、官吏に関する事務を掌理すること。
五　予算を作成して国会に提出すること。
六　この憲法及び法律の規定を実施するために、政令を制定する
　　こと。但し、政令には、特にその法律の委任がある場合を除い
　　ては、罰則を設けることができない。
七　大赦、特赦、減刑、刑の執行の免除及び復権を決定すること。

## 1 内閣の権能

　憲法73条は、「内閣は、他の一般行政事務の外、左の事務を行ふ」と規定し、①法律を誠実に執行し、国務を総理すること、②外交関係を処理すること、③条約を締結すること。但し、事前に、時宜によっては事後に、国会の承認を経ることを必要とする、④法律の定める基準に従ひ、官吏に関する事項を掌理すること、⑤予算を作成して国会に提出すること、⑥この憲法及び法律の規定を実施するために、政令を制定すること。但し、政令にその法律の委任がある場合を除いては、罰則を設けることができない、⑦大赦、特赦、減刑、刑の執行の免除及び復権を決定すること、という７つの事務を挙げています。

　内閣は、行政権の中枢として、広汎な行政権を有しています。憲法上、内閣に与えられている権能は、大きく、①憲法73条各号掲記の事務、②憲法73条にいう「他の一般行政事務」、③憲法の他の条文に掲げられる特別の事務の３種に分けることができます。

## 2 73条の各号掲記の事務

　上記の①は、行政が法律に基づき、法律によって行われるという法治国家の行政の本質を示すものです。②で外交事務は、行政事務の一部ですが、内政事務を区別し、特に内閣の権能であることを明記したものです。③は、外交事務のうち、条約の締結は特に重要なため、２号とは別に規定されたものです。④の「官吏」とは、主として国の行政部の職員を指します。⑤の予算の作成及び提出の権限は、内閣の専権です。⑥で「政令」とは、内閣の命令を指します。⑦で、大赦、特赦、減刑、刑の執行の免

160

# 内閣の権限（行政権）　のしくみ

☆関連法令等⇒内閣法

**内閣の権限（行政権）**

内閣の権限　☆行政権は内閣に属する

| 決算審査・財政状況の報告 | 予備費の支出 | 衆議院の解散 | 臨時国会の召集 | 天皇の国事行為への助言・承認 | 最高裁判所長官以外の裁判官の任命 | 最高裁判所長官の指名 | 恩赦の決定 | 政令の制定 | 予算案の作成と国会への提出 | 官吏に関する事務の掌理 | 条約の締結権 | 外交関係の処理 | 法律の執行と国務の総理 |
|---|---|---|---|---|---|---|---|---|---|---|---|---|---|
| ⇧90条1項・91条 | ⇧87条 | ⇧7条3号・69条 | ⇧53条 | ⇧3条・7条 | ⇧79条1項・80条1項 | ⇧6条2号 | ⇧73条7号 | ⇧73条6号 | ⇧73条5号 | ⇧73条4号 | ⇧73条3号 | ⇧73条2号 | ⇧73条1号 |

除及び復権を総称して「恩赦」と呼びます。

### 3 73条以外の憲法上の事務

内閣の権能に含まれる憲法上の事務のうち、73条掲記以外のものとしては、①天皇の国事行為に対する助言と承認（3条）、②最高裁判所の長たる裁判官の指名

（6条）、③参議院の緊急集会を求めること（54条2項但書）などがあります。

ポイント ☞　73条の事務には、本来的に行政権の内容と考えられるものと創設的に行政権者に担わせるものとがあり、後者の例に、「恩赦」の決定が挙げられます。

---

**判例** ▶国家公務員の「政治的行為」の具体的な定めを人事院規則に委任できるか

（最大判昭49・11・6刑集18巻9号393頁）【猿払事件】

【事件】北海道の猿払村の郵便局員が、衆議院議員の選挙用ポスターを公営掲示板に掲示したり、他に配布したところ、国家公務員法に反するとして起訴された事件。なお、国公法は国家公務員の人事院規則で定める政治的行為を禁止し（102条1項）違反者を懲戒処分と刑罰の対象としており、これを受けて人事院規則14-7（政治的行為）は特定の政党を支持する目的で文書を掲示・配布することを「政治的行為」の一として定めている。

【判決】そのような政治的行為は、公務員組織内部の秩序維持の見地から課される懲戒処分と、国民全体の共同利益擁護の見地から科される刑罰を根拠づける違法性を帯びるものだから、右条項が懲戒処分と刑罰の対象となる政治的行為の定めを一様に委任するものであるからといって、憲法の許容する委任の限度を超えるものではない、と判示した。

第5章
内 閣
**10**

行政権（三権分立の1つ）と内閣について理解しよう

# 法律・政令の署名（主任国務大臣・内閣総理大臣）

▶主任国務大臣が署名し、内閣総理大臣が連署する

第74条 法律及び政令には、すべて主任の国務大臣が署名し、内閣総理大臣が連署することを必要とする。

## 1 法律・政令の署名および連署

憲法74条は、「法律及び政令には、すべて主任の国務大臣が署名し、内閣総理大臣が連署することを必要とする」と定めています。

この規定は、主任の大臣の執行責任を明確なものとする趣旨のほか、内閣が政令を制定し、法律および政令が行政各部を通じて誠実に執行されるよう配慮すべき立場にあり、その責任を明確にする趣旨から内閣の首長たる内閣総理大臣の連署を要求したものと解されます。

内閣総理大臣は、内閣府の長としての主任の大臣の資格で法律および政令に署名することがあるほか、内閣の代表として主任の国務大臣の署名とともに連署することになります。

## 2 署名および連署の対象

署名および連署の対象は、憲法の明文上は「法律及び政令」となっていますが、条約についても署名および連署がなされるのが通常です。

もっとも、予算や国庫の債務負担行為については、公布の必要がないため、署名・連署も必要がないとの解釈がとられています。

## 3 署名および連署の方法

たとえば、教育に関する法律が国会で制定された場合、その法律を国民のために執行するのは内閣の職務であり（73条1号）、内閣の指揮監督の下、その教育に関する法律を分担管理する責任者として文部科学大臣が主任の大臣として署名します。

そして、内閣の首長としての内閣総理大臣も文部科学大臣の署名に添えて自らの署名をなします。

当該法律などの行政事務を担当する大臣が2名以上ある場合は、関係するすべての大臣が署名します。国務大臣のうち、行政事務を担当しないいわゆる無任所大臣は署名に加わりません。

## 4 無署名および無連署の場合

法律・政令に対する国務大臣などの署名・連署が欠けた場合でも、法律は国会が制定し、政令は合議体たる内閣が制定するものであることから、その効力への影響はないものとされています。

ポイント☞ 内閣総理大臣も「主任の国務大臣」に含まれます。よって、内閣府に関係する法律・政令には主任の大臣として署名し、連署はしません。

# 法律・政令の署名 のしくみ

☆関連法令等⇒署名法

第5章 内閣

## 署名と方法

〔署名とは〕
氏名を書く
こと

→

### 署名の対象

法律・政令
・条約も署名する
・公布の必要のない
　予算などは不要

←

〔誰がするか〕
主任の大臣（複数の場合あり）
と内閣総理大臣の連署

---

（参考例）日本国憲法の公布における連署

朕は、日本国民の総意に基いて、新日本建設の礎が、定まるに至つたことを、深くよろこび、枢密顧問の諮詢及び帝国憲法第七十三条による帝国議会の議決を経た帝国憲法の改正を裁可し、ここにこれを公布せしめる。

御名御璽

昭和二十一年十一月三日

内閣総理大臣兼
外務大臣　男爵　吉田　茂

| | | | | | | | | | | | | |
|---|---|---|---|---|---|---|---|---|---|---|---|---|
| 国務大臣 | 国務大臣 | 大蔵大臣 | 運輸大臣 | 国務大臣 | 厚生大臣 | 商工大臣 | 逓信大臣 | 国務大臣 | 農林大臣 | 文部大臣 | 内務大臣 | 司法大臣 | 国務大臣 |
| 膳桂之助 | 金森徳次郎 | 石橋湛山 | 平塚常次郎 | 植原悦二郎 | 河合良成 | 星島二郎 | 一松定吉 | 斎藤隆夫 | 和田博雄 | 田中耕太郎 | 大村清一 | 木村篤太郎 | 幣原喜重郎 |

第5章
内 閣

11

行政権（三権分立の１つ）と内閣について理解しよう

# 国務大臣の不訴追特権

▶国務大臣は内閣総理大臣の同意がなければ訴追されない

第75条　国務大臣は、その在任中、内閣総理大臣の同意がなければ、訴追されない。但し、これがため、訴追の権利は、害されない。

## 1 国務大臣の訴追への同意

憲法75条は、「国務大臣は、その在任中、内閣総理大臣の同意がなければ訴追されない。但し、これがため、訴追の権利は害されない」と定めています。

内閣総理大臣が検察機関による不当な圧力から国務大臣を守り、もって内閣の一体性と活動力の保全を図ることを可能にしようとの趣旨に出るものです。

## 2 本条の内容

ここに「訴追」とは、厳密には検察官の公訴の提起を意味しますが、それに関連し、訴追の前段階の逮捕・勾留について本条の保護が及ぶかという問題があります。昭和23年9月、当時の栗栖国務大臣が芦田首相の同意を得ずに逮捕された昭和電工事件において、東京地裁は、消極に解しましたが、逮捕・勾留に本条の保護が及ばなければ、本条の趣旨かは没却されるとして、現在では、積極に解する立場が有力です。

同意を与えるか否かは内閣総理大臣の裁量に属し、その適否は国会による政治的責任追及の対象とはなっても、法的な責任を問われることはありません。

同意に基づかない逮捕、勾留は違法です。また、同意は効力要件であり、同意に基づかない訴追は無効です。

同意がない場合でも、訴追の権利自体は害されないため、その場合、時効の進行は停止し、国務大臣の退職とともに訴追が可能となると解されています。

## 3 内閣総理大臣も含まれるか

本条にいう「国務大臣」に内閣総理大臣自身が含まれるかについては、積極説（内閣総理大臣は自らの訴追について内閣総理大臣の地位において同意するか否かを決めることになる）と消極説に分かれます。もっとも、消極説の立場も、内閣総理大臣の訴追が無条件に可能となると解するものではなく、むしろ摂政と同じように在任中訴追されないと解すべきとしています。

なお、現在の検察庁法は、法務大臣は、個々の事件の取調べまたは処分について検事総長を指揮できるものとしていますから、本条の同意が問題となる余地は少ないと考えられています。

ポイント☞　本条の国務大臣に内閣総理大臣自身が含まれるかという問題は、鳩山由紀夫内閣の下での偽装献金疑惑でクローズアップされました。

164

# 国務大臣の不訴追特権のしくみ

☆関連法令⇒

## 国務大臣の不訴追特権

☆「訴追」とは、検察官による公訴の提起のこと。逮捕・勾留にも本特権が及ぶとするのが有力。

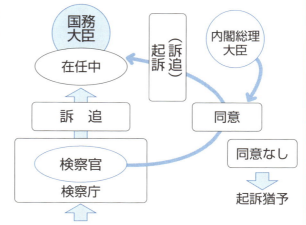

法務大臣の指揮権発動による不起訴もある

### ■国務大臣（不訴追特権）と国会議員（不逮捕特権）

| | 内　容 | 条文 |
|---|---|---|
| 国務大臣の不訴追 | 在任中は、内閣総理大臣の同意がなければ訴追されない。ただし、国務大臣でなくなると訴追は可能となる。国務大臣が国会議員の場合、下記の不逮捕特権が適用される。 | 75条 |
| 国会議員の不逮捕特権 | 国会議員は法律の定める場合（現行犯逮捕、会期中その院の許諾がある）を除いて逮捕されない。また、会期前に逮捕された場合、その議員の要求があれば会期中は釈放しなければならない。 | 50条国会法33条～34条の3 |
| 法務大臣の指揮権発動 | 法務大臣は、検察庁法に基づいて検察事務について検察官を指揮監督する権限をもつ。この指揮権は検事総長に対して発動される。 | 検察庁法14条 |

### 解説 ▶国務大臣の不訴追特権の例

昭和23年（1948年）に栗栖赳夫国務大臣が昭和電光事件で内閣総理大臣の同意なく逮捕された事件で、東京高裁は「憲法75条の訴追に逮捕、勾引、勾留のような身体の拘束を含むとは解し得ない」と判示している。公訴の提起（起訴）のときだけでな、逮捕・勾留にも不訴追特権が及ぶとする有力説があるが、政府見解も逮捕・勾留は含まないとしている。

# 第6章

# 司法

### 第76条〜82条

♣日本国憲法は、統治機構を立法府、行政府、司法府の3つに分けて三権分立による統治システムで、第6章では司法について定めています。また、最高裁判所裁判官については国民審査があります。

## ●司法についての憲法の規定の概要

### ■ 三権分立と司法権の強化

日本国憲法は、司法権を行使する裁判所についての規定において、明治憲法に比べ、「司法」の範囲を広げるとともに、司法権の独立を強化し、裁判所に違憲審査権を与えるなどといった顕著な特色を有しています。

日本国憲法は、「第6章 裁判所」として、司法権につき、第76条から第82条まで7か条の規定を設けています。

### ■ 違憲審査権の規定もある

この章には、司法権が裁判所に属することを宣言する第76条1項をはじめとして、同条2項で特別裁判所の廃止、同条3項で裁判官の独立について規定が置かれている他、さらに、最高裁判所の規則制定権（第77条）、裁判官の身分保障（第78条）、最高裁判所の構成とその裁判官（第79条）、下級裁判所の裁判官（80条）、最高裁判所の合憲性審査権（81条）、裁判の公開についての第82条といった規定が用意されています。

正義の女神

# 第6章「司法」についての条文の構成

## 日本国憲法の条文

前文 / 第1章 天皇 / 第2章 戦争の放棄 / 第3章 国民の権利及び義務 / 第4章 国会 / 第5章 内閣 / **第6章 司法** / 第7章 財政 / 第8章 地方自治 / 第9章 改正 / 第10章 最高法規 / 第11章 補則

## 第6章「司法」の構造

76条～82条

国会 — 弾劾裁判所は四章六四条が規定 → 最高裁判所（長官／最高裁判所判事）← 七九条 国民審査 ← 国民

内閣 → 八〇条 任命 → 下級裁判所 ← 七九条

| 裁判 | 裁判官の身分 | 裁判所の権能 | 裁判所の組織 |
|---|---|---|---|
| 82条 | 80条 78条 76条③ | 81条 77条 | 76条 |

## 〔司法と国民〕

国民 → 統治組織（三権分立）　国民主権によるコントロール

選挙 ／ 最高裁判官の国民審査

**国会（立法）**
国会議員が法律の制定、予算の議決などを行う。国会議員から内閣総理大臣を指名

**内閣（行政）**
行政権はすべて内閣にある。国会議員を通してコントロール（議員内閣制）

**司法（裁判）**
何かあれば裁判所に判断してもらうことになる。裁判の公平のためには、裁判官の身分の保障などが必要

①三権分立の考え方の採用により、司法機関（裁判所）は独立している。
②裁判官は身分が保障されるが、最高裁判所の判事に対しては国民審査がある。

**第6章 司法 1**

## 司法（裁判）について理解しよう

# 司法権と裁判所

▶すべての司法権は裁判所に属する

---

**第76条** ① すべて司法権は、最高裁判所及び法律の定めるところにより設置する下級裁判所に属する。

② 特別裁判所は、これを設置することができない。行政機関は、終審（しゅうしん）として裁判を行ふことができない。

③ すべて裁判官は、その良心に従ひ独立してその職権を行ひ、この憲法及び法律にのみ拘束される。

---

**１ 司法権の意義**

日本国憲法は、権力分立制度の下、司法権についても規定を設けています。

司法権とは、具体的な争訟について、法を適用し宣言することによって、これを裁定する国家の作用のことをいいます。

このように、「具体的な訴訟」の存在が司法権の本質的要素であり、裁判所法3条1項が規定する「一切の法律上の訴訟」もこれと同じ意味です。

この「法律上の訴訟」につき、最高裁は、①当事者間の具体的な権利義務又は法律関係の存否（刑罰権の存否を含む。）に関する紛争であって、かつ、②法令を適用することによって終局的に解決できるものであるという2要件を指摘しています。

**２ 司法権の帰属**

憲法76条1項は、「すべて司法権は、最高裁判所及び…下級裁判所に属する」と定めています。

すべての司法権とは、民事、刑事、行政の各事件に関する裁判権をいいます。

明治憲法下においては、行政事件につ

いては、行政部に属する行政裁判所の権限とされ、司法裁判所の権限外とされていましたが、日本国憲法は、その76条2項において、「特別裁判所は、これを設置することができない。行政機関は終審として裁判を行ふことができない」と定め、司法権を裁判所に統一的に帰属させています。

**３ 司法権の限界**

もっとも、この「一切の法律上の争訟」を裁判所が裁判するという現行憲法下における司法権の原則にはいくつかの例外があるとされています。

司法権の限界として論じられる部分であり、①憲法の明文上の例外（国会議員の資格争訟の裁判（55条）、裁判官の弾劾裁判（64条）など）、②国際法上の例外（国際法上、外交使節には司法権が及ばないとされる）、③解釈論上の例外（自律権論、自由裁量論、統治行為論、団体における内部行為論など）が指摘されています。

**ポイント** ☞ 統治行為論を採用した典型的判例として挙げられるのは、衆議院解散の違憲無効を争点とした「苫米地事件」です。

**168**

# 司 法 と そ の 限 界　のしくみ

☆関連法令等⇒裁判所法など

第6章　司　法

## 裁判所と司法権

一切の法律上の争訟

刑事・民事・行政事件　→　裁判

（例外）　議員資格争訟裁判
　　　　　弾劾裁判⇒国会
　　　　　特別裁判所（行政事件の前審
　　　　　として裁判）⇒行政機関

### 通常裁判所

最高裁判所　⇄　下級裁判所

- 高等裁判所
- 地方裁判所　刑事・民事事件など
- 家庭裁判所　家族間の事件
- 簡易裁判所　※訴額が140万円以下の民事事件など

## 司法権の限界

### 憲法の解釈上の限界

- 団体の内部事項に関する行為（部分社会の法理）
- 統治行為
- 自由裁量行為
- 自律権に属する行為

### 国際法上の限界

- 条約による裁判権の制限
- 国際法上の治外法権

### 憲法の明文上の限界

- 裁判官の弾劾裁判　⇑64条
- 国会議員の資格争訟の裁判　⇑55条

## 裁判と人権保障

### 捜査段階

- 拷問の禁止
- 黙秘権の保障
- 令状主義

↓

### 裁判段階

- 弁護人の依頼権
- 証拠主義
- 裁判を受ける権利
- 公平で迅速な公開

---

**判 例**　▶衆議院の解散は裁判所の審査の対象となるか

（最大判昭35・6・8民集14巻7号1206頁）【苫米地事件】

【事件】衆議院議員苫米地義三が、1952年8月28日のいわゆる抜き打ち解散の効力につき、①解散は憲法69条にいう内閣不信任決議を前提とすべきであるのに解散は7条を根拠に行われた、②右解散の決定には適法な閣議を欠いていた、ことを理由として争った事件。
【判決】衆議院の解散が統治行為にあたるとし、この司法権に対する制約は、結局、三権分立の原理に由来し、当該国家行為の高度の政治性、裁判所の司法機関としての性格、裁判に必然的に随伴する手続上の制約等に鑑み、特定の明文による限定はないけれども、司法権の憲法上の本質に内在する制約と理解すべきものである、と判示した。

169

第6章
司 法
2

司法（裁判）について理解しよう

# 最高裁判所の規則制定権

▶訴訟手続などに関する規則の制定権がある

第77条 ① 最高裁判所は、訴訟に関する手続、弁護士、裁判所の内部規律及び司法事務処理に関する事項について、規則を定める権限を有する。
② 検察官は、最高裁判所の定める規則に従はなければならない。
③ 最高裁判所は、下級裁判所に関する規則を定める権限を、下級裁判所に委任することができる。

## 1 裁判所の組織

　司法権は、最高裁判所及び法律の定めるところにより設置する下級裁判所に属するとされます（76条1項）。この規定を受け、裁判所法は、裁判所の構成を最高裁判所の他、下級裁判所としての高等裁判所、地方裁判所、家庭裁判所、簡易裁判所とに分け、その職員の構成、権能、運営の方法につき、規定しています。

## 2 最高裁判所規則

　憲法77条1項は、「最高裁判所は、訴訟に関する手続、弁護士、裁判所の内部規律及び司法事務処理に関する事項について、規則を定める権限を有する」と規定します。

　憲法が最高裁判所に規則制定権を認めたのは、①司法権の内部の諸事項について、権力分立の観点から、最高裁判所に自主立法権を認め、裁判所の自主性を確保すること、②司法部内における最高裁判所の統制権と監督権を強化すること、及び③実務に通じた裁判所の専門的な判断を尊重することにその狙いがあります。

　この規則制定権は、立法権の国会による独占、すなわち、国会中心立法の原則に対する憲法自体が認めた例外です。

　定められる事項には、「裁判所の内部規律」などの純粋な内的事項と「訴訟に関する手続、弁護士に関する事項」など訴訟関係者に関わる事項との双方があり、代表的なものとしては、民事訴訟規則、刑事訴訟規則、家事審判規則などがあります。

## 3 最高裁判所規則と法律との関係

　この規則事項は、同時に法律で定めることも可能ですが、純粋な内部的事項については、規則によってのみ定め得るとする立場も有力です。

　規則制定権の範囲にある事項につき、法律と規則が競合して制定された場合の効力関係については、争いがあります。

　規則優位説、両者同位説も存在しますが、国会が唯一の立法機関であることを尊重し、法律優位説が通説となっています。

ポイント☞　規則制定権は、①「訴訟に関する手続」事項、②「弁護士」事項、③「裁判所の内部規律」事項、④「司法事務処理」事項の4つに限られます。

# 最高裁判所の規則制定権

## のしくみ

☆関連法令等⇒最高裁判所規則・弁護士法など

第6章 司法

## 憲法が最高裁判所の規則制定権を認めた理由

【理由①】
権力分立の立場

⇩

裁判所の自主性

⇩

確保

【理由②】
司法内部

最高裁判所

統制権 ／ ＼ 監督権

⇩

強化

【理由③】
専門的な判断を尊重

⇩

規則制定

☆**最高裁判所規則には、以下のものがあります**

○民事事件関係⇒民事訴訟規則、民事執行規則、民事再生規則、会社更生規則、会社非訟事件手続規則、借地非訟事件手続規則、破産規則、民事調停規則など

○刑事事件関係⇒刑事訴訟規則、刑事事件における第三者所有物の没収手続に関する規則、刑事補償規則、交通事件即決和解手続規則、国際捜査共助規則など

○家事事件・少年事件関係⇒家事事件手続規則、人事訴訟規則、民事調停委員及び家事調停委員規則、少年審判規則など

○その他⇒最高裁判所裁判事務処理規則、裁判所傍聴規則など

---

**判 例** ▶裁判所の審査対象となるかどうかの判例

▶**宗教的判断が必要不可欠な紛争は法律上の争訟にあたらない**
（最判昭56・4・7民集35巻3号443頁）【板まんだら事件】

▶**裁判所は国会内部での議事手続について事実を審査して判断すべきでない**
（最大判昭37・3・7民集16巻3号445頁）【警察法改正無効事件】

▶**地方議会による議員の懲罰は重大事項でなければ自治措置に任せればよい**
（最大判昭35・10・19民集14巻12号2633頁）【地方議会議員懲罰事件】

▶**国立大学の内部問題（単位認定）は裁判所の審査の対象とならない**
（最判昭52・3・15民集31巻2号234頁）【富山大学事件】

▶**政党の除名処分は内部的な問題に百々丸限り裁判所の審査権は及ばない**
（最判昭63・12・20判時1307号113頁）【共産党袴田事件】

171

第6章
司法
3

**司法（裁判）について理解しよう**

# 裁判官の身分の保障

▶裁判官は公の弾劾によらなければ罷免されることはない

第78条　裁判官は、裁判により、心身の故障のために職務を執ることができないと決定された場合を除いては、公の弾劾によらなければ罷免されない。裁判官の懲戒処分は、行政機関がこれを行ふことはできない。

## 1 司法権の独立

裁判が公正に行われ、人権の保障が確保されるためには、裁判所や裁判官が外部からの圧力や干渉を受けないこと、すなわち「司法権の独立」が要請されます。

この司法権の独立には、①立法権、行政権からの司法権の独立（広義の司法権の独立）と、②裁判官の職権の独立（狭義の司法権の独立）という2つの意味があります。

## 2 裁判官の職権の独立

憲法76条3項は、「すべて裁判官は、その良心に従ひ独立してその職権を行ひ、この憲法及び法律にのみ拘束される」と規定し、②の裁判官の職権の独立の原則を宣言しています。

この「良心」とは、裁判官個人の主観的な良心ではなく、客観的良心、すなわち裁判官としての良心と解されています。「独立して」とは、他の指示命令を受けずに自己の自主的な判断に基づいて、という意味です。「憲法及び法律」という場合の「法律」とは、形式的意味ではなく、命令、規則、条例、慣習法等一切の法規範を含む実質的意味に解されています。

## 3 裁判官の身分保障

裁判官の職権の独立は、裁判官の身分が保障されることによって全うされます。こうした観点から、憲法78条は、「裁判官は、…心身の故障のために職務を執ることができないと決定された場合を除いては、公の弾劾によらなければ罷免されない」と定め、裁判官の身分保障の規定を設けています。

ここで例外として挙げられている①「心身の故障のために職務を執ることができないと決定された場合」については裁判官分限法に定めがあり、②「公の弾劾」の裁判所の管轄については裁判官弾劾法に定めがあり、弾劾裁判所の管轄とされています。

同条は、さらに、「裁判官の懲戒処分は、行政機関がこれを行ふことはできない」と定め、懲戒処分にも行政機関が関与できないことを定めています。

ポイント☞　司法権の独立に関するリーディングケースとしては、ロシア皇太子暗殺未遂事件に際し、当時の大審院が行政府の干渉に抵抗した「大津事件」があります。

172

# 司法権・裁判官の独立 のしくみ

☆関連法令等⇒裁判所法など

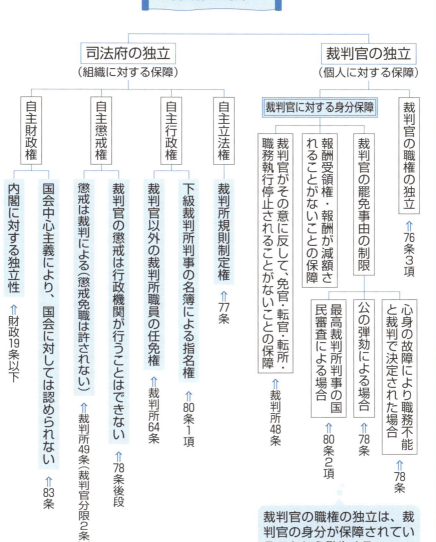

第6章

## 司法 4

司法（裁判）について理解しよう

# 最高裁判所の裁判官

▶内閣が任命（最高裁判所長官は天皇が任命）し、国民審査を受ける

第79条 ① 最高裁判所は、その長たる裁判官及び法律の定める員数のその他の裁判官でこれを構成し、その長たる裁判官以外の裁判官は、内閣でこれを任命する。

② 最高裁判所の裁判官の任命は、その任命後初めて行はれる衆議院議員総選挙の際国民の審査に付し、その後十年を経過した後初めて行はれる衆議院議員総選挙の際更に審査に付し、その後も同様とする。

③ 前項の場合において、投票者の多数が裁判官の罷免を可とするときは、その裁判官は、罷免される。

④ 審査に関する事項は、法律でこれを定める。

⑤ 最高裁判所の裁判官は、法律の定める年齢に達した時に退官する。

⑥ 最高裁判所の裁判官は、すべて定期に相当額の報酬を受ける。この報酬は、在任中、これを減額することができない。

### 1 最高裁判所の構成

最高裁判所は、最高裁判所長官1名および最高裁判所判事14名で構成されます（79条1項）。長官は、内閣の指名に基づいて、天皇が任命し（6条2項）、判事は、内閣が任命し天皇がこれを認証します（79条1項）。

### 2 最高裁判所の権能

最高裁判所は、①上告および訴訟法でとくに定める抗告についての一般的裁判権、②違憲法令審査権（81条）、③最高裁判所の規則制定権（77条）、④下級裁判所の裁判官指名権、⑤下級裁判所および裁判所職員を監督する司法行政監督権など

の権能を有します。

①、②は通常の裁判作用であり、最高裁判所は、大法廷（15名全員の裁判官の合議体）または小法廷（5名の裁判官の合議体）で、審理・裁判します。大法廷と小法廷のどちらで審理・裁判するかは、最高裁判所の決定によりますが、憲法判断や判例変更など一定の場合は大法廷で裁判することが必要とされます。

なお、③は実質的意味での立法権であり、④、⑤は明治憲法下、司法省（現在の法務省）所管の行政事務が現行憲法下で最高裁判所の権能となったものです。

# 裁判官の任命等 のしくみ

☆関連法令等⇒裁判所法など

第6章　司法

## 各種国家機関の指名・任命等

| 国家機関 | 指　名 | 任　命 | 任命の条件 | 認　証 | 条　文 |
|---|---|---|---|---|---|
| 最高裁判所長官 | 内閣の指名 | 天皇が任命 | 内閣の指名に基づく | ― | 6条2項 |
| 最高裁判所裁判官 | ― | 内閣が任命 | ― | 天皇が認証 | 79条1項7条5号 |
| 下級裁判所裁判官 | 最高裁判所の指名 | 内閣が任命 | 最高裁判所の指名した者の名簿による | 高等裁判所長官のみ天皇が認証 | 80条1項7条5号 |
| 内閣総理大臣 | 国会の指名 | 天皇が任命 | 国会議員であること | ― | 6条1項 |
| 国務大臣 | ― | 内閣総理大臣が任命 | 過半数が国会議員であること | 天皇が認証 | 68条1項7条5号 |

### 3 最高裁判所裁判官の国民審査

　最高裁判所の裁判官については、とくに、国民審査の制度が設けられており、任命後最初の衆議院議員総選挙の際、その後十年の経過毎にその後初めて行われる衆議院議員総選挙の際に審査に付されるものとされます（79条2項）。

　国民主権の見地から、司法権に対しても一定の民主的コントロールを及ぼそうとしたものであり、その法的性質については、リコール制（解職制）とみる説が通説

ですが、任命行為を完結確定させる行為とみる説もあります。

　この国民審査は、現行法上、罷免を可とする裁判官に×印を付し、そうでない場合は何も記入しないという投票方式ですが、最高裁は、国民審査の性質をリコール制と解した上で、この方式をむしろ適当なものと解しています。

ポイント☞　最高裁判所裁判官国民審査における過去の最高不信任率は15.17%、最低不信任率は4.01%となっています。

---

判例　▶国民審査の性質をどう見るか

（最大判昭27・2・20民集6巻2号122頁）

【判決】国民審査の制度は国民が裁判官を罷免すべきか否かを決定するためであって、裁判官の任命を完成させるかどうかを決定するためではない、と判示した。

| 第6章 | |
|---|---|
| 司 法 | |
| **5** | |

## 司法（裁判）について理解しよう

# 下級裁判所の裁判官

▶下級裁判所の裁判官は内閣が任命する

**第80条** ① 下級裁判所の裁判官は、最高裁判所の指名した者の名簿によつて、内閣でこれを任命する。その裁判官は、任期を10年とし、再任されることができる。但し、法律の定める年齢に達した時には退官する。
② 下級裁判所の裁判官は、すべて定期に相当額の報酬を受ける。この報酬は、在任中、これを減額することができない。

### 1 下級裁判所の構成

下級裁判所は、高等裁判所、地方裁判所、家庭裁判所、簡易裁判所とに分けられます。

各高等裁判所は、高等裁判所長官及び相応な員数の判事によって構成され、通常3名の合議体で事件を取り扱います。

各地方裁判所及び家庭裁判所は、相応な員数の判事及び判事補によって構成され、原則として1人の裁判官で事件を取り扱います。各簡易裁判所は、相応な員数の簡易裁判所判事によって構成され、1人の裁判官で事件を取り扱います。

### 2 下級裁判所裁判官の任命

憲法80条1項前段は、「下級裁判所の裁判官は、最高裁判所の指名した者の名簿によって、内閣でこれを任命する」と定めます。

この下級裁判官の任命のための名簿作成にあたり、最高裁判所は、下級裁判所裁判官指名諮問委員会を設置しています。内閣は、当該名簿に登載されていない者の任命はできないものの、指名された者の任命

を拒否することは可能と解されています。

なお、本項との関係で、下級裁判所に裁判官以外の者が関する現行の裁判員制度を違憲であるとする主張がありますが、同項が裁判官以外の者の関与を否定するものではない点、司法権に対する民主的統制の観点から合憲と解する立場が多数です。

### 3 下級裁判所裁判官の任期

憲法80条1項後段は、「その裁判官は、任期を10年とし、再任されることができる」と定めます。

ここで、裁判官が「再任されることができる」とされている趣旨については議論があり、①裁判官は再任される権利を有するという説、②再任も新任と全く同様であり、最高裁判所の自由裁量によるとする説、③再任が原則だが、不適格者であることが客観的に明白である場合には、再任を拒否できるとする説などがあります。

**ポイント**☞ 裁判官の定年については裁判所法50条に規定があり、最高裁と簡裁は年齢70年、それ以外は年齢65年に達したときに退官すると定められています。

176

# 民事・刑事裁判 のしくみ

☆関連法令等⇒裁判所法
民事訴訟法・刑事訴訟法など

第6章 司法

## 三審制と裁判の進み方

〔民事裁判のしくみ〕

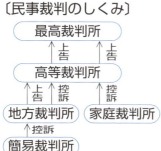

〔刑事裁判のしくみ〕

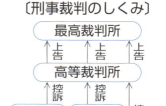

〔民事裁判の進み方〕

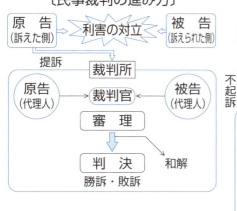

〔刑事裁判の進み方〕

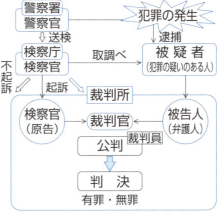

〔裁判員制度〕

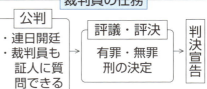

・評決内容が決まると、法廷で裁判長が判決を宣告
・裁判員としての役割は、判決の宣告により終了

第6章
司法
6

司法（裁判）について理解しよう

# 最高裁判所の法令審査権

▶最高裁判所は法律等が違憲でないかを判断する終審裁判所

第81条　最高裁判所は、一切の法律、命令、規則又は処分が憲法に適合するかしないかを決定する権限を有する終審裁判所である。

## 1 違憲法令審査権

憲法81条は、「最高裁判所は、一切の法律、命令、規則又は処分が憲法に適合するかしないかを決定する権限を有する終審裁判所である」と規定し、裁判所の違憲法令審査権を定めています。

これは、司法権の帰属する裁判所に、立法権、行政権の国家行為の合憲性を審査する権限を与えたものであり、その趣旨としては、

①憲法の最高法規性に照らし、それに反する国家行為は、当然無効とされるべきであるという法理論的理由、

②権力分立の原則に基づき、憲法の解釈適用につき、立法部や行政部に対し、司法部の自主独立性を認めようとする政治的、制度的理由、

③これによって他の国家機関、特に立法部の専横から、憲法の保障する国民の基本権を守り、裁判所を「法の番人」にしようとする実際的理由、

の3点が挙げられています。

## 2 違憲法令審査権の性格

違憲審査制には、大きく2つの類型があります。1つはアメリカ型の「付随的違憲審査制」で、具体的な訴訟事件の存在を前提に、それに付随して法令の合憲判断を行うという類型です。もう1つはドイツ型の「抽象的違憲審査制」で、特別の憲法裁判所が具体的事件と関わりなく法令の合憲判断を行う類型です。

わが国の違憲審査制は、具体的争訟事件を前提とする「司法」の一作用とされていること、憲法が憲法裁判所についての規定を設けていないこと、アメリカ憲法を由来したものという制度的沿革などから後者の付随的違憲審査制を採用したものと解されています。

## 3 違憲法令審査権の内容

違憲法令審査権の対象は、法律、命令のみならず地方公共団体の条例や行政庁の行政処分にも及びます。また、この審査権は、最高裁判所のみならず、下級裁判所も有しています。

また、裁判所がある法令につき、違憲と判断した場合のその法令の効力については、当該事件に限り、効力を失うとする個別的効力説が通説です。

ポイント☞　裁判所が憲法訴訟に臨むにあたっての自己抑制的な姿勢を「司法消極主義」、それと対照をなす姿勢を「司法積極主義」ということがあります。

178

# 法令審査権 のしくみ

☆関連法令等⇒裁判所法など

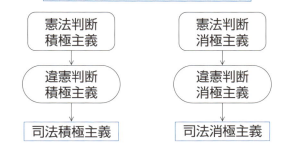

※司法消極主義…司法審査に当たって、裁判所が政治部門の判断をできるだけ尊重し、介入することはできるだけ控えるようとする態度。
※司法消極主義…司法審査に当たって、憲法の価値や理念の維持のために維持部門の判断に躊躇しない態度。

## 判例 ▶最高裁判所は法令等の違憲審査をする権限を持っているか
（最大判昭27・10・8民集6巻9号783頁）【警察予備隊違憲訴訟】

【事件】日本社会党の代表者であった鈴木茂三郎が、自衛隊の前身である警察予備隊が違憲無効であることの確認を求めて、最高裁判所を第1審として出訴した事件。
【判決】裁判所が現行の制度上与えられているのは司法権を行う権限であり、司法権が発動するためには具体的な争訟事件が提起されることを必要としたうえで、わが裁判所は具体的な争訟事件が提起されないのに将来を予想して憲法及びその他の法律命令等の解釈に対し存在する疑義論争に関し抽象的な判断を下すごとき権限を行い得るものではない、と判示した。

第6章
司法
7

司法（裁判）について理解しよう

# 裁判の法廷の公開

▶対審および判決は、原則として公開の法廷で行われる

第82条 ① 裁判の対審及び判決は、公開法廷でこれを行ふ。
② 裁判所が、裁判官の全員一致で、公の秩序又は善良の風俗を害する虞があると決した場合には、対審は、公開しないでこれを行ふことができる。但し、政治犯罪、出版に関する犯罪又はこの憲法第三章で保障する国民の権利が問題となつてゐる事件の対審は、常にこれを公開しなければならない。

## 1 裁判の公開

裁判の公正を確保するためには、その重要部分が公開される必要があります。こうした観点から、憲法82条1項は、「裁判の対審及び判決は、公開法廷でこれを行ふ」と定めています。

裁判の公開は、裁判の公正を保ち、裁判に対する国民の信用を得るために、近代国家における司法権の一要素です。

## 2 裁判の公開 の内容

ここでいう「対審」とは、裁判官の面前で行われる審理及び弁論をいい、民事訴訟における口頭弁論手続及び刑事訴訟における公判手続がこれに当たります。したがって、口頭弁論を開かない決定手続、法廷外の証拠調手続、非訟事件手続、少年及び家事審判手続、審尋手続などは対審には当たらず、公開しなくても良いこととなります。

「判決」とは、民事訴訟及び刑事訴訟における判決をいい、決定、命令、審判、和解、調停を含みません。

「公開」とは、一般の傍聴を許すこと、

すなわち傍聴の自由を意味しますが、法廷の設備などの関係から、傍聴人の数を制限したり、法廷の秩序維持の観点から、特定の者の退廷を命じたり、入廷を禁止したりすることは、公開の原則に反しません。

また、傍聴の自由は、報道の自由を含みますが、裁判所規則により、法廷においての写真撮影や放送が裁判所の許可制とされていることについても、最高裁は、秩序維持と当事者の利益保護等から合憲と解しています。

## 3 裁判の公開の例外

裁判の公開の原則に対する例外として、公の秩序又は善良の風俗を害するおそれがあると裁判官の全員一致で決定したときは、公開をしないで、対審を行うことができますが、政治的犯罪又は憲法第3章が保障する国民の権利が問題となっている事件の対審は、いかなる場合も公開しなければならないとされています（82条2項）。

ポイント☞ 本条2項の公開停止の例外は「対審」に限られており、「判決」については常に公開されることが必要とされます。

180

# 裁判の公開　のしくみ

☆関連法令等⇒裁判所法など

第6章　司　法

## 裁判の公開

| | 対　審 | 判　決 |
|---|---|---|
| 公　開 | 原　則 | すべて |
| 非公開 | 例　外<br>↓<br>次の①〜③の要件をすべてみたした事件の対審<br>①裁判官の全員一致で決したこと<br>②公の秩序・善良の風俗を害するおそれがあると決したこと<br>③政治犯罪、出版犯罪、人権問題に係る事件でないこと | |

■各種の事件と裁判の非公開
　対審事件は公開。ただし、裁判官が全員一致で公開することが「公の秩序・善良の風俗を害する虞がある」と判断したときは非公開となる。
■非公開となる民事関連事件
　①対審でない裁判の事件…離婚などの調停事件、子の認知などの審判事件など
　②対審で裁判所が「公の秩序・善良の風俗を害する虞がある」と判断した事件
　（例）営業秘密に関する当事者尋問等の非公開などは比較的認められている。
■非公開となる刑事関連事件
　①非公開を原則としている事件…少年事件
　②対審で裁判所が「公の秩序・善良の風俗を害する虞がある」と判断した事件
　（例）強姦事件で非公開としたものがある。

## 判　例　▶裁判所規則で写真撮影を許可制にしているのは裁判の公開に違反しないか

（最大決昭 33・2・17 刑集 12 巻 2 号 253 頁）

【判決】憲法が裁判の対審及び判決を公開法廷で行うことを規定しているのは、手続を一般に公開してその審判が公正に行われることを保障するためであるから、たとえ公判廷の状況を一般に報道するための取材活動であっても、その活動が公判廷における審判の秩序を乱し、被告人その他訴訟関係人の正当な利益を不当に害するがごときものはもとより許されず、刑事訴訟規則 215 条が写真撮影の許可を裁判所の裁量に委ねているのは、憲法に違反しない、と判示した。

181

# 第 7 章

# 財　政

### 第83条〜第91条

♣ 国にとって財政は政治の裏付けとして極めて重要です。どのように国家を運営するかは、財政の収入と支出によって決まるからです。また、財政の収入や支出におけるルールを決めておかなければ、国民に対する公平な財政の運用はできなくなります。

## ●国家財政についての憲法の規定の概要

### ■ 財政民主主義

　国の財政につき、明治憲法は、「第6章　会計」の章に比較的詳細な規定を設けてはいましたが、財政民主主義についての一般的規定はなく、財政に関する帝国議会の権限は「協賛」にとどまり、政府の従属的地位にあったということができます。

　これに対し、日本国憲法は、国の財政について財政民主主義の原則をとることを明らかにし、「第7章　財政」の章に第83条から第91条まで9か条の規定を設けています。

### ■ 財政の原則

　第83条で、「国の財政を処理する権限は、国会の議決に基いて、これを行使しなければならない」という財政民主主義の原則を明らかにする他、租税法律主義（第84条）、国費の支出及び債務の負担（第85条）、予算の支出及び国会の議決（第86条）、予備費（第88条）、公の財産の支出又は利用の制限（第89条）などの規定が設けられていいます。

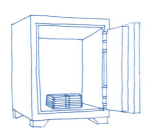

国家運営にはお金がいる…

# 第7章「財政」についての条文の構成

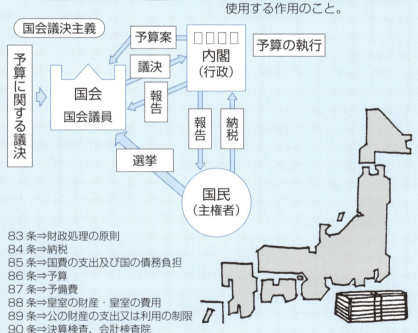

- 83条⇒財政処理の原則
- 84条⇒納税
- 85条⇒国費の支出及び国の債務負担
- 86条⇒予算
- 87条⇒予備費
- 88条⇒皇室の財産・皇室の費用
- 89条⇒公の財産の支出又は利用の制限
- 90条⇒決算検査、会計検査院
- 91条⇒財政状況の報告

**ポイント**

①国家財政は国会（国民により選挙で選ばれた国会議員で構成）の議決を経て運用される。
②国家財政は、国民によって管理・運営されるというのが現憲法の基本原則。

| 第7章 |
| 財 政 |
| **1** |

## 国の財政の決まりについて知ろう

# 国の財政（税金や予算など）

▶国の財政処理は国会の議決に基づき行使される

第83条 国の財政を処理する権限は、国会の議決に基いて、これを行使しなければならない。

### 1 財政民主主義

国家の活動には、莫大な資金が必要となりますが、その負担は、最終的には国民が求められることになります。したがって、財政の適正な運営は、国民の重大な関心事であり、このことは、立憲政治が国王の課税に対する国民の承認という財政問題を契機に発展したという歴史的経緯にも現れているといえるでしょう。

日本国憲法は、行政権の主体は内閣であると定める一方で、財政についてとくに一章を設け、国会のコントロールをつよく認める態度を宣言しています。

### 2 財政処理の基本原則

憲法83条は、「国の財政を処理する権限は、国会の議決に基いて、これを行使しなければならない」と規定しています。

明治憲法においては、財政に関する帝国議会の権限は「協賛」にとどまり、それも例外と制限があって極めて制限されていましたが、現行憲法は、これを根本的に改め、本条において、国の財政処理権限を国会の統制の下に置く財政民主主義を採ることを明らかにし、国会中心の財政制度を確立いたしました。

「財政を処理する権限」には、租税の賦課徴収のように、国民に命令し強制する作用である財政権力作用を行う上で認められる権限のみならず、この権限には国費の支出や国有財産の管理などの財政管理作用も含まれます。

### 3 国の財政処理は、すべて国会の統制に服する

これらの権限は、国会の議決する基準によってのみ行使されなければなりません。

この議決は、一般的、抽象的に、例えば、税法その他財政上の主義、方針を定める法律を制定する形でなされる場合もあり、個別的、具体的に、例えば、国庫債務負担行為に対し、各事項ごとに議決する形でなされる場合もあります。

これにより、国の財政処理は、すべて国会の統制に服することになり、明治憲法の下での前年度予算施行主義、緊急財政処分、大権に基づく既定費支出、法律上の政府義務支出、皇室経常費支出等の例外は認められなくなりました。

ポイント☞ 明治憲法下においても、国の財政についての議会協賛は定められていましたが、勅令による緊急財政処分が認められるなど議会の統制は不十分なものでありました。

184

# 租 税 法 律 主 義　のしくみ

☆関連法令等⇒財政法・会計法

第7章

財　政

## 租税法律主義

☆租税法律主義は、新たな税の徴収、税の変更をする場合には、国民を代表である国会の議決が必要であるというもの。

### 租税の新設

※一度国会議決を経れば、変更がない限り、国会の議決の必要はなく毎年徴収できる（永久税主義）

### 租税の変更

※法律上課税できるのに実務上非課税扱いのものは、通達により課税扱いとすることは可

| 新設される租税に関する法案 | 改正する租税についての改正案 |
|---|---|
| 国会審議 | 国会審議 |
| 議　決 | 議　決 |
| ⇩ | ⇩ |
| 新法の施行後 新法による課税 | 法改正施行後 改正法による課税 |

【議決事項】租税法律主義の原則は、租税の新設や変更において単に租税の種類や根拠が法律に定められていればよいというものではなく、租税条件（①納税物件、②課税物件、③税率、④賦課手続、⑤徴収方法等が厳格に定められていることが必要。

---

## 解説　▶「財政」とはなにか

　「財政」とは、国や地方自治体が収入・支出をする経済行為とされている。したがって、その内容は広範に及び、国家がその任務を行うために必要な財力を調達し、管理し、使用する作用とされている。具体的には、税を徴収し（財務省・国税庁）、予算を作成（財務省）し、支出する（各省庁）などの国の行為である。この規定を受けて財政法が制定されており、会計年度は4月1日から翌年3月31日までとし、各会計年度における経費はその年度の歳入でまかなうなどの原則が採用されている。

第7章
**財政**
**2**

国の財政の決まりについて知ろう

# 課税と国民の同意

▶課税は法律または法律の条件によらなければならない

第84条 あらたに租税を課し、又は現行の租税を変更するには、法律又は法律の定める条件によることを必要とする。

## 1 租税法律主義

憲法84条は、「あらたに租税を課し、又は現行の租税を変更するには、法律又は法律の定める条件によることを必要とする」と規定しています。

これは、租税は国民に対し直接負担を求めるものですから、必ず国民の同意を得なければならないという原則です。イギリスで古くから説かれた「代表なければ課税なし」という政治原理に由来します。

## 2 租税法律主義の内容

「租税」とは、国又は地方公共団体がその経費に充てるために、国民から無償で強制的に徴収する金銭をいいます。

形式的に租税という名称が用いられていなくても、特別の給付に対する反対給付の性質をもたず、一定の要件に該当するすべての者に対して課する金銭給付は租税にあたるとされます。

反対に、特別の給付に対する反対給付の性質を有するものは、租税にはあたらないとされています。例えば、その意味で国民健康保険料、専売品の価格、各種の検定手数料などは租税にあたらないと解されていますが、これらについても、83条との関係でやはり国会の議決が必要であると一般には解されています。

その「租税を課し」というのは、租税を賦課する行為の段階を指すのではなく、新たに租税の制度を設けることを意味します。

## 3 租税に関する通達と永久税主義

法律による議決を要する事項は、納税義務者、課税物件、課税標準、税率等の課税要件と税の賦課・徴収の手続です。

なお、法律上、課税できる物品であるにもかかわらず、実際上は非課税として取り扱われていた物品を「通達」によって新たに課税物件として取り扱うことは、違憲ではないと解されています。

また、租税につき、わが国は、一度国会の議決を経れば、これを変更する場合のほか、改めて国会の議決を経ずに毎年賦課徴収できるという「永久税主義」を採用していますが、この取扱いも84条の許容するところと解されています。

ポイント☞ 最高裁は、パチンコ球遊器が通達により課税されたことが租税法律主義に反すると主張された事案につき、通達が法の正しい解釈に基づく以上許容されるとしました。

# 国 の 財 政 処 理 のしくみ

☆関連法令等⇒財政法

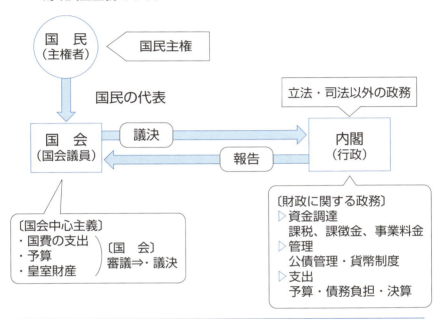

**財政民主主義**

☆財政の運用に関して、国民主権・民主主義に基づく原則が財政民主主義である。

【国会中心主義】財政の運営に関しては、国民主権・民主主義に基づく財政民主主義がとられている。この考えに基づくのが、国会中心財政主義であり、国費の支出等について国会の議決を経なければならないというものである。

## 判例 ▶国民健康保健保険料の賦課に租税法律主義の原則が適用されるか
(最大平成18・3・1、民集60巻2号587頁)【旭川国民年金保険料条例事件】

【事件】旭川市は条例方式による国民健康保険料の徴収方法を採用していたが、この条例には保険料率が定められておらず、旭川市長の定める告示によるものとされていた。これに対して、住民が、租税法律主義に反するとして課税処分の取り消しを求めた事件。
【判決】本件条例は、保険料率算定の基礎となる賦課総額を明確にした上で、市長の合理的な判断に委ねたものであり、見込額の推計については…議会による民主的な統制が及ぶ。保険料の算定方法は、恣意的な判断が加わる余地はない、と判示し、憲法に違反しないとした。

第7章

**財 政**
**3**

国の財政の決まりについて知ろう

# 国費の支出・債務を負担

▶いずれも国会の議決が必要である

第85条　国費を支出し、又は国が債務を負担するには、国会の議決に基くことを必要とする。

## 1 国費支出・国庫債務負担行為

憲法85条は、「国費を支出し、又は国が債務を負担するには、国会の議決に基づくことを必要とする」と定めます。

これは、83条の定める財政民主主義の原則を、国の支出面で具体化した規定なのです。

## 2 国費支出

国費の支出とは、国の各般の需要を満たすための現金の支払いをいいます。

国は、例えば、各種の産業を助成する場合、国は当該助成産業に対し、国費を支出する義務を負うことになります。この義務の負担自体は、法律によって定められることになりますが、それに伴う実際の国費の支出については、それとは別に、あらためて国会の議決を要することになるのです。

この国費の支出に対する国会の議決は、予算の形式によってなされます（86条）。財政法14条が、「歳入歳出は、すべて、これを予算に編入しなければならない」（予算総計主義）と規定しているのは、この国費の支出をも含む意味です。

## 3 国の債務負担行為

「国が債務を負担する」とは、国が財政上の需要を充足するのに必要な経費を調達するために債務を負うことをいいます。

将来、その弁済のために国費を支出することになり、ひいては国民の負担となるために国会の議決を要するとしたのです。

## 4 国会の議決の方法

国の債務負担行為に対する国会の議決については、憲法はとくに定めを設けておらず、財政法は①法律の形式と②予算の形式という2つの形式を認めています。

①法律の形式による場合は、財政公債の発行であり、その償還期が次年度以降にわたるもの（固定公債、長期公債）となります。

②予算の形式による場合は、さらに、一時借入金のように当該年度に返済されるもの（流動公債、短期公債）とそれ以外のものとに分けられます。

ポイント☞　「国が債務を負担する」ことは、当然に将来、その弁済のため国費を支出することにつながるため、憲法はその時点における「国会の議決」を要求しているわけです。

# 国庫支出の議決 のしくみ

☆関連法令等⇒財政法

## 国庫支出議決主義

☆「国庫支出議決主義」は、国が国費を支出し、債務を負担する場合は、国会の議決が必要となるというもので、租税民主主義を支出の側からとらえたものである。

### 国庫の支出
国費とは国（庫）が支出する費用のこと

【国　費】
① 予算として計上してある費用
② 災害などで予算以外に必要となった費用

国会の議決
・予算成立
・費用を伴う法律の制定あるいは予算措置

支　出

### 債務の負担
債務の負担とは、国が国債を発行するなどをし支出義務を負うこと

【債務負担】
① 公債（国債）の発行
② 外国人雇入れ費用
③ 土地建物の購入費用
④ 土地建物の賃借費用
⑤ 一時借入金など

国会議決
（予算の中の1つとして国会の議決）

支　出

---

**解説** ▶赤字国債の発行

　赤字国債は文字通り、予算（歳入－歳出）が赤字となるためにその穴埋めとして発行される公債。公債の発行については、戦前に赤字国債を乱発した経験から財政法4条1項で「国の歳出は、公債または借入金以外の歳入を以て、その財源としなければならない。但し、公共事業費、出資金及び貸付金の財源については、国会の議決を経た金額の範囲内で、公債を発行し又は借入金をなすことができる」と規定し、健全財政主義を定めている。しかし、この4条但書の公債の他に、毎年「〇〇年度における公債の発行の特例に関する法律」（特例公債法）により赤字国債が発行されている。

**第7章**

**財政**

**4**

国の財政の決まりについて知ろう

# 内閣の予算作成と国会議決

▶予算は毎年度作成し、国会で審議・議決

第86条 内閣は、毎会計年度の予算を作成し、国会に提出して、その審議を受け議決を経なければならない。

## ① 予算

国の収入および支出が毎年、予算という形式で国会に提出され、審議・議決されるのは近代国家に通ずる大原則です。予算とは、一会計年度における国の財政行為の準則であり、それに従って国の財政が運用されることになるものです。

憲法はこの予算につき、86条において、「内閣は、毎会計年度の予算を作成し、国会に提出して、その審議を受け議決を経なければならない」と規定しています。

## ② 予算の法的性格

予算は、単なる歳入歳出の見積表ではなく、政府の行為を規律する法規範と解されています。しかし、予算を法律の一種とみるか（予算法律説）、独自の法形式とみるか（予算法形式説）については議論があります。

多数説は、予算が一般国民を直接拘束しないこと、効力が一会計年度に限られていること、計算のみを扱っていることなどのほか、提出権者や先議権、議決における衆議院の優越の点で法律と異なっていることなども挙げ、予算を法律とは異なる特殊の法形式であると解します。

実務上も、予算と法律とは別個のもの

とされており、そのため、予算と法律との不一致（予算は成立したのに、その支出の根拠となる法律が存在しないなど）が生じ得ることとなります。

## ③ 予算の審議

予算は、内閣によって作成され、国会の審議・議決を受けます。衆議院にその先議権および議決に対する優越性が認められていることは前述のとおりです（60条参照）。

国会は議決に際し、原案にあるもの排除削減するマイナス修正も新たな項目を設けたり、金額を増加するプラス修正も可能と解するのが一般です。

## ④ 暫定予算

日本国憲法下においては、会計年度の開始までに当該年度の予算が成立しない場合には、明治憲法下と異なり、暫定予算が編成されます。

ポイント☞ 予算の修正については、予算行政説からは厳しい条件が付され、予算法律説からは無限定との解釈に傾きますが、予算法形式説からは種々の多様な主張がなされます。

190

# 予算と予算成立のしくみ

☆関連法令等⇒財政法

第7章　財政

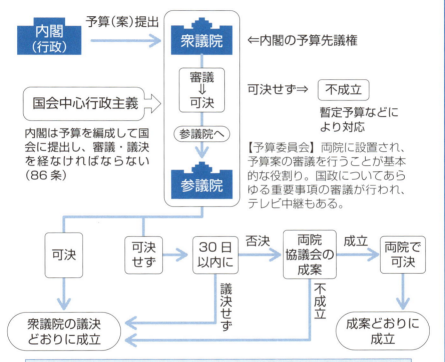

☆予算は内閣が作成し、国会に提出して審議・可決により成立。

**国会中心行政主義**
内閣は予算を編成して国会に提出し、審議・議決を経なければならない（86条）

【予算委員会】両院に設置され、予算案の審議を行うことが基本的な役割。国政についてあらゆる重要事項の審議が行われ、テレビ中継もある。

【暫定予算】暫定予算は本予算に対応する用語で、国会の解散や国会による予算案の否決などの事情で年度開始までに本予算が成立しなかった場合に、その成立までに避けることのできない支出のための予算である。しかし、暫定予算であってもその成立には国会の議決が必要で、場合によっては、暫定予算自体が成立しないこともありうる。

## 解説　▶予算案の作成

予算は内閣が作成し、国会の審議・議決が必要ですが、財務省が予算案を作成する前に各省庁から、まず概算要求がなされる。概算要求とは、各省庁が政策を実施するのに必要な経費を要望書にまとめ、予算を所轄する財務省に提出する。その後、財務省は概算要求を査定し、財務省原案が作成され閣議に提出される。閣議の了承を得た財務省案は政府（内閣）案としては国会に提出される。

第7章
**財 政**

**5**

国の財政の決まりについて知ろう

# 予見し難い予算不足に充てる予備費

▶国会の議決に基づいて予備費を設けることができる

第87条 ① 予見し難い予算の不足に充てるため、国会の議決に基いて予備費を設け、内閣の責任でこれを支出することができる。
② すべて予備費の支出については、内閣は、事後に国会の承諾を得なければならない。

## 1 予備費

憲法87条1項は、「予見し難い予算の不足に充てるため、国会の議決に基づいて予備費を設け、内閣の責任においてこれを支出することができる」と定めます。

憲法85条の国費の支出に対する国会の議決は、使途や内容の確定した支出に対する事前の承諾を意味していますが、実際の支出に当たっては、予算の見積額を超過する場合や新たな目的のため支出が必要となる場合も生じ得ます。

予備費は、かかる事態に備えるため、あらかじめ使途内容が不明確なまま一定の額を予算に計上する制度であり（財政法24条）、この予備費は支出目的が不特定であるという点で86条の例外ということになります。

この見解によれば、予備費も予算に計上されるものであるため、予算の不成立の場合、予備費によっては対応することはできません。この場合、暫定予算による対応は可能ですが、その暫定予算も成立しないいわゆる「予算の空白」の場合には、何らの手当も施されていないこととなります。

こうした点が不都合であるとして、予備費を予算不成立の場合に使用可能な、予算とは別個の恒常的基金たる性質をもつものとして把握する見解があり、この見解は、そのように解してこそ87条が86条の例外であること、87条が内閣の責任を強調し、事後に国会の承認を要求していることをより良く説明できるとしています。

## 2 事後の国会の承認

憲法87条2項は、「すべて予備費の支出については、内閣は、事後に国会の承認を得なければならない」と規定します。

同条第1項の国会の議決は、一定額を予備費として計上すること自体への承認ですから、政府の責任において支出した後、その支出の当否について、それとは別に、事後に国会の承認が必要となるわけです。

ポイント☞ 歳出予算に不足が生じた場合としては、補正予算を組むという方法もありますが、予備費は、通常見込まれるような不足に対する柔軟な対応を可能とする制度です。

# 予 備 費 のしくみ

☆関連法令等⇒財政法

第7章 財政

## 予備費の計上

☆予備費は予見し難い予算不足に充てるため、使途内容が不明確なまま予算に計上する費用。

【予算の主要項目】
（平成25年度）
①社会保障関連費
　…29兆1224億円
②地方交付税交付
　…16兆3927億円
③文教費・科学振興費
　…5兆4113億円
④公共事業関連費
　…5兆2853億円
⑤防衛関連費
　…4兆5734億円
　　　　：
◎予備費…3500億円
　※予備費は予算合計額の約5%程度

| 予算 |
| --- |
| 予備費 |

⬇

使途内容が不明確なまま一定額を計上

【予備費計上の理由】
・予算の見積額が超過する場合に備えるため
・新たな目的のために支出が必要となることがあるためなど

⬇

| 国会 |
| --- |
| 予算の審議 |

⬇

予算の成立
（予備費も成立）

⬇

予備費の支出 ⬅ 事後の国会の承認

【補正予算】補正予算は、国の義務に属する経費のほか、予算成立後の事由により、当初の予算（本予算）を変更しなければならない場合に認められる予算。財政法上の制度である。

---

## 解説 ▶予算案と財政法

　国の予算その他財政の基本に関しては、財政法が規定している。財政法は予算に関しては、「予算は、予算総則、歳入歳出予算、継続費、繰越明許費及び国庫債務負担行為とする」としている（16条）。予算総則は総括的規定を設ける他、公債または借入金の限度額、公共事業の範囲、日本銀行の公債の引受及び借入金の借入の限度額などの規定が設けられる。また、歳入歳出予算は予算の本体であり、歳入はその年度の収入、歳出は支出の見積もりである。

| 第7章 |
| 財　政 |
| **6** |

## 国の財政の決まりについて知ろう

# 皇室財産と皇室費用

▶皇室財産は国に属し、皇室費用は国会の議決が必要

**第88条**　すべて皇室財産は、国に属する。すべて皇室の費用は、予算に計上して国会の議決を経なければならない。

### 1 皇室財産に対する民主的統制

日本国憲法における「国民主権原理」は、明治憲法下と異なり皇室財政についても民主的コントロールが及ぶしくみをとっています。

### 2 皇室財産

憲法88条前段は、「すべて皇室財産は、国に属する」と規定しています。

本条は、憲法施行当時の天皇の財産（御料）を憲法施行とともに全て国有財産に編入するという意味を持ちます。ただ、全くの私的生活のための財産は、本条にいう皇室財産には当たらないものと解されています。

なお、本条は、国有財産に編入された皇室財産について、皇室に必要とするものをその用に供することまで禁ずるものではありません。

### 3 皇室経費

また、憲法88条後段は、「すべて皇室の費用は、予算に計上して国会の議決を経なければなならい」と規定しています。

明治憲法下においては、皇室費用の支出については、明確な公私の区別なく、皇室財産収入および国庫から支出する皇室経費によってまかなわれ、帝国議会の協賛は極めて限定的なものでした。

しかし、上述のように、皇室財産の国有化にともない、その活動費も国庫からの支給に依存することとなり、予算への計上という形で皇室費用に対する民主的コントロールが実現したのです。

### 4 皇室費用の内訳

皇室経済法によれば、予算に計上する皇室の費用は、「内廷費」、「宮廷費」、「皇族費」に区別されます。

「内廷費」は、「天皇並びに皇后、…の日常の費用その他内廷諸費に充てるもの」で、別に法律で定める定額を毎年支出します。これは、宮内庁の経理に属する公金とはされません。

「宮廷費」とは、内廷諸費以外の宮廷諸費に充てるものであり、宮内庁の経理に属する公金とされます。「皇族費」は、「皇族としての品位保持の資に充てるために、年額により毎年支出するもの…」であり、御手元金とされます。

（ポイント）☞　神器、宮中三殿など「皇位とともに伝わる由緒ある物」（皇室経済法7条）などは、本条にいう「皇室財産」には含まれない私産と解されています。

# 皇 室 経 済　のしくみ

☆関連法令等⇒皇室経済
法・国有財産法

## 皇室財産と費用

☆皇室には財産はなく、国より皇
室費用が支出される。

第7章

財

政

### ■皇室財産

すべての皇室財産は国に帰属

### ■皇室費用

| 費　目 | 内　　　容 | 平成24年度額 |
|---|---|---|
| ●内廷費 | 天皇および内廷皇族の日常の費用その他内廷諸費に充てる。別に法律で定める定額を、毎年支出する。内廷費として支出されたものは、お手元金となるものとし、宮内庁の経理に属する公金としない。サラリーマンで言えば、個人の給与・収入に相当する。 | 3億2400万円 |
| ●宮廷費 | 内廷諸費以外の宮廷諸費に充てるものとし、宮内庁でこれを経理する公金である。内訳は諸謝金、報償費、庁費、招宴費、各所修繕、自動車重量税、施設整備費、交際費等。 | 55億7996万円 |
| ●皇族費 | 皇族費には、以下の費用がある。<br>▷皇族としての品位保持等の資に充てるための費用。各宮家の皇族に対し年額で支出される。<br>▷皇族が初めて独立の生計を営む際に一時金として支出される費用<br>▷皇族がその身分を離れる際に一時金として支出される費用。 | 2億9128万円 |

### ■財産授受の制限

皇室の財産の授受については、次に掲げる金額の範囲内の場合や通常の私的経済行為の場合を除き、国会の決議を要する。

| 天皇・内廷皇族 | 賜与の限度額（年度間） | 譲受の限度額（年度間） |
|---|---|---|
| 天皇・内廷皇族 | 1,800万円 | 600万円 |
| 宮家・皇族（成年） | 各160万円 | 各160万円 |
| 同　　　（未成年） | 各　35万円 | 各　35万円 |

参考資料：皇室の経済（宮内庁）

第7章
**財　政**
# 7

国の財政の決まりについて知ろう

# 公の財産の支出・利用の制限

▶宗教団体や慈善団体などへの公の財産の支出は禁止

**第89条** 公金その他の公の財産は、宗教上の組織若しくは団体の使用、便益若しくは維持のため、又は公の支配に属しない慈善、教育若しくは博愛の事業に対し、これを支出し、又はその利用に供してはならない。

## 1 公金支出の禁止

国または地方公共団体の有する公金その他の公の財産は、国民の負担と密接に関係するため、適正に管理されることが必要です。

こうした趣旨から、憲法89条は、「公金その他の公の財産は、宗教上の組織若しくは団体の使用、便益若しくは維持のため、又は公の支配に属しない慈善、教育若しくは博愛の事業に対し、これを出し、又はその利用に供してはならない」と規定しています。

## 2 公金支出禁止規定の内容

本条は、公の財産の支出又は利用に制限を加えた規定ですが、その前段は、公金その他の公の財産を、「宗教上の組織若しくは団体」の使用、便益若しくは維持のため、支出又はその利用に供してはならないとするもので、これは、国家と宗教の分離（20条）を財政制度においても保障しようとするものです。

後段は、同じく「公の支配に属しない慈善、教育、博愛の事業」への公金等の支出、利用を禁ずる規定ですが、こちらについては、その趣旨に議論があります。

## 3 公の支配

本条後段については、その趣旨を①私的事業の自主性を確保する点にみる見解、②財政民主主義の観点から公費の濫用を防ぐことにあるとする見解とに大きく分かれます。

①説の立場からは、私的事業の自主性確保のため、公金支出の範囲を限定する方向への解釈となり、「公の支配」の意味も事業の予算、人事、運用についての重要な点で監督、関与することであるというように厳格かつ狭義に解します。一方、②説の立場からは、公金支出もそれが濫用にあたらなければ許容されることとなり、「公の支配」も、広く、国の財政援助が不当に利用されることのないように監督するという程度をもって足りると解します。

①説からは、私立学校振興助成法等による監督程度では「公の支配」に属さず、私立学校に対する助成措置は違憲ですが、②説からは、合憲と解されます。

ポイント☞　自民党憲法改正草案においては、②説の立場に立脚して「公の支配に属しない」が「公共団体の監督が及ばない」となっています。

196

# 公金の支出・利用の制限 のしくみ

☆関連法令等⇒教育基本法・私立学校法など

## 公金の支出・利用の制限

☆公金は、一定のものについては支出することが禁止されている。

**よく問題となる規定です！**

公の財産 ← 国または地方公共団体が有する公金など

政教分離の原則を財政面から規定したもの

**支　出**

財政援助の名の下に不当な支払が行われないようにしたもの

89条前段 ⇒ ✕ 制限 　　制限 ✕ ← 89条後段

| 宗教上の組織もしくは団体の使用・便益もしくは維持のために支出・利用に供すること | 公の支配に属しない慈善教育もしは博愛の事業に対する支出、利用に供すること |

**事例**
文化財保護のための寺院などへの補助金の支出、宗教学校への補助金の支出・国庫助成⇒合憲論が通説。靖国神社問題については、公的支援があったり、公費から供花料が支出された場合は問題が生じる。

**事例**
非宗教の私立学校や慈善団体への援助（私学助成・補助金の支給）⇒厳密に「公の支配」を解釈して違憲とする説もあるが、通説は何らかの監督が行われてことを要求しているに留まるとして合憲としている。

### 判例 ▶幼児教室の公有財産の無償利用・補助金の支出は憲法違反か
（東京高判平成2・1・29、高民集43巻1号1頁）

【事件】A町の町長は、同町で幼児教室を開設しているB（権利能力なき社団）に対して、A町所有の不動産を無償で貸与すると同時に補助金を拠出した。これに対して同町の住民がこの行為は憲法89条に違反するとして監査請求を行い、公金支出の差し止め等を請求した事件。
【判決】同条後段の教育の事業に対する支出・利用規制の趣旨は、「公の支配」に属しない教育事業に公の財産が濫費される可能性があることに基づくものであり、「公の支配」は、当該人事、予算等に、公権力が必ずしも関与する必要はない。また、この規制が法律によるものであることまで求めているものではない、と判示して、憲法89条に違反しないとした。

第7章
財　政
**8**

国の財政の決まりについて知ろう

# 会計検査院による決算の検査

▶検査報告とともに国会に提出しなければならない

**第90条**　①　国の収入支出の決算は、すべて毎年会計検査院がこれを検査し、内閣は、次の年度に、その検査報告とともに、これを国会に提出しなければならない。
②　会計検査院の組織及び権限は、法律でこれを定める。

## 1 決算報告

憲法90条1項は、「国の収入支出の決算は、すべて毎年会計検査院がこれを検査し、内閣は、次の年度に、その検査報告とともに、これを国会に提出しなければならない」と規定します。

国の財政行為に対する事後的な民主的コントロールであり、財政民主主義の具体化の1つです。

決算とは、1会計年度における国家の現実の収入支出の実績を示す確定的計数を内容とする国家行為の一形式をいいます。予算と異なり、法規範性はありません。

決算制度は、予算によって立てられた歳入歳出の予定準則が現実の収支として適正に行われたかどうかを検査するためにあります。予算執行者の責任を明らかにすると同時に、将来の財政計画の立案や予算定立のための一資料になります。

## 2 会計検査院の検査

決算は、政府が作成した上でそれを会計検査院に送付してその検査に服することになっています。

会計検査院は、内閣に対して独立の地位を有する点で、独立行政委員会と共通します。

検査官は、内閣が任命し、任免は天皇が認証します。

## 3 国会の審査

内閣は、会計検査院の検査を経た決算を翌年度開会される通常国会において国会に提出することを常例としています。決算は、内閣から両議院に同時に提出され、両議院は各々別個にこれを審査し、両院交渉の議案としてではなく、報告案件として取り扱われています。

本条にいう「国会に提出」するとは、国会が提出された決算を審議し、それを認めるか否か議決することを要するという趣旨です。この議決の主体については、議院議決説と国会議決説との争いがあります。

もっとも、両議院一致の議決は必要なく、また、各議院の議決は決算の効力とは関係ないものとされています。

**ポイント**☞　アメリカ合衆国の会計検査院は、立法府に設置される機関であり、その長および副院長の任期は、政治的独立性を確保するため15年とされています。

198

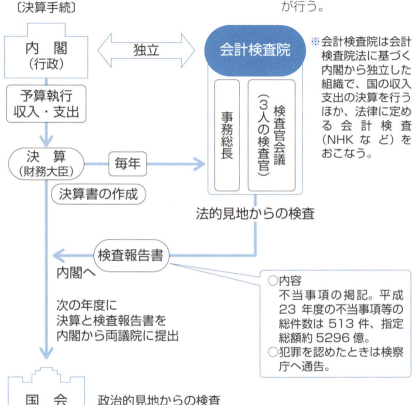

## 解説 ▶会計検査院とはなにか

　会計検査院については、会計検査院法という法律に定められている。それによると、会計検査院は国及び裁判所に属さず、内閣からも独立した憲法上の機関で、国や法律で定められた機関の会計を検査し、各省庁などで会計経理が正しく行われているよう監督する職責を持つ。具体的には、国の収入支出の決算を検査し、会計検査院法29条の規定に基づいて、決算報告書を作成し、これを内閣に送付する。また、検査において不正等の事項については、意見の表示や処置を要求する場合がある。

| 第7章 |
|---|
| **財 政** |
| **9** |

国の財政の決まりについて知ろう

# 国の財政状況の報告

▶内閣は国会または国民に対して財政状況を報告する

**第91条** 　内閣は、国会及び国民に対し、定期に、少くとも毎年１回、国の財政状況について報告しなければならない。

## 1 財政状況の報告

　憲法91条は、「内閣は、国会及び国民に対し、定期に、少くとも毎年一回、国の財政状況について報告しなければならない」と規定します。

　財政状況公開の原則を定めたものであり、前条の決算報告の制度と同様、国の財政行為に対する事後的な民主的コントロールを定めたものです。

　日本国憲法が採用する議院内閣制の下では、内閣が国会に対して報告する義務があることは当然なので、本条の意義は、専ら国民に対する報告義務を明文化したことにあると考えられます。これにより、国民は、国の財政を監視することが可能となるわけです。

　もっとも、本条は、国民が内閣に対し直接に報告を要求する権限までをも認めたものではなく、内閣が報告を怠った際には、国会が内閣の政治責任を追及しうるにとどまるものと解されています。

## 2 財政状況報告の頻度

　本条は、財政が会計年度に区切られ、1年を1会計年度としていることに照らし、少なくとも1年に1回は報告がなされることを求めています。

　また、その報告がなされる時期を国民があらかじめ予測できるようにとの配慮から、この報告が定期的になされることも求めています。

## 3 財政状況の内容とその方法

　本条の財政状況報告の中身についてですが、財政法は、予算が成立したときには、直ちに予算、前々年度の歳入歳出の決算、公債・借入金・国有財産の現在高、その他財政に関する一般事項について、印刷物、講演その他適当な方法で国民に報告する必要があるとしています（財政法46条1項）。

　また、少なくとも毎4半期毎に、予算使用の状況、国庫の状況その他の財政状況につき、国会と国民に報告することになっています（同条2項）。

　なお、報告の方法としては、印刷物、講演の他は、テレビ、ラジオ、インターネットなども考えられるでしょう。

---

**ポイント**🖙　本条を受け、毎年1月に召集される通常国会の本会議において、財務大臣が財政状況について演説を行います（政府4演説のうちの財政演説）。

200

# 会計検査院の報告 のしくみ

☆関連法令等⇒内閣法・財政法・国有財産法

☆内閣には、財産状況を国会および国民に知らせる義務がある。

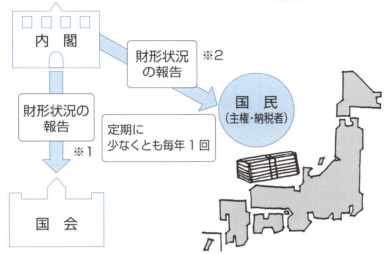

※1. 国会（通常会）での、内閣（財務大臣）による財政状況についての演説
※2. 国民への内閣による財政状況の報告は、毎年、官報・ホームページ等により「財政法第46条に基づく国民への財政報告」というタイトルでなされている。

〔「平成24年度財政法第46条に基づく国民への財政報告」の内容〕
第1部⇒平成24年度予算　第2部⇒平成22年度決算
第3部⇒平成22年度における国債、借入金および国有財産現在高

## 解説　▶会計検査院の決算報告書と不正事件

労働省の不正経理が報道されたのは2005年度のと会計検査院の決算報告書が基であった。各地の労働局において、残業手当やカラ残業手当の不正支給、出張費の使い込みなど不適正経理が発覚した。この会計検査院の報告を受けて、厚生労働省が処分した人員は約2500人にも上った。しかし、厚生労働省が横領として刑事事件で告訴することはなく、処分の甘さも目立った。というのは、会計検査院には検察と違い犯罪者として起訴する権限がないのだ。国を揺るがしたロッキード事件にしても、ジェット機の購入は国が行うのだから、会計検査院が積極的に動いてよかったはずだが。

# 第8章 地方自治

第92条〜第95条

♣ 中央政府の行政は内閣（第5章）において行われますが、地方自治については憲法の第8章「地方自治」の規定を受けて、「地方自治法」等の法令により行われます。憲法の規定は、地方自治を保障したという点で重要です。

## ●地方自治に関する憲法の規定の概要

### ■ 地方自治の保障

明治憲法には、地方自治についての規定は設けられておらず、地方自治制度については、憲法上の保障は与えられていませんでした。明治憲法の下、地方自治制度は法律上の制度としては存在していましたが、極めて中央集権的、官僚的色合いの濃いものでした。

これに対し、日本国憲法は「第8章 地方自治」の章に第92条から第95条まで4か条の規定を設け、地方自治を憲法上の制度として保障しています。

### ■ 地方自治の運営

日本国憲法第8章は、第92条で、「地方公共団体の組織及び運営に関する事項は、地方自治の本旨に基いて、法律でこれを定める」という地方自治の基本原理を明らかにした後、地方公共団体の機関とその選挙についての第93条、地方公共団体の権能についての第94条、特別法の住民投票についての第95条といった規定を設けています。

都庁

# 第8章「地方自治」についての条文の構成

## 日本国憲法の条文

前文 → 第1章 天皇 → 第2章 戦争の放棄 → 第3章 国民の権利及び義務 → 第4章 国会 → 第5章 内閣 → 第6章 司法 → 第7章 財政 → **第8章 地方自治** → 第9章 改正 → 第10章 最高法規 → 第11章 補則

## 第8章「地方自治」の構造

92条〜95条

☆地方自治とは、地方住民の意思と責任において行う地方行政のやり方。

**地方自治の本旨** ← 92条
- 住民自治
- 団体自治

↑ 地方自治法

- 住民自治 → 住民による政治 → 主張・議員・その他吏員の選挙
- 団体自治 → 地方の独立 → 財産管理・事務管理・行政執行・条例制定 ← 94条

一の地方公共団体のみに適用される特別法 住民投票 → 国会

95条 93条

地方公共団体の組織ほか選挙に関する事項を定める法律 → 地方自治法

**第8章・地方自治**
- 第92条⇒地方自治の基本原則
- 第93条⇒地方公共団体の機関と直接選挙
- 第94条⇒地方公共団体の機能
- 第95条⇒特別法の住民投票

**ポイント**
①わが国の地方自治は地方自治法を原則とし、法行政の側面もある。
②憲法上、地方自治については、地方公共団体の機関等についての枠組みを定めたにすぎない。

第8章
**地方自治**
**1**

地方自治に関する憲法の規定を知っておこう

# 地方自治の基本原則

▶組織・運営に関する事項は、法律で定める

第92条　地方公共団体の組織及び運営に関する事項は、地方自治の本旨に基いて、法律でこれを定める。

## ☐1 地方自治

日本国憲法において、統治機構は、民主主義と権力分立原理に基づいて組織されていますが、そうした理念の貫徹のためには、地方の政治においても、そうした理念が及ぼされる必要があります。

すなわち、地方自治に対し、「地方自治は民主主義の学校である」という意味での住民による自治を認めることと地方自治に対し、中央集権を抑え、権力を地方に分散させる役割を担わせることがそれです。

地方自治の法的保障は、各国により異なりますが、日本国憲法では、第8章「地方」において憲法上の制度として保障しています。この保障の性質については争いがありますが、地方公共団体の自然権、固有権的な基本権の保障ではなく、地方自治という歴史的、伝統的制度の保障（制度的保障）と理解するのが一般です。

## ☐2 地方自治の本旨

憲法92条は、「地方公共団体の組織及び運営に関する事項は、地方自治の本旨に基いて、法律でこれを定める」と規定し、地方自治の本旨が地方自治制度の基礎であることを憲法上明確にしています。

ここでいう「地方自治の本旨」とは、

①住民自治と②団体自治という2つの要素から成り立ちます。

①の住民自治とは、地方自治が住民の意思に基づいて行われるという民主主義的要素であり、93条で地方公共団体の長及び議会の議員を住民が直接選挙する旨を規定し、95条で地方特別法は住民投票に付される旨規定することに具体化されています。

②の団体自治とは、地方自治が国から独立した団体に委ねられ、団体自らの意思と責任の下でなされるという自由主義的・地方分権的要素を意味し、94条で地方公共団体の自治権を定めることに具体化されています。

これらの原則により、地方公共団体そのものを廃止したり、地方議会を諮問機関とすることは、「地方自治の本旨」に反する措置として違憲になります。

ポイント☞　地方自治権の本質については、国家の統治権に伝来するとする「伝来説」、前国家的なものとする「固有権説」の他、「制度的保障」と見る説などがあります。

204

# 地方自治と法律 のしくみ

☆関連法令等⇒地方自治法など

☆憲法は、地方自治のあり方についても配慮している。

## 地方自治と法律

### 92条の条文

**地方公共団体**[※1] の組織及び運営 に関する事項は、**地方自治の本旨**[※2] に基いて、**法律**[※3] でこれを定める。

- ※1 「地方公共団体」には、普通地方公共団体と特別地方公共団体とがある。
  ▷ 普通地方公共団体…都道府県、市区町村、指定都市、中核市、特例市
  ▷ 特別地方公共団体…地方公共団体として地方公共団体の各種の組合などがある。
- ※2 「地方自治の本旨」とは、団体自治と住民自治の2つの要素がうまく行われること（左ページの本文参照）
- ※3 地方公共団体の組織及び運営に関する法律には、①地方自治法、②地方教育行政の組織及び運営に関する法律、③自治省設置法、④地方公務員法、⑤消防組織法などがある。

（例）地方自治法⇒憲法を受けた下位法で、地方自治に関する基本的法律

〔地方自治法〕
第1編　総則
第2編　普通地方公共団体
第3編　特別地方公共団体
※全299条からなる

## 解説 ▶地方自治法とは

　地方自治法1条は、「この法律は、地方自治の本旨に基づいて、地方公共団体の区分並びに地方公共団体の組織及び運営に関する事項の大綱を定め、併せて国と地方公共団体との間の基本的関係を確立することにより、…」と規定している。そして、国と地方公共団体の役割分担の原則として、地方公共団体は住民の福祉の増進を図ることを基本とすること、国は国際社会における国家としての事務や、全国的に統一して定めることが望ましい国民の諸活動、地方自治に関する基本的な準則に関する事務などを分担することとし、住民の身近な行政はできるだけ地方公共団体に委ねることが望ましいとしている。

# 第8章 地方自治 2

地方自治に関する憲法の規定を知っておこう

# 地方議会および直接選挙

▶地方公共団体は議会を設置し、議員等は直接選挙で選ぶ。

第93条 ① 地方公共団体（ち ほうこうきょうだんたい）には、法律の定めるところにより、その議事機関として議会を設置する。
② 地方公共団体の長、その議会の議員及び法律の定めるその他の吏員は、その地方公共団体の住民が、直接これを選挙する。

## 1 地方公共団体

憲法92条から95条には、「地方公共団体」という用語が用いられていますが、その範囲については議論があります。

地方自治法1条の3は、地方公共団体を普通地方公共団体（都道府県及び市町村）と特別地方公共団体（特別区、地方公共団体の組合、財産区及び地方開発事業団）の2種類に分けていますが、憲法上の地方公共団体がその全部を含むのか否かが問題となります。

一般に、憲法にいう地方公共団体とは、その沿革や実態から、基礎的、普遍的な地方公共団体、すなわち、都道府県と市町村の普通地方公共団体がこれに当たり、特別地方公共団体は、行政の必要上、政策的に改廃されるものであり、これには該当しないと解されています。

この点に関し、最高裁は、東京都の特別区につき、社会的基盤や沿革、現実の権能といった観点から、憲法上の地方公共団体に該当しないと判示しています。

## 2 地方公共団体の機関

地方公共団体の機関には、議事機関と執行機関とがあります。

この議事機関につき、憲法93条1項は、「地方公共団体には、法律の定めるところにより、その議事機関として議会を設置する」と定めます。

また、執行機関については、「地方公共団体の長、…及び法律の定めるその他の吏員」が設けられ、それらの者は、議会の議員とともに、その地方の住民が直接選挙を行います（93条2項）。地方自治における住民自治の一環であり、長にはこのほか地方自治法により、住民による解職請求（リコール）の制度も認められています。

なお、執行機関としては、そのほか教育委員会、選挙管理委員会、人事委員会又は公平委員会、監査委員（以上普通地方公共団体の必要機関）、公安委員会、地方労働委員会、収用委員会等（以上、都道府県の必要機関）並びに農業委員会及び固定資産評価審査委員会（以上、市町村の必要機関）を設置しなければなりません。

ポイント ☞ 行政区画として道と州を置くとする「道州制」構想については、現在の都道府県が憲法上の地方公共団体であることとの関係で憲法上の問題も内包しています。

206

# 地方公共団体の行政機構 のしくみ

☆関連法令等⇒地方自治法・公職選挙法

☆国の小型版の政治形態だが、長の直接選挙やリコール・住民投票がある。

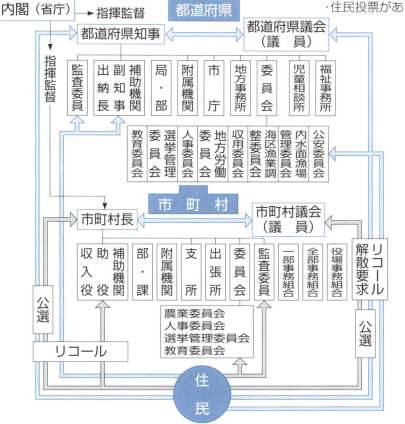

## 判例 ▶東京都の「特別区」は普通地方公共団体といえるか

(最大判昭和38・3月27、刑集17巻2号121頁)

【事件】東京都の区長選挙に関して、金員を受け取ったとして収賄の罪に問われたXは、収賄罪に必要な職務権限を争い、1952年改正の自治法は、本来公選制であるべき特別区区長の選出を議会に委ねた点で、憲法93条2項に違反するとして無効を主張した事件。

【判決】地方公共団体と言えるためには、事実上住民が経済的文化的に密接な共同生活を営み、共同体意識を持っているという社会的基盤が存在し、沿革的に見ても、行政上においても、相当程度の自主立法権、自主行政権、自主財政権等地方自治の基本的権能を付与された地域団体であることを必要とし、東京都の特別区はこれにあたらない、と判示した。

**第8章 地方自治 3**

地方自治に関する憲法の規定を知っておこう

# 地方公共団体の権能

▶財産管理・事務処理、行政執行、条例制定の権限がある

第94条　地方公共団体は、その財産を管理し、事務を処理し、及び行政を執行する権能を有し、法律の範囲内で条例を制定することができる。

## 1 地方公共団体の権能

憲法94条は、「地方公共団体は、その財産を管理し、事務を処理し、及び行政を執行する権能を有し」と定めます。

この規定は、地方公共団体がその自治権の内容として、本来的にそうした権能を有することを示しており、これらは、自治権に基づく地方公共団体の固有の権能であるということができます。

ここに挙げられた権能は、地方自治法によりその内容が具体化されており、地方自治法は、「普通地方公共団体は、地域における事務及びその他の事務で法律又はこれに基づく政令により処理することとされるものを処理する」とした上で、地方公共団体の事務を「自治事務」と「法定受託事務」に区別します。

「自治事務」とは、「地方公共団体が処理する事務のうち、法定受託事務以外のものをいう」と定められ、「法定受託事務」については、地方自治法2条9項が規定しています。

## 2 条例制定権

さらに同条は、「地方公共団体は、…法律の範囲内で条例を制定することができ

る」とも規定します。

この条例制定権は、自治権に基づく自主立法権を意味します。本条にいう「条例」には、地方議会の議決による条例のほか、地方公共団体の長が定める規則も含まれます。

この条例制定権は、直接憲法によって地方公共団体に与えられた固有の権能ですから、個々の法律の授権、根拠は必要としません。また、条例は、政令や命令と異なり、自治立法権によって住民が直接選挙する地方議会の制定するものですから、罰則を設けても違憲ではないとされています。

もっとも、条例制定権は、法律の範囲内で認められるものであり、法律に矛盾、抵触することは許されません。しかし、法律による規制が既に存在している場合でも、法律が明示的又は黙示的に禁止していない限り条例を制定することは可能だと解されています。

ポイント☞　憲法29条2項は「財産権…法律でこれを定める」と規定しますが、最高裁は、奈良県ため池条例事件判決において、条例による財産権規制を容認しました。

# 地方公共団体の権能　のしくみ

☆関連法令等⇒地方自治法・地方財政法など

第8章　地方自治

## 地方公共団体が行える4つの職務

☆条例制定権が大きな権能。

**財産管理**
▷地方公共団体が所有する財産の管理だけではない。地方税などの収入を得て、支出することも財産管理に当たる。
▷憲法7条「財政」として定められた内容と極めて近い内容と思われる。地方債などの債務の管理も含まれる。

**事務処理**
▷自治事務…地方公共団体が行うその地域における事務で、下記の法定受託事務以外のもの。
▷法定受託事務…①第1号法定受託事務　国が本来行うべき事務を法律や政令で都道府県や市町村又は特別区に任せた事務
②第2号法定受託事務　都道府県が本来行うべき事務を、法律や政令で市町村又は特別区に任せた事務

**行政執行**
▷都道府県道や市町村道を作ったり、公立学校を作ったりすることが行政の執行である。なお、この行政の執行の中には、警察の交通取締りや、課税権も含まれるので要注意。

**条例制定**
▷条例制定権は都道府県、市区町村にも認めれており、議会の決議により制定される。ただし、法律の範囲内で制定する必要があり、法律や政令に抵触する内容だと無効となる。
▷条例には、「上乗せ条例」（法律の罰則よりも罰則の重い条例）や「横出し条例」（法規制の対象外とされるものを対象として規制する条例）もあり問題とされる。この場合、条例の内容が法令の範囲（趣旨）を逸脱しているかどうかで争われる。

【条例が争われた事件】
①大牟田市電気税事件…条例で課税科目を定めることはできないとして無効とした。
②徳島公安条例事件⇒上乗条例につき、条例の規定が法令の規定の趣旨と矛盾しないとして有効とした。
③大阪市売春勧誘取締事件⇒法律より重い罰を条例で定めたことを有効とした。

---

**判　例**　▶地方参政権は外国人にも保障されるか

（最3判平成7・2・28、民集49巻2項639頁）

【事件】永住者の在日韓国人の原告が、選挙人名簿に登録されていないのを不服として、名簿訴訟（公選25条3項）を提起した事件。一審は請求棄却したため上告（公選25条3項）。
【判決】住民は地方公共団体の区域内に住所を有する国民を指す。よって、権利の性質上、地方参政権は保障されない、と判示した。また、地方参政権を認める法律を制定した場合については、永住者等であってその居住する区域の地方公共団体と特段に密接な関係をもつ外国人に、法律で地方参政権を認めることは憲法上禁止されていない、と判示している。

第8章
地方自治
4

地方自治に関する憲法の規定を知っておこう

# 特別法の制定と住民投票

▶一の地方公共団体のみに適用される特別法は住民投票で過半数の同意が必要

第95条　一の地方公共団体のみに適用される特別法は、法律の定めるところにより、その地方公共団体の住民の投票においてその過半数の同意を得なければ、国会は、これを制定することができない。

## 1 特別法の住民投票

憲法95条は、「一の地方公共団体のみに適用される特別法は、法律の定めるところにより、その地方公共団体の住民の投票においてその過半数の同意を得なければ、国会は、これを制定することができない」と規定します。

アメリカ合衆国に見られた特別法拒否権制度にならったものであり、国の立法権を制限する連邦制的性格の規定です。

過去の例としては、広島平和記念都市建設法、長崎国際文化都市建設法、熱海国際観光都市建設法等があります

## 2 特別法の住民投票

ここにいう「一の地方公共団体のみに適用される特別法」の意味は、必ずしも明確ではありませんが、一般には、特定の地方公共団体の本質にかかわるような不平等、不利益な特例を設ける場合を指すものと解されています。

奈良県明日香村に対する古都保存法の特例法が制定される際、本条の住民投票が必要か否かが問題となりましたが、政府は、本条の特別法を「特定の地方公共団体の組織、運営、権能、権利、義務について

特例を定める法律」のことであるとした上で、同法はこれにあたらないとの解釈を示しました。

なお、特例性の軽度な法律や地方公共団体に権能を与え、住民に利益をもたらすような法律などは、本条の「特別法」には当たらないと解されています。

## 3 住民投票

本条が地方議会の議決ではなく、住民投票を要求する点は、先に述べた住民自治の具体化の一つです。

本条の委任を受け、地方自治法は、住民投票の選挙権につき、公職選挙法の選挙権と同様の資格によらしめています。

なお、本条は、「同意を得なければ、…制定することができない」と規定していますが、住民投票は、国会の議決の後からなされてもよく、この場合は、国会でその法律案が議決された後、住民投票の過半数の同意があったとき法律として確定することになります。

ポイント☞　本条は、立法は、国会の議決のみで成立させることができるという「国会単独立法の原則」の例外の1つということになります。

210

# 特別法と住民投票

のしくみ
☆関連法令等⇒国会法・地方自治法

## 一の地方公共団体に適用される特別法

☆一の地域（地方公共団体）だけに適用される特別法は、住民の賛成（住民投票で過半数）をえなければ選定することができない。住民が国の政策に NO 言える権利を与えている。

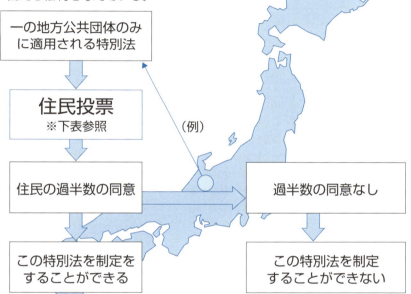

【住民投票と住民訴訟】
住民の権利としては、選挙に参与する権利、事務の監査請求権などの直接請求権があるが、その他の権利に住民投票と住民訴訟がある。
▷**住民投票** 住民投票は、法律では上記の特別法の場合にしか認められていない。しかし、最近では、住民投票条例が多くの自治体で制定され、主に自治体の合併問題や原発問題に絡んで制定されているようである。法的拘束力がなくても、投票がなされると民意となれば尊重せざるを得ないのが地方自治である。
▷**住民訴訟** 納税者である住民は、経費や支出、財産の処分などについて、これを適正にするよう要求する権利があり、不審な点があれば、これを追及する権利がある。

| 判例 | ▶住民投票の結果に法的拘束力はあるか |

（那覇地判平成 12・5・9、判時 1746 号 122 頁）

【判決】住民投票の尊重規定に依拠して、有効投票の過半数の意思に従うべき法的義務があるとまでは言えないと判示し、住民投票の結果に法的拘束力を認めなかった。

第8章 地方自治

# 第9章

# 改正

### 第96条

♣憲法改正の議論が盛んです。各政党の意見も出揃ったとは言えません。何をどう変えるかは、国民的議論が必要でしょう。また、憲法改正では、通常の法律の制定よりも難しいハードルがあり、国民投票も必要です。

## ●憲法改正についての憲法の規定の概要

### ■ 憲法の改正規定

憲法改正については、明治憲法においても規定が設けられており、日本国憲法も、形式的には明治憲法第73条の規定にしたがって成立したものでありました。

日本国憲法がその公布の際、天皇の言葉として頭書された「上諭」において、「朕は、…帝國憲法第73条による帝國議會の議決を経た帝國憲法の改正を裁可し、ここにこれを公布せしめる」と記載があるのはかかる経緯を示すものです。

もっとも、日本国憲法は、実質的には明治憲法の改正ではなく、新たな憲法の制定と見るべきであると解するのが一般です。

### ■ 改正手続の規定

日本国憲法も、明治憲法同様、「第9章 改正」の章において第96条として憲法改正手続についての規定を1か条設けています。

憲法改正に関しては、平成19年に「日本国憲法の改正手続に関する法律」（憲法改正国民投票法）が制定され、その発議方法等につき、規定が設けられています。

# 第9章 「改正」についての条文の構成

## 日本国憲法の条文

前文 → 第1章 天皇 → 第2章 戦争の放棄 → 第3章 国民の権利及び義務 → 第4章 国会 → 第5章 内閣 → 第6章 司法 → 第7章 財政 → 第8章 地方自治 → **第9章 改正** → 第10章 最高法規 → 第11章 補則

## 第9章「改正」の構図

☆憲法改正に関する条項は96条のみですが、厳格な要件を定めている。

〔改憲派〕憲法は改正すべきだ！

〔反対派〕このままの方がいいよ！

## 憲法改正の意見

| | | |
|---|---|---|
| 前文 | 憲法の制定（改正）趣旨を明らかにし、簡潔で格調高い、親しみやすい文章にする。 | |
| 第1章 | （天皇）現在の象徴天皇を元首とすべきとする意見、一方廃止の意見もある。 | |
| 第2章 | （戦争放棄）自衛権の明記、国防軍の保持の明記から改憲の必要なしまで。 | |
| 第3章 | （国民の権利又は義務）個人の権利・自由とこの権利を制限する公共の福祉の関係を明確にすべし。また、新しい人権についても明記する。 | |
| 第4章 | （国会）参議院の構成、機能を根本的に改める。また、一院制にする廃止論、縮小論もある。 | |
| 第5章 | （内閣）首相公選制の導入。首相公選制とすることの理由や方法にはさまざまな意見がある。 | |
| 第6章 | （司法）最高裁判所の判事の国民審査について、表記の方法等に疑問をもつ意見がある。 | |
| 第7章 | （財政）私学助成金などで問題となる「教育の事業等に対する公金等の支出制限」（89条後段）は削除すべき。 | |
| 第8章 | （地方自治）地方分権が具体化した場合、改正意見が出てくるものと考えられる。 | |
| 第9章 | （改正）改正の要件を緩和化すべき（各議員の3分の2以上の発議の部分など）。 | |
| 第10章 | （最高法規）憲法と条約の優先関係の明確化。同様に、国際平和機構への参加協力における主権関係も同様。 | |

### 憲法の限界

憲法の変革

※限定否定論（一代の法は後代の拘束しえていの考え方）

本質（根本規律）の変革 ← 改正不可 ← 憲法の転覆

条文の修正・削除・追加・条項の増加 ← 改正

## ポイント

①各院の総議員の3分の2以上で発議し、国民投票で過半数の賛成で改正。
②すでに国民投票法（日本国憲法の改正手続に関する法律）が施行されている。

第9章
改正
1

憲法改正について理解しよう

# 憲法改正の手続・公布

▶国会が発議し、国民投票での賛成が必要である

**第96条** ① この憲法の改正は、各議院の総議員の3分の2以上の賛成で、国会が、これを発議し、国民に提案してその承認を経なければならない。この承認には、特別の国民投票又は国会の定める選挙の際行はれる投票において、その過半数の賛成を必要とする。

② 憲法改正について前項の承認を経たときは、天皇は、国民の名で、この憲法と一体を成すものとして、直ちにこれを公布する。

## 1 憲法の改正

憲法の改正とは、成文憲法の内容について、憲法所定の改正手続に従って変更を加えることをいいます。

憲法96条1項は、「この憲法の改正は、各議院の総議員の3分の2以上の賛成で、国会がこれを発議し、国民に提案してその承認を経なければならない。この承認には、特別の国民投票又は国会の定める選挙の際行はれる投票において、その過半数の議決を必要とする」と定めます。

## 2 硬性憲法

憲法は、国家の基本法である以上、高度の安定性が求められる一方、絶えず変化する政治的、経済的、社会的状況に適応する可変性も不可欠です。この安定性と可変性という相互に矛盾する要請に応えるために考案されたのが「硬性憲法」の技術、すなわち、憲法改正の手続を定めつつ、その改正の要件を厳格にするという方法です。

日本国憲法の設ける「各議院の3分の2以上の賛成」と国民投票における「過半

数の賛成」という要件は、他国の例に比べ厳格なものとなっています。

## 3 憲法の改正の限界

憲法改正の限界には議論があります。

これについては、限界が存在するという見解が多数であり、具体的には、国民主権、基本的人権の保障、平和主義という現行憲法の本質的部分については変更ができず、これに変更を加える場合はもはや法的な改正ではなく、実力による新憲法の制定と解されています。

## 4 憲法の変遷

憲法の本来の意味が国家権力による運用によって変化する「憲法の変遷」が認められるかについても議論があります。これについては、一定の場合に憲法改廃の効力を認める肯定説とあくまで事実に過ぎず、法的効力はないとする否定説とがあります。

自民党憲法改正草案は、憲法改正手続につき、「議員の発議により…総議員の過半数の賛成で国会が議決」として要件の緩和を提案しています。

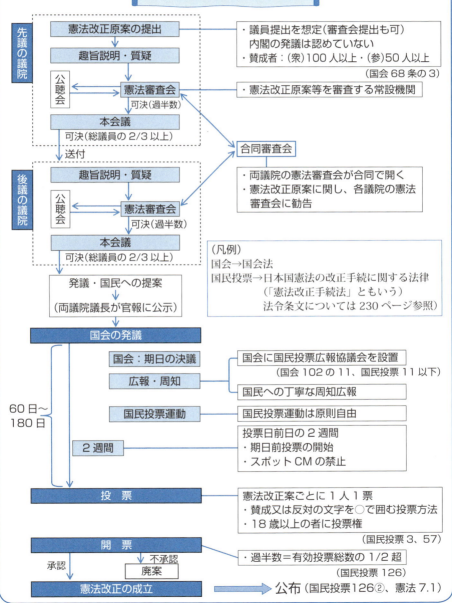

# 第10章

# 最高法規

## 第97条〜第99条

♣国会議員の定数是正など、違憲とする判決が出されていますが、これは公職選挙法に規定されている議員の定数配分を無効とするものです。こうした憲法訴訟は、訴訟においては最後の拠り所です。また、法令や条例で憲法に反するものは作れないことを意味します。

## ●憲法の最高法規についての規定の概要

### ■ 憲法の最高法規

明治憲法には、特に「最高法規」に関する章は設けられていませんでしたが、日本国憲法は、「第10章　最高法規」として、第97条から第99条まで3か条の規定を置いています。

### ■ 憲法に反する法律は無効

憲法第98条1項は「この憲法は、国の最高法規であって、その条規に反する法律、…は、その効力を有しない」と規定し、憲法に最高の形式的効力を与えていますが、こうした形式的最高法規性は、日本国憲法が、改正に法律の改正以上の厳格な手続を要するという硬性憲法の建前をとっている以上（第96条）、当然の帰結であり、本章の意義は、日本国憲法に最高の形式的効力を与えるにあたっての実質的根拠を定める第97条にあるという見解も有力です。

### ■ 憲法尊重擁護義務

なお、本章においては、公務員等の憲法尊重擁護義務（第99条）も定められています。

216

# 第10章「最高法規」についての条文の構成

## 日本国憲法の条文

前文 → 第1章 天皇 → 第2章 戦争の放棄 → 第3章 国民の権利及び義務 → 第4章 国会 → 第5章 内閣 → 第6章 司法 → 第7章 財政 → 第8章 地方自治 → 第9章 改正 → **第10章 最高法規** → 第11章 補則

## 第10章「最高法規」の構図

☆憲法優位説と条約優位説の議論があるが、憲法優位説が一般的。

### 最高法規に関する条項は以下の3条

- 第97条 ⇒ この憲法が保障する基本的人権は犯すことのできない永久の権利
- 第98条 ⇒ 憲法の最高法規と条約及び国際法規の尊重
- 第99条 ⇒ 公務員などの憲法尊重・擁護義務

**憲法の最高法規を規定したことの効果**

① 基本的人権をなくすような憲法改正をすることはできない（通説）

② 憲法に違反する法律や政令・条例などは違憲（無効）の主張ができる

③ 天皇・国務大臣・公務員は憲法を尊重・擁護しなければならない

①憲法は、侵すことのできない永久の権利として、基本的人権を保障する。
②憲法は、国の最高法規であり、条約・国際法規を尊重する。

第10章
**最高法規**
**1**

## 憲法の「最高法規」について理解しよう

# 基本的人権は永久の権利

▶侵すことのできない永久の権利として信託されている

第97条 この憲法が日本国民に保障する基本的人権は、人類の多年にわたる自由獲得の努力の成果であつて、これらの権利は、過去幾多の試錬に堪へ、現在及び将来の国民に対し、侵すことのできない永久の権利として信託されたものである。

### 1 近代憲法の特質

近代憲法は、何よりもまず、自由の基礎法たる性質をもっています。自由の規範である人権規定は、憲法の中核をなす「根本規範」であり、この根本規範を支える核心的価値が人格不可侵の原則（個人の尊重の原理）です。

憲法が自由の基礎法であるということは、同時に憲法が国家権力を制限する基礎法であることを意味します。憲法が統治機構について定めるのも、究極の価値である個人の尊厳の原理への奉仕を目的とするものであり、このことは政治権力の究極の根拠が個人、すなわち、国民であるという「国民主権」と不可分の関係に立ちます。

また、近代憲法の特質の一つとして、最高法規という特質を挙げる立場も有力です。この立場は、憲法の最高法規性を単に憲法が形式的効力の点で国法秩序の頂点に位置するという形式的な意味としてとらえるのではなく、憲法が、個人の権利・自由を国家権力から不可侵のものとして保障する規範として構成されているいう内容こそが、その形式的最高法規性を支える実質的根拠であるという点（実質的最高法規性）を重視します。

### 2 実質的最高法規性

憲法97条は、「この憲法が日本国民に保障する基本的人権は、人類の多年にわたる自由獲得の努力の成果であって、これらの権利は、過去幾多の試錬に堪え、現在及び将来の国民に対し、侵すことのできない永久の権利として信託されたものである」と規定します。

この規定は、上述の最高法規たる実質を重視する立場からは、硬性憲法の建前（96条）、およびそこから当然に派生する憲法の形式的最高法規性（98条）の実質的な根拠を明らかにした規定として理解されることとなります。

このように、憲法の実質的最高法規性を重視する立場は、「個人の尊重」の原理とそれに基づく人権の体系を憲法の根本規範と考えるので、憲法規範の価値序列を当然に認めることになります。

ポイント☞ 基本的人権に関する本条が「最高法規」の章に置かれている点につき、位置を誤ったとする見解もありますが、最高法規性の実質的根拠の規定とする説が多数です。

# 基本的人権の保障と最高法規　のしくみ

☆関連法令等⇒民法など

第10章　最高法規

### 憲法と基本的人権

☆基本的人権は、現在およ将来
の国民に対し、永久の権利と
して信託されたもの。

〔憲法 97 条の構図〕

憲法 97 条は、基本的人権の
保障の歴史的な重要性と普
遍性を明らかにすることに
よって憲法の最高法規性を
示している。

憲　法

↓

国民に保障

基本的人権 ← 人類の多年にわたる自由獲得
の努力の成果
過去幾多の試練に堪える

信　託

侵すことのできない永久の権利

コメント　憲法 97 条は不要との
考えもあるようだが、この規定がある
と、簡単に基本的人権が縮小されたり
制限をしたりしにくいという効果が考
えられる。

現在及び将来
の国民に対し

---

解説 ▶最高法規性と基本的人権の沿革

　基本的人権が国法の中に規範として取り入れられたのは、ブルジョア革命以降のこ
ととされている。その萌芽としてはイギリスの国王に国民の権利・自由を保障させた
マグナ・カルタ（1215 年）、権利請願（1628 年）、権利章典（1689 年）があ
る。その後、基本的人権を保障した法には、アメリカのバージニア権利章典（1776
年）における「一定の生来の権利」、アメリカ独立宣言（同年）の「一定の奪いがた
い天賦の権利」、フランス人権宣言〔1789 年〕の「人の譲渡不能且つ神聖なる自然
権」といったものがある。近代の基本的人権は、自由権の保障からワイマール憲法
（1919 年）の「経済生活の章」に見られるように社会権の保障に至っている。

219

第10章
最高法規
**2**

憲法の「最高法規」について理解しよう

# 憲法に反する法律等の無効

▶最高法規、条約・国際法規は遵守する

第98条 ① この憲法は、国の最高法規であつて、その条規に反する法律、命令、詔勅及び国務に関するその他の行為の全部又は一部は、その効力を有しない。
② 日本国が締結した条約及び確立された国際法規は、これを誠実に遵守することを必要とする。

## 1 形式的最高法規性

憲法は最高法規であり、国法秩序において最も強い形式的効力を有します。

憲法98条1項が、「この憲法は、国の最高法規であって、その条規に反する法律、命令、詔勅及び国務に関するその他の行為の全部又は一部は、その効力を有しない」と定めているのは、その趣旨を明らかにしたものです。

なお、憲法が形式的な意味で最高法規であることは、憲法の改正に法律の改正の場合よりも困難な手続を要求する硬性憲法であれば、論理的当然です。硬性憲法が形式的効力において法律に劣るとすると、法律の改正による憲法改正が可能なこととなってしまい、硬性憲法の建前が無意味となってしまうからです。

## 2 条約と憲法の効力関係

憲法が国内法秩序の体系において最上位の形式的効力を有するとしても、国内法秩序と国際法秩序との効力関係については、必ずしも明らかではなく、古くより両者は次元の異なる別個の法体系であるとみる二元説と同一の法秩序に属するとみる一元説との対立があります。

「条約」とは、文書による国家間の合意であり、国際法たる性質を有しますが、一元説からはもちろん、条約の国内法的効力を承認する限り、二元説の立場からも、条約と憲法との効力関係が問題となります。

これにつき、通説・判例は、①条約が条約優位と解すると、法律よりさらに簡易な手続で成立する条約による憲法改正が可能となり、硬性憲法の建前に反すること、②条約優位説が論拠とする国際協調主義や条約の遵守義務（98条2項）、98条1項の文言も、直ちに両者の効力関係を導くものではないこと、などを根拠に憲法優位説をとっています。

なお、憲法優位説の立場からは、さらに、条約に違憲法令審査権（81条）が及ぶかも問題となることになりますが、これについては、肯定説、否定説に見解が分かれています。

ポイント☞ 硬性憲法であれば形式的最高法規性を有しますが、逆は必ずしも真ではなく、イギリスのような成文憲法をもたない国は軟性憲法となります。

# 憲法の最高法規のしくみ

☆関連法令等⇒刑事訴訟法・民事訴訟法など

## 憲法に反する法律等の無効

憲法訴訟には固有の手続法は定められていないから、刑事訴訟、民事訴訟、行政訴訟といった具体的な事件の中で憲法違反を主張

## 憲法優位説と条約優位説

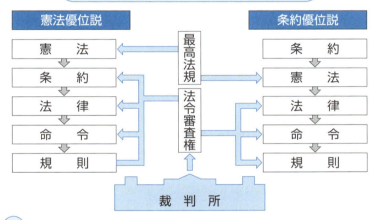

| 判断 | 通説・判例⇒憲法優位説<br>条約に違憲法令審査権が及ぶか⇒肯定・否定と見解が分かれている |

## 解説 ▶憲法を活用しよう

憲法を最高法規などというと、なにか遠い存在のような気がする。しかし、最も人が生きることに関する切実な問題の根本規定を定めているのが法律が憲法である。その意味では最高法規というより根本法規で、その周辺に憲法を支える多くの法律や政令などが存在すると考えた方がよいかもしれない。また、実は、憲法はさまざまな局面で活用できる身近な法律でもある。プライバシー権や環境権など新しい権利も生まれている。本書はなにかあったときに役立つ内容ともなっているのだ。

### 第10章 最高法規 3

## 憲法の「最高法規」について理解しよう

# 公務員等の憲法の尊重・擁護義務

▶天皇、国務大臣・国会議員・公務員は義務を負う

第99条 天皇又は摂政（せっしょう）及び国務大臣、国会議員、裁判官その他の公務員は、この憲法を尊重し擁護する義務を負ふ。

### 1 憲法保障

憲法は、国の最高法規ですが、この憲法の最高法規性は、ときとして、法律等の下位の法規範や違憲的な権力行使によって脅かされ、ゆがめられるという事態が生じます。そこで、このような憲法の崩壊を招く政治の動きを事前に防止し、または、事後に是正するためのしくみをあらかじめ憲法秩序の中に設けておく必要があります。そうしたしくみを一般に、憲法保障制度といいます。

憲法保障制度を大別すると、①憲法自身に定められている制度と②憲法には定められておらず、超憲法的な根拠によって認められている制度とがあります。

①については、憲法の最高法規性の宣言（98条）、公務員に対する憲法尊重擁護の義務づけ（99条）、権力分立制、硬性憲法の技術（96条）などの他、事後の救済としての違憲審査制（81条）も挙げることができます。

②については、抵抗権と国家緊急権が挙げられるのが通常です。

### 2 公務員の憲法尊重擁護義務

憲法99条は、「天皇又は摂政及び国務大臣、国会議員、裁判官その他の公務員は、この憲法を尊重し擁護する義務を負ふ」と定めます。

本条の定める憲法尊重擁護義務は、一般に、法的義務というよりはむしろ道徳的要請を規定したものと解されてきました。ただ、憲法を尊重・擁護するという積極的作為義務の違反については場合により政治的責任追及の対象となるにとどまりますが、憲法の侵犯・破壊を行ってはならないという消極的不作為義務違反に対しては、法律による制裁もあり得ることに留意すべきです。

なお、国家公務員法およびそれに基づく政令は、本条を受け、憲法遵守の宣誓を要求しており、この宣誓を拒否すれば、職務上の義務違反として懲戒事由となります。もっとも、公務員の具体的な表現活動については、本条と憲法21条とをどのように調整するかという難しい問題が存在しています。

ポイント☞ 本条に国民が含まれていない点については、憲法への忠誠の名の下、国民の権利侵害がなされるような事態を恐れてのものと解する見解が有力です。

222

# 第11章

# 補則

## 100条～103条

♣補則についての条文は、下記のとおりです。

## 憲法制定に関する補則 ▶施行期日および経過規定について定める

第100条 ① この憲法は、公布の日から起算して6箇月を経過した日から、これを施行する。

② この憲法を施行するために必要な法律の制定、参議院議員の選挙及び国会召集の手続並びにこの憲法を施行するために必要な準備手続は、前項の期日よりも前に、これを行ふことができる。

第101条 この憲法施行の際、参議院がまだ成立してゐないときは、その成立するまでの間、衆議院は、国会としての権限を行ふ。

第102条 この憲法による第一期の参議院議員のうち、その半数の者の任期は、これを3年とする。その議員は、法律の定めるところにより、これを定める。

第103条 この憲法施行の際現に在職する国務大臣、衆議院議員及び裁判官並びにその他の公務員で、その地位に相応する地位がこの憲法で認められてゐる者は、法律で特別の定をした場合を除いては、この憲法施行のため、当然にはその地位を失ふことはない。但し、この憲法によつて、後任者が選挙又は任命されたときは、当然その地位を失ふ。

**1 施行日・経過規定**

上記の憲法100条から103条は、憲法の施行日・経過規定について定めていますが、すでに施行日（昭和22年5月3日）および経過規定の必要な時期は終わっていることから、本稿では条文のみの掲載。

223

## 〔資料 1〕 日本国憲法の年譜

| 年月日・判例（事件名） | 出来事 | 概要 |
|---|---|---|
| 1946（昭和 21）年 11 月 3 日 | 日本国憲法公布 | |
| 1947（昭和 22）年 5 月 3 日 | 日本国憲法施行、最高裁判所発足 | |
| 1947（昭和 22）年 5 月 20 日 | 第 1 回国会召集 | |
| 1947（昭和 22）年 | 農地改革 | |
| 1950（昭和 25）年 4 月 15 日 | 公職選挙法公布 | |
| 1950（昭和 25）年 8 月 10 日 | 警察予備隊発足 | |
| 1950（昭和 25）年<br>〜1953（昭和 28）年 | 朝鮮戦争 | |
| 1951（昭和 26）年 9 月 8 日 | サンフランシスコ講和条約締結<br>日米安全保障条約（旧安保条約）締結 | 非軍事化された日本の防衛目的に、米軍の駐留を取り決めた |
| 1954（昭和 29）年 | （3 月）自由党憲法調査会設置<br>（4 月）改進党憲法調査会発足 | |
| 1954（昭和 29）年 7 月 1 日 | 自衛隊発足 | |
| 1955（昭和 30）年 11 月 15 日 | 自由党と日本民主党の合同による自由民主党の結成（55 年体制の成立） | |
| 1957（昭和 32）年 5 月 13 日 | 憲法調査会を内閣に置く法案の成立 | 憲法 9 条の改正が主な目的 |
| 1959（昭和 34）年 12 月 16 日<br>最高裁大法廷判決（砂川事件） | 砂川事件（闘争）基地拡張に反対するデモ隊の一部が立入禁止の境界柵を壊し、基地内に数メートル入ったとして起訴された事件。最高裁大法廷は、米軍の駐留は憲法及び前文の趣旨に反しないとした上で、日米安保条約については、その内容について違憲かどうかの判断を下すことはできない（統治行為論）とし、原判決を破棄し地裁に差し戻した。 | 日米間の安全保障条約第 3 条に基づく行政協定に伴う刑事特別法違反被告事件 |
| 1960（昭和 35）年 1 月 19 日 | 日米安全保障条約改定（新安保条約） | |
| 1964（昭和 39）年 9 月 29 日<br>東京地裁判決（「宴のあと」事件） | 新しい人権として「プライバシー権」が認められた | |
| 1965（昭和 40）年〜1975（昭和 50）年 | ベトナム戦争 | |
| 1966（昭和 41）年 10 月 26 日<br>最高裁大法廷判決（全逓東京中郵事件） | 公務員も原則的に労働基本権が保障されるが、内在的制約があり、合憲性の要件が示された | 現業の国家公務員に関する争議行為全面禁止の合憲性が争われた |
| 1971（昭和 46）年 | 宮本判事補再任拒否事件（「司法の危機」） | |
| 1973（昭和 48）年 4 月 4 日<br>最高裁大法廷判決（尊属殺重罰規定事件） | 尊属殺人に対し一般の殺人罪より法廷刑を加重し死刑または無期懲役とする刑法 200 条が憲法 14 条 1 項に | 実父に夫婦同様の関係を強いられてきた被告人が、虐待にた |

| 年月日・判例（事件名） | 出来事 | 概要 |
|---|---|---|
| | 違反し、違憲無効とされた<br>➡法務省が尊属殺人に一般の殺人罪を適用すると通達し、刑法200条は死文化した。1995（平成7）年5月12日の刑法全面改正の際に同条が削除された | まりかねて実父を殺害し、自首した |
| 1973（昭和48）年4月25日<br>最高裁大法廷判決（全農林警職法事件） | 担当する職務内容の別なく、公務員の地位の特殊性・職務の公共性から、一律・全面的な制限を合憲とした | 地方公務員法と同種の内容の国家公務法の争議行為の禁止が問題となった |
| 1974（昭和49）年11月6日<br>最高裁大法廷判決（猿払事件） | 行政の中立性とそれに対する国民の信頼確保のために、それらを害する公務員の政治的行為を禁止することを合憲とし、有罪とした | 北海道猿払村の郵便局員が、衆議院議員の選挙用ポスターを公営掲示板に掲示し、他に配布した行為が、国家公務員法に反するとして、起訴された |
| 1975（昭和50）年4月30日<br>最高裁大法廷判決（薬局距離制限事件） | 薬局開設条件としての距離制限を設けた広島県条例が根拠とする薬事法6条2項・4項の適正配置規制が憲法22条1項に違反するとした<br>➡1975（昭和50）年6月13日の薬事法改正により、規定が削除された | 薬局の開設に適正配置を要求する薬事法6条2項・広島県条例の規制の合憲性が争われた |
| 1976（昭和51）年4月14日<br>最高裁大法廷判決（衆議院議員定数不均衡訴訟） | 衆議院中選挙区制の下で最大格差約1対4.99の定数不均衡を違憲としたが、事情判決により選挙は有効であるとした<br>➡判決前の1975（昭和50）年7月15日の公職選挙法改正で定数是正（20増）が行われ、最大格差が2.92になった | 1972（昭和47）年12月10日に行われた第33回衆議院議員選挙について、千葉県第1区の選挙人らが、1票の格差が投票価値の平等に反するとして、選挙無効の訴えを提起した |
| 1978（昭和53）年10月4日<br>最高裁大法廷判決（マクリーン事件） | 外国人の人権が認められた | アメリカ人マクリーンが、在留期間1年で入国し、1年後在留期間更新を申請したが、政治活動を理由に拒否された |
| 1985（昭和60）年7月17日<br>最高裁大法廷判決（衆議院議員定数不均衡訴訟） | 衆議院中選挙区制の下で最大格差約1対4.40の定数不均衡を違憲としたが、事情判決により選挙は有効であるとした<br>➡判決前の1986（昭和61）年5月23日の公職選挙法改正で定数是正（8増7減）が行われ、最大格差が2.99になった | 1983（昭和58）年12月18日に行われた第37回衆議院議員選挙について、最大格差1対4.40の合憲性が争われた |

巻末資料

| 年月日・判例（事件名） | 出来事 | 概要 |
|---|---|---|
| 1987（昭和62）年4月22日　最高裁大法廷判決（森林法共有林分割制限規定違憲訴訟） | 民法256条1項の適用を排除し、1/2以下の持分で森林を共有する者の分割請求権を認めない森林法186条が憲法29条2項に違反するとした<br>➡1987（昭和62）年5月27日の森林法改正で規定が削除された | 生前贈与で森林を兄と共有していた者が、兄と不仲になり森林の分割を請求したが、森林法186条が持分1/2以下の分割を制限していたので、その規定の合憲性を争った |
| 1989（平成元）年11月10日 | ベルリンの壁崩壊（独） | |
| 1990（平成2）年10月3日 | 東西ドイツ統一（独） | |
| 1991（平成3）年 | 湾岸戦争 | |
| 1991（平成3）年12月25日 | ソビエト連邦崩壊（ロシア連邦） | |
| 1993（平成5）年8月9日 | 細川内閣発足（非自民連立政権） | |
| 1994（平成6）年 | 政治改革4法 | |
| 1995（平成7）年1月17日 | 阪神・淡路大震災 | |
| 1997（平成9）年9月23日 | 日米防衛協力のための指針（新ガイドライン）公表 | |
| 2001（平成13）年9月11日 | 同時多発テロ事件（米） | |
| 2002（平成14）年9月11日　最高裁大法廷判決（特別送達郵便物損害賠償責任免除規定違憲訴訟） | 郵便法68条・73条のうち、書留郵便についての郵便業務事業者の故意・重過失による損害につき、国の損害賠償責任を免除・制限した部分等が憲法17条に違反するとした<br>➡2002（平成14）年12月4日の郵便法改正で規定が削除された | 特別送達郵便物の遅配により債権の差押えが失敗し債権者に損害を与えたというもの |
| 2003（平成15）年6月 | 武力攻撃事態対処関連3法公布 | |
| 2003（平成15）年〜2010（平成22）年 | イラク戦争 | |
| 2005（平成17）年9月14日　最高裁大法廷判決（在外日本人選挙権事件） | 在外日本人に選挙区選挙の選挙権を認めていない公職選挙法の規定が憲法15条1項・3項、43条1項、44条ただし書に違反するとした<br>➡2006（平成18）年6月14日の公職選挙法改正で規定が削除された | かつて海外居住の日本人は、選挙人名簿に登録されず投票できなかったり、比例代表選挙での投票が認められても、選挙区選挙では認められないといった選挙権行使の機会の制限について、合憲性を争った |
| 2007（平成19）年5月18日 | 「日本国憲法の改正手続に関する法律」（国民投票法）公布 | |
| 2008（平成20）年6月4日　最高裁判決（国籍法違憲訴訟） | 日本国民である父と日本国民でない母との間に出生した後に父から認知 | 母が外国人で、出生後に日本人の父が認 |

226

| 年月日・判例（事件名） | 出来事 | 概要 |
|---|---|---|
| | された子の国籍取得に父母の婚姻を条件とする国籍法3条1項が憲法14条1項に違反するとした<br>➡2008（平成20）年12月5日に国籍法が改正され、父の認知のみで国籍取得が可能となった | 知した婚外子は、父母が婚姻しないと日本国籍を取得できないことが不合理な差別として違憲とされた |
| 2009（平成21）年9月16日 | 鳩山内閣発足（民主党・社民党・国民新党による連立政権） | |
| 2010（平成22）年5月18日 | 「日本国憲法の改正手続に関する法律」（国民投票法）施行 | |
| 2011（平成23）年3月11日 | 東日本大震災<br>福島第一原子力発電所事故 | |
| 2012（平成24）年4月7日 | 自民党・憲法改正草案決定 | |
| 2013（平成25）年9月4日<br>最高裁大法廷決定（婚外子相続分差別訴訟） | 民法900条4号ただし書が違憲無効とされた<br>➡2013（平成25）年中に民法が改正され、婚外子と婚内子の相続分は平等化された | 婚外子（非嫡出子）の法定相続分が婚内子の半分とされていたのを、法の下の平等に反するとして、違憲とされた |
| 2014（平成26）年6月20日 | 「日本国憲法の改正手続に関する法律」改正法施行 | |
| 2015（平成27）年9月30日 | 平和安全法整備法・国際平和支援法公布 | |
| 2015（平成27）年12月16日<br>最高裁大法廷判決（再婚禁止期間違憲訴訟） | 女性のみに6か月の再婚禁止期間を設けた民法733条について、同772条の父性の推定規定との重複を超える100日超過部分が合理性を欠き、憲法14条1項、24条2項に違反するとした<br>➡法務省は判決後直ちに前婚の解消・取消しの日から100日を経過した婚姻届を受理するよう全国の自治体に通達。2016（平成28）年6月7日の民法改正で100日に短縮された | 女性のみに6カ月の再婚禁止期間を定めていた規定の合憲性が争われた |
| 2016（平成28）年8月8日 | 象徴としてのお務めについての天皇陛下のおことば | ビデオメッセージ |
| 2017（平成29）年6月16日 | 「天皇の退位等に関する皇室典範特例法」公布 | |
| 2019（平成31）年4月30日 | 「天皇の退位等に関する皇室典範特例法」施行<br>平成天皇退位→上皇 | |
| 2019（令和元）年5月1日 | 新天皇即位 | |

巻末資料

## 〔資料2〕近時の憲法判例 10 (平成 30 年 9 月～令和元年 5 月)

### ◯1 強制不妊違憲判決 (仙台地裁・令和元年 5 月 28 日判決

旧優生保護法のもとで障害を理由に強制的に不妊手術を受けさせられた人たちが国に賠償を求めた裁判で、仙台地裁は、「旧優生保護法は子を産み育てる幸福を一方的に奪うものだ」として憲法違反との判断を示しました。

### ◯2 在外投票不可違憲判決 (東京地裁・令和元年 5 月 28 日判決)

最高裁裁判官の国民審査について国外に住む日本人に投票が認められていないのは憲法違反だとして海外在住者が国に賠償を求めた裁判で、東京地裁は長く立法を怠った国会の不作為を認め、1 人 5 千円の支払いを命じました。

### ◯3 手錠腰縄訴訟判決 (大阪地裁・令和元年 5 月 27 日判決

刑事裁判で手錠と腰縄を付けたまま入退廷させられ、精神的苦痛を受けたとして国家賠償を求めた訴訟の判決で、大阪地裁は「被告の正当な利益への配慮を欠いていた」と判示したものの、一方で「違法とまでは言えない」として賠償請求は棄却しました。

### ◯4 NHK 受信契約義務判決 (最高裁・平成 31 年 3 月 12 日決定)

ワンセグ放送を受信できる携帯電話を持っている場合に NHK と受信契約を結ぶ義務があるかどうかが争われた裁判で、最高裁は「義務がある」として NHK を勝訴させた判決を確定させました。

### ◯5 タトゥー医師法裁判判決 (大阪高裁・平成 30 年 11 月 14 日判決)

医師免許がないのに客にタトゥー (刺青 (いれずみ)) を施したとして医師法違反の罪に問われた彫り師に対し、大阪高裁は「タトゥーは医療を目的とする行為ではない」として 1 審からの逆転無罪を言い渡しました。

### ◯6 ひげ禁止訴訟判決 (大阪地裁・平成 31 年 1 月 16 日判決)

大阪市営地下鉄 (現・大阪メトロ) の男性運転士がひげを理由に人事評価を下げられたことを不当として市に賠償などを求めた訴訟で、大阪地裁は市に慰謝料など計 44 万円の支払いを命じました。

### ◯7 「1 票の格差」合憲判決 (最高裁・平成 30 年 12 月 18 日判決)

「1 票の格差」が最大 1.98 倍だった 2017 年 10 月の衆院選は違憲だとして選挙無効を求めた訴訟の上告審判決で、最高裁は国会の取り組みを評価し、「合憲」との統一判断を示しました。

### ◯8 性別変更における手術規定裁判 (最高裁・平成 30 年 1 月 23 日決定)

性同一性障害の人の性別変更を巡り、性別適合手術を事実上の要件とした特例法の規定の合憲性を争った家事審判で、最高裁は「現時点では合憲」とする初判断を示しました。

### ◯9 東京高裁「君が代」訴訟判決 (東京高裁・平成 31 年 1 月 14 日判決)

東京都立養護学校の元教員が卒業式で校長の職務命令に反して起立しなかったことなどを理由に処分の取り消しと損害賠償を求めた裁判で、東京高裁は学習指導要領に国旗国歌条項があることや公務員の職務の公共性などを理由に憲法 19 条違反ではないと判示しました。

### ◯10 高校無償化訴訟判決 (大阪高裁・平成 30 年 9 月 27 日判決)

高校の授業料無償化の対象から朝鮮学校を外した国の処分について、大阪高裁は、「処分は違法とはいえない」として、原告勝訴の 1 審判決を取り消し、原告の訴えを退けました。

〔資料3〕**皇室典範**（抄）➡ 22・23ページ関連の参考資料

第1章　皇位継承
**第1条**　皇位は、皇統に属する男系の男子が、これを継承する。
**第2条**　皇位は、左の順序により、皇族に、これを伝える。
　一　皇長子
　二　皇長孫
　三　その他の皇長子の子孫
　四　皇次子及びその子孫
　五　その他の皇子孫
　六　皇兄弟及びその子孫
　七　皇伯叔父及びその子孫
②　前項各号の皇族がないときは、皇位は、それ以上で、最近親の系統の皇族に、これを伝える。
③　前二項の場合においては、長系を先にし、同等内では、長を先にする。
**第3条**　皇嗣に、精神若しくは身体の不治の重患があり、又は重大な事故があるときは、皇室会議の議により、前条に定める順序に従つて、皇位継承の順序を変えることができる。
**第4条**　天皇が崩じたときは、皇嗣が、直ちに即位する。
第2章　皇族
**第5条**　皇后、太皇太后、皇太后、親王、親王妃、内親王、王、王妃及び女王を皇族とする。
**第6条**　嫡出の皇子及び嫡男系嫡出の皇孫は、男を親王、女を内親王とし、三世以下の嫡男系嫡出の子孫は、男を王、女を女王とする。
**第7条**　王が皇位を継承したときは、その兄弟姉妹たる王及び女王は、特にこれを親王及び内親王とする。
**第8条**　皇嗣たる皇子を皇太子という。皇太子のないときは、皇嗣たる皇孫を皇太孫という。
**第9条**　天皇及び皇族は、養子をすることができない。
**第10条**　立后及び皇族男子の婚姻は、皇室会議の議を経ることを要する。
**第11条**　年齢十五年以上の内親王、王及び女王は、その意思に基き、皇室会議の議により、皇族の身分を離れる。
②　親王（皇太子及び皇太孫を除く。）、内親王、王及び女王は、前項の場合の外、やむを得ない特別の事由があるときは、皇室会議の議により、皇族の身分を離れる。
**第12条**　皇族女子は、天皇及び皇族以外の者と婚姻したときは、皇族の身分を離れる。
**第13条**　皇族の身分を離れる親王又は王の妃並びに直系卑属及びその妃は、他の皇族と婚姻した女子及びその直系卑属を除き、同時に皇族の身分を離れる。但し、直系卑属及びその妃については、皇室会議の議により、皇族の身分を離れないものとすることができる。
**第14条**　皇族以外の女子で親王妃又は王妃となつた者が、その夫を失つたときは、その意思により、皇族の身分を離れることができる。
②　前項の者が、その夫を失つたときは、同項による場合の外、やむを得ない特別の事由があるときは、皇室会議の議により、皇族の身分を離れる。
③　第一項の者は、離婚したときは、皇族の身分を離れる。
④　第一項及び前項の規定は、前条の他の皇族と婚姻した女子に、これを準用する。
**第15条**　皇族以外の者及びその子孫は、女子が皇后となる場合及び皇族男子と婚姻する場合を除いては、皇族となることがない。
第3章　摂政（略）
第4章　成年、敬称、即位の礼、大喪の礼、皇統譜及び陵墓（略）
第5章　皇室会議（略）
附　則（略）

## 〔資料4〕日本国憲法の改正手続に関する法律（抄）→215ページ関連の参考資料

### 第1章　総則

**（趣旨）**

**第1条**　この法律は、日本国憲法第96条に定める日本国憲法の改正（以下「憲法改正」という。）について、国民の承認に係る投票（以下「国民投票」という。）に関する手続を定めるとともに、あわせて憲法改正の発議に係る手続の整備を行うものとする。

### 第2章　国民投票の実施

#### 第1節　総則

**（国民投票の期日）**

**第2条**　国民投票は、国会が憲法改正を発議した日（国会法（昭和22年法律第79号）第68条の5第1項の規定により国会が日本国憲法第96条第1項に定める日本国憲法の改正の発議をし、国民に提案したものとされる日をいう。第100条の2において同じ。）から起算して60日以後180日以内において、国会の議決した期日に行う。

②　内閣は、国会法第65条第1項の規定により国民投票の期日に係る議案の送付を受けたときは、速やかに、総務大臣を経由して、当該国民投票の期日を中央選挙管理会に通知しなければならない。

③　中央選挙管理会は、前項の通知があったときは、速やかに、国民投票の期日を官報で告示しなければならない。

**（投票権）**

**第3条**　日本国民で年齢満18年以上の者は、国民投票の投票権を有する。

**第4条・第5条**　削除

**（国民投票を行う区域）**

**第6条**　国民投票は、全都道府県の区域を通じて行う。

**（投票区及び開票区）**

**第7条**　公職選挙法（昭和25年法律第100号）第17条及び第18条の規定は、国民投票の投票区及び開票区について準用する。

**（国民投票の執行に関する事務の管理）**

**第8条**　国民投票の執行に関する事務は、この法律に特別の定めがある場合を除くほか、中央選挙管理会が管理する。

②　公職選挙法第5条の3から第5条の5までの規定は、国民投票の執行に関する事務について準用する。

**（国民投票取締りの公正確保）**

**第9条**　公職選挙法第7条の規定は、国民投票の取締りに関する規定の執行について準用する。

**（特定地域に関する特例）**

**第10条**　交通至難の島その他の地において、この法律の規定を適用し難い事項については、政令で特別の規定を設けることができる。

### 第2節　国民投票広報協議会及び国民投票に関する周知／第3節　投票人名簿／第4節在外投票人名簿（略）

#### 第5節　投票及び開票

**（一人一票）**

**第47条**　投票は、国民投票に係る憲法改正案ごとに、一人一票に限る。

**第48条〜第52条まで**（略）

**（投票人名簿又は在外投票人名簿の登録と投票）**

**第53条**　投票人名簿又は在外投票人名簿に登録されていない者は、投票をすることができない。ただし、投票人名簿に登録されるべき旨の決定書又は確定判決書を所持し、国民投票の当日投

票所に至る者があるときは、投票管理者は、その者に投票をさせなければならない。

② 投票人名簿又は在外投票人名簿に登録された者であっても投票人名簿又は在外投票人名簿に登録されることができない者であるときは、投票をすることができない。

**（投票権のない者の投票）**

**第54条** 国民投票の当日（第60条の規定による投票にあっては、当該投票の当日）、国民投票の投票権を有しない者は、投票をすることができない。

**（投票所においての投票）**

**第55条** 投票人は、国民投票の当日、自ら投票所に行き、投票をしなければならない。

② 投票人は、投票人名簿又はその抄本（当該投票人名簿が第20条第2項の規定により磁気ディスクをもって調製されている場合には、当該投票人名簿に記録されている全部若しくは一部の事項又は当該事項を記載した書類。第69条及び第70条において同じ。）の対照を経なければ、投票をすることができない。

**第56条〜第69条まで**（略）

**（繰上投票）**

**第70条** 島その他交通不便の地について、国民投票の期日に投票箱を送致することができない状況があると認めるときは、都道府県の選挙管理委員会は、適宜にその投票の期日を定め、開票の期日までにその投票箱、投票録、投票人名簿又はその抄本及び在外投票人名簿又はその抄本を送致させることができる。

**（繰延投票）**

**第71条** 天災その他避けることのできない事故により投票を行うことができないとき又は更に投票を行う必要があるときは、都道府県の選挙管理委員会は、更に期日を定めて投票を行わせなければならない。ただし、その期日は、都道府県の選挙管理委員会において、少なくとも五日前に告示しなければならない。

② 前項に規定する事由を生じた場合においては、市町村の選挙管理委員会は、国民投票分会長を経て都道府県の選挙管理委員会にその旨を届け出なければならない。

**（投票所に出入し得る者）**

**第72条** 投票人、投票所の事務に従事する者、投票所を監視する職権を有する者又は当該警察官でなければ、投票所に入ることができない。ただし、投票人の同伴する幼児その他の投票人とともに投票所に入ることについてやむを得ない事情がある者として投票管理者が認めたものについては、この限りでない。

**第73条〜第80条まで**（略）

**（開票の場合の投票の効力の決定）**

**第81条** 投票の効力は、開票立会人の意見を聴き、開票管理者が決定しなければならない。その決定に当たっては、次条第二号の規定にかかわらず、投票用紙に印刷された反対の文字を×の記号、二重線その他の記号を記載することにより抹消した投票は賛成の投票として、投票用紙に印刷された賛成の文字を×の記号、二重線その他の記号を記載することにより抹消した投票は反対の投票として、それぞれ有効とするほか、次条の規定に反しない限りにおいて、その投票した投票人の意思が明白であれば、その投票を有効とするようにしなければならない。

**（無効投票）**

**第82条** 次のいずれかに該当する投票は、無効とする。

一 所定の用紙を用いないもの

二 ○の記号以外の事項を記載したもの

三 ○の記号を自書しないもの

四 賛成の文字を囲んだ○の記号及び反対の文字を囲んだ○の記号をともに記載したもの

五 賛成の文字又は反対の文字のいずれを囲んで○の記号を記載したかを確認し難いもの

（以下略）

[著者]

神田 将（かんだ　すすむ）

昭和38年9月7日、東京生まれ。平成2年、東京大学経済学部経済学科卒業。平成10年、司法試験合格。平成12年、弁護士登録。
所属弁護士会：第一東京弁護士会。
損害保険法、企業法、消費者法、民事介入暴力等に精通。著書に、「図解による民法のしくみ」「図解による会社法・商法のしくみ」「交通事故の法律知識（共著）」「自己破産マニュアル（監修）」「著作権のことならこの1冊（監修）」（いずれも自由国民社）がある。

[図版イラスト作成]

横山豊久

[企画・製作・執筆協力]

㈲生活と法律研究所

神木　正裕 / 眞田りえ子 / 横山豊久

## 図解による
## 憲法のしくみ

[初版第1刷発行]………… 2013年 5月31日
[第2版第1刷発行]………… 2019年 7月27日
[第2版第2刷発行]………… 2022年 4月27日
[著　者]……………………… 神田　将
[編　集]……… 有限会社生活と法律研究所
[発行所]……………… 株式会社自由国民社
　　　☎171-0033　東京都豊島区高田3-10-11
　　　　☎03-6233-0781（営業）
　　　　☎03-6233-0786（編集）
　　　　　　https://www.jiyu.co.jp/
[発行人]…………………………石井　悟
[印刷所]………………… 横山印刷株式会社
[製本所]………………… 新風製本株式会社

Ⓒ2019　　落丁, 乱丁はお取替えいたします。